AFRICAN
BABY NAME DICTIONARY
"IGBO and YORUBA NIGERIA"

AFRICAN
BABY NAME DICTIONARY
"IGBO and YORUBA NIGERIA"

Ifeanyi Kennedy Onyenkwere Ugbo

Copyright © 2024 by Ifeanyi Kennedy Onyenkwere Ugbo

All rights reserved. No part of this publication may be reproduced, distributed, or transmitted in any form or by any means, including photocopying, recording, or other electronic or mechanical methods, without the prior written permission of the copyright owner and the publisher, except in the case of brief quotations embodied in critical reviews and certain other noncommercial uses permitted by copyright law. For permission requests,write to the publisher, addressed "Attention: Permissions Coordinator," at the address below.

ARPress
45 Dan Road Suite 5
Canton, MA 02021

Hotline: 1(888) 821-0229
Fax: 1(508) 545-7580

Ordering Information:

Quantity sales. Special discounts are available on quantity purchases by corporations, associations, and others. For details, contact the publisher at the address above.

Printed in the United States of America.

| ISBN-13: | Softcover | 979-8-89389-918-4 |
| | eBook | 979-8-89389-919-1 |

Library of Congress Control Number: 2024924116

FOREWORD

Congratulations on your purchase of the most comprehensive African Name Dictionary in the market today! Whether you are looking for a name to give to your child, your wife or you are buying as a gift for a pregnant friend or family member or even to keep, you have made a wise choice towards a great decision. **African Name Dictionary "Nigerian - Igbo & Yoruba Names"** offer an in-depth and wide range of name choices with meaning to select from. This is an important first step toward getting a great meaningful name and I intend to help you reach your goal.

As many names are becoming meaningless, lacking authenticity and originality, your child will not have to worry about name significance, authenticity, originality, meaning and pride. You have accomplished what is best for your child, meaning and pride. You have accomplished what is best for your child, you have purchased this book, and I will help you select the best name for your child base on your situation and wishes for your little angle. I understand how important it is to maximize your choice. Be assured that African Baby Name Dictionary "Igbo and Yoruba Nigeria" will provide you with many great names with meanings and short names of or nicknames… to select from.

INTRODUCTION

Igbo names, unlike other global names are given based on circumstances, situations, events, expectations and activities surrounding the family at the time of birth of the child. Also, the naming of a married woman by the husband is based on expectation and anticipation of what the husband wishes his wife to accomplish for him and the family. It is a tradition in Africa for names to have meanings and be dignified by circumstances. It is of a great significant for a name to be deeply rooted and original. When giving a name, it is meant to be memorable. It must reflect the mode of the family either in the past, present or that which is expected to be, in the future.

A name is not a fast food, it is that which is deeply conceived, meditated and prayed upon. It is prayed upon for God to grant that which you wish for your child and family. The child stayed nine months, more or less in the mothers' womb, therefore it is worth praying upon, asking God to grant that which you intend the child to be in the future.

Review this dictionary of names and make a wise choice based on your situation. Remember that a name is the first and most important gift you are giving to your child.

To select a name, please use the *icon for assistance:
Sno = Short name of or Nickname
BG = Both gender
B = Boy
G = Girl
ML = Married Lady

I hope you will find this dictionary helpful, fun, and easy to understand. Keep this book in a safe place for other family members to name from and to reflect on the meaning of names. Good Luck!

Ifeanyighichukwu Kennedy Onyenkwere Ugbo, Sr. B.Sc. MA.

ACKNOWLEDGMENTS

Over the years we have learned from and been influenced by, many individuals. I would like to acknowledge and give thanks to the following people:

My special thanks to:

Daniel Onyenkwere Ugbo (Sir Ugbo), my beloved Father, Teacher, Headmaster and Principal of many students that passed through him.

Nwanyieze Mercy Ugbo and Nwanyieze Diana Ugbo, my beloved mothers who gave birth to and took care of my siblings and I, also gave us great names.

Roseann Uchechi Ugbo, my beloved wife. I thank you for your unquestionable support and help towards the successful completion of this book.

Ihuoma Adaku Ugbo Onuoha, my beloved sister and teacher. I thank you and your husband for the assistance with research, providing some names and meanings to me.

Iheakachukwu Gladys Ugbo Ibe, my beloved sister. I thank you and your husband for all your help and assistance in providing additional help with the research of some names and moral support.

Uwoma Prince Onyenkwere Ugbo, my beloved brother and his family, I extend my thanks to you for being there for me and providing some help when it was needed.

Eberechukwu Kevin Onyenkwere Ugbo, my beloved brother and family, I thank you for your contribution towards my success in this project.

To all my children, Iheanyighichukwu Uzoma Onyenkwere Ugbo, Jr. and family, Nwanyieze Briana Ugbo Wesely and family, Uzoma Daniel Onyenkwere Ugbo, Chukwubuikem Victor Ifeanyi Ugbo,

Ugochukwu Micheal Uzoma Ugbo, Adaeze Princess Amarachukwu Ugbo and Chinazom King-John (KJ) Ugbo I say thank you and a very special thank you to Chukwubuikem Victor Ifeanyi Ugbo for the graphics and editing.

I dedicate the success of this project to all of you.

AFRICAN BABY NAME DICTIONARY "IGBO & YORUBA NIGERIA"
Sno = Short name of or Nickname. Gender: BG = both gender; B = boy; G = girl;
ML = Married lady, Ig = Igbo, Yo = Yoruba, Ha = Hausa.

A

Aba Ig/B Rich, wealthy, industrious, having great worth or value. *Ab.* Sno

Abakam Ig/B I am extremely rich. This can refer to financial Wealth or rich with children.
Ab, Aba, Akam. Sno

Abalam Ig/B I'm rich. I am wealthy.
This can mean financial wealth, wealthy with children or both.
Ab, Aba, Alam. Sno

Abangwa Ig/B Wealth of Ngwaland.
Aba, Ab, Nwangwa. Sno

Abazu Ig/B also **Abazue, Abazuo**.
Completion of wealth. The new born is the crown jewel of the family wealth. In this circumstance, the family has acquired enough financial wealth but needed a male child to carry on with the family name and inherit the wealth.
Aba. Sno

Abazue Ig/B also **Abazue, Abazuo**.
Completion of wealth. The new born is the crown jewel of the family wealth. In this circumstance, the family has acquired enough financial wealth but needed a male child to carry on with the family name and inherit the wealth.
Aba. Sno

Abazuo Ig/B also **Abazu, Abazue**.
Completion of wealth. The new born is the crown jewel of the family wealth. In this circumstance, the family has acquired enough financial wealth but needed a male child to carry on with the family name and inherit the wealth.
Aba. Sno

Abayomi Yo/B My enemy would have ridiculed me but God prevailed over them, so God did not allow it to happen.
Aba, Abayo. Sno

Abayomiolorunkoje Yo/BG
People wanted to humiliate me, but my God prevented them.
Aba, Abayo, Abayomi. Sno

AFRICAN BABY NAME DICTIONARY "IGBO & YORUBA NIGERIA"
Sno = Short name of or Nickname. Gender: BG = both gender; B = boy; G = girl;
ML = Married lady, Ig = Igbo, Yo = Yoruba, Ha = Hausa.

Abebi Yo/G We ask for a girl. *Abe* Sno

Abeni Yo/G We ask for her and she arrived. We asked for her and God gave her to us.

Abeo Yo He who brings happiness.

Abia Ig/B Great Value.

Abidemi Yo/B Born during father's absence. *Abi* Sno

Abifoluwa Yo Born for God.

Abimbola Yo/BG Born wealthy. *Abi, Bimbo.* Sno

Abiodun Yo/B also Abi, Abio, Odun. This child is born during a war or festival time. *Abi, Abio, Odun.* Sno

Abioye Yo/BG Born into royalty or wealth. *Abi, Abio* Sno

Abisola Yo/BG Born into a wealthy family. *Abi, Abiso.* Sno

Abosede Yo/BG Born on the first day of the week. *Abo, Abose* Sno

Abubaker Yo/B Father of a young Camel. *Abu* Sno

Achebe Ig/B also **Chebe**. To protect.

Achi Ig/B Laugh, also mean Brave. It is a circumstantial name given by parents, based on a certain event or events that occurred in their life.

Achilihu Ig/B also **Achiliru, Achinihu, Achiniru**. Pretender. Deceitful. Deliberately misleading. One that disguises his feeling with laughter, with the entente to deceive. This person will laugh at you, while pretending to be laughing with you. *Achi.* Sno

Achinihu Ig/B also **Achilihu, Achiliru, Achiniru**. Pretender. Deceitful. Deliberately misleading. One that disguises his feeling with laughter, with the entente to deceive. This person will laugh at you, while pretending to be laughing with you. *Achi.* Sno

Achiniru Ig/B also **Achilihu, Achiliru, Achinihu**. Pretender. Deceitful. Deliberately misleading. One that disguises his feeling with laughter, with the entente to deceive. This person will laugh at you, while pretending to be

laughing with you.
Achi. Sno

Acho Ig/B One that searches for something. It is a name that is given based on circumstances.

Acholam Ig/B also **Achonam**.
Don't look for me.
Acho, Achola. Sno

Acholamoku Ig/B also **Acholamokwu, Achonamoku, Achonamokwu**.
Don't look for or initiate trouble from me.
Acho, Okwu, Oku. Sno

Acholamokwu Ig/B also **Acholamoku, Achonamoku, Achonamokwu**.
Don't look for or initiate trouble from me.
Acho, Okwu, Oku. Sno

Acholaoku Ig/B also **Acholaokwu, Achonaoku, Achonaokwu**.
Don't look for trouble.
Acho, Oku, Okwu. Sno

Acholaokwu Ig/B also **Acholaoku, Achonaoku, Achonaokwu**.
Don't look for trouble.
Acho, Oku, Okwu. Sno

Achonamoku Ig/B also **Acholamoku, Acholamokwu, Achonamokwu**.

Don't look for or initiate trouble from me.
Acho, Okwu, Oku. Sno

Achonamokwu Ig/B also **Acholamokwu, Acholamokwu, Achonamoku**.
Don't look for or initiate trouble from me.
Acho, Okwu, Oku. Sno

Achonaoku Ig/B also **Acholaoku, Acholaokwu, Achonaokwu**.
Don't look for trouble.
Acho, Oku, Okwu. Sno

Achonaokwu Ig/B Don't look for trouble.
Acho, Oku, Okwu. Sno

Achondu Ig/B One looking for life.
One desiring life.
Acho. Sno

Achonna Ig/B One who looks for the father.
Acho. Sno

Achonne Ig/G One who looks for the mother.
Acho. Sno

Achonye IgB Who should I look for. *Acho.* Sno

AFRICAN BABY NAME DICTIONARY "IGBO & YORUBA NIGERIA"
Sno = Short name of or Nickname. Gender: BG = both gender; B = boy; G = girl;
ML = Married lady, Ig = Igbo, Yo = Yoruba, Ha = Hausa.

Achotalam Ig/B also **Achotanam**. I'm found. I have been discovered.
Acho. Sno

Ada Ig/G First female child of a family.

Adaego Ig/G The first female child born into the family financial wealth.
Ada. Sno

Adaeke Ig/G The first female child of the family, born on Eke market day.
Ada. Sno

Adaeze Ig/G Kings' first female child.
Ada. Sno

Adaezennaya Ig/G The fathers' Princess.
Ada, Adaeze. Sno

Adaku Ig/G First female child of a rich or wealthy family.
Ada. Sno

Adamma Ig/G also **Adanma**. Beautiful first daughter.
Ada. Sno

Adanma Ig/G also **Adamma**. Beautiful first daughter.
Ada. Sno

Adanna Ig/G First female child of a father.
Ada. Sno

Adanne Ig/G First female child of a mother. *Ada.* Sno

Adanze Ig/G The first female child of a Royal family.
Ada. Sno

Adaobi Ig/G First female child of a Royal family. *Ada.*
Ada. Sno

Adaoha Ig/G also **Adaora**. The daughter of the people. Must be a first female child in her family. *Ada.* Sno

Adaoma Ig/G A beautiful first female child of a family. Beautiful first daughter.
Ada. Sno

Adaora Ig/G also **Adaoha**. The daughter of the people. Must be a first female child in her family. *Ada.* Sno

Adebiyi Yo The royal one.
Ade, Adebi. Sno

Adebimpe Yo/G The crown gave birth to me. I am a royalty.
Ade, Adebi. Sno

AFRICAN BABY NAME DICTIONARY "IGBO & YORUBA NIGERIA"
Sno = Short name of or Nickname. Gender: BG = both gender; B = boy; G = girl;
ML = Married lady, Ig = Igbo, Yo = Yoruba, Ha = Hausa.

Adaugo `Ig/G` The first daughter of a virgin. [Ugo signify purity] *Ada.* `Sno`

Adaukwu `Ig/G` First female child of an affluent family. *Ada.* `Sno`

Adaure `Ig/G` A first, happy and proud daughter of her parents. *Ada* `Sno`

Ade `Yo/BG` This means royal or crown.

Adebamgbe `Ig B` Royalty dwells within me. *Abe* `Sno`

Adebayo `Yo/B` A crown of happiness or happy crown. A baby boy given birth to ceremoniously. *Ade, Bayo* `Sno`

Adebi `Yo/G` A name given to a baby girl born during a journey. *Ade* `Sno`

Adebimpe `Yo/BG` Born into the Crown – Royalty. The crown gave birth to me. I'm a complete royalty. *Ade, Adebim.* `Sno`

Adebisi `Yo/BG`. We have added to the crown. *Ade, Bisi* `Sno`

Adebiyi `Yo/B` The royal one. *Ade* `Sno`

Adebola `Yo/BG`. The crown meets wealth. The crown meets the royal honor. *Ade, Bola. Ade, Adebo.* `Sno`

Adebowale `Yo/B` The crown is back home; A child born after many years of waiting. *Ade, Adebo, Wale.* `Sno`

Adedayo `Yo/B` The crown has returned home. *Ade, Dayo* `Sno`

Adefolake `Yo/G` Your wealth supports us. *Ade.* `Sno`

Adegunde `Yo/B` Born during a holiday.

Adelewa `Yo` Crown achieves happeness. *Ade, Adele.* `Sno`

Adelola `Yo` The crown has honour. *Ade.* `Sno`

Ademuyiwa `Yo` The crown brought this gift. *Ade, Ademu.* `Sno`

Adenike `Yo` Care for the crown.

Adepeju `Yo` The crown is full of honor. *Ade, Adepe.* `Sno`

Aderiyike `Yo/G` The pampered

5

crown. *Ade, Ike*. *Sno*

Aderonke Yo/G The crown or royalty has found someone to cherish.
Ade, Adero, Aderon Sno

Adesewa Yo/G The crown of beauty. *Ade, Adese, Sewa, Ewa Sno*

Adesola Yo/BG The crown makes wealth ; The crown honored us. *Ade, Sola. Sno*

Adetoke Yo/BG The crown should be handled with care and honourable. *Ade, Toke. Sno*

Adetola Yo/BG The Regal Baby is worthy of the crown and wealth. *Ade, Tola. Sno*

Adetokundo Yo/B The crown That came from overseas. *Ade, Tokundo Sno*

Adetutu Yo The gentle crown.

Adidemi Yo/G This reflects the fact that the baby girl was born during a journey. *Ade. Sno*

Adi Ig/B There is …

Adibe IgB There are no friends

Adighi Ig/B also **Adigi**. There is none.
Adi. Sno

Adighibe Ig/B There are no through friends.
Adi, Adighi. Sno

Adighikaibe Ig/B also **Adigikaibe**.
Not like others. The child is different. This means that everybody is different and should use personal judgment to navigate life.
Adi, Adibe, Adighi, Adigi, Ide. Sno

Adigi Ig/B also **Adighi**. There is none.
Adi. Sno

Adigikaibe Ig/B also **Adighikaibe**.
Not like others. The child is different. This means that everybody is different and should use personal judgment to navigate life.
Adi, Adibe, Adighi, Adigi, Ibe. Sno

Adikaibe Ig/B Is like others. Is not different from any other person.
This means that, what is good

for "A" is good for "B".
Adi, Adibe, Adika, Ibe. *Sno*

Adimbola Yo/G /B Is a name given To both genders, meaning born into wealth. One born into a wealthy Family. *Adi, Adim, Adimbo.* *Sno*

Adindu Ig/B If life prevail. If there is life anything is possible. *Adi, Ndu.* *Sno*

Adiriyanna Ig/BG Father lives for the children.
Adi, Adiri. *Sno*

Adiriyanne Ig/BG Mother lives for the children.
Adi, Adiri. *Sno*

Adiola Yo/BG Born on a festival. Born into wealth.
Adi, Adio. *Sno*

Adioye Yo A child born into Royalty. *Adi, Adio.* *Sno*

Adisa Yo/B Someone who has clarity.

Adosede Yo/BG means being born on the first day of the week. *Ado, Sede* *Sno*

Adunni Yo/G Daughter of a nice person. *Adu* *Sno*

Afam Ig/B also **Afamu, Aham, Ahamu.**
My name.

Afamdi Ig/B also **Afamudi, Ahamdi, Ahamudi.**
My name remains. Having given birth to a male child means that the family name still exist.
Afam, Afamu, Aham, Ahamu. *Sno*

Afamefula Ig/B also **Afamuefula, Afamefuna, Afamuefuna, Afamuefunam, Ahamefula, Ahamefuna, Ahamuefula, Ahamuefuna, Ahamuefunam.**
Affirmation of a family name, signifying that the family name is there to stay. *Afam, Afamu, Aham, Ahamu .* *Sno*

Afamefuna Ig/B also **Afamefula, Afamuefula, Afamuefuna, Afamuefunam, Ahamefula, Ahamefuna, Ahamuefula, Ahamuefuna, Ahamuefunam.**
Affirmation of a family name, signifying that my family name is here to stay.
Afam, Afamu, Aham, Ahamu. *Sno*

Afamu Ig/B also **Afam, Aham, Ahamu.**

AFRICAN BABY NAME DICTIONARY "IGBO & YORUBA NIGERIA"
Sno = Short name of or Nickname. Gender: BG = both gender; B = boy; G = girl;
ML = Married lady, Ig = Igbo, Yo = Yoruba, Ha = Hausa.

My name.

Afamudi Ig/B also Afamdi, **Ahamdi, Ahamudi.**
My name remains. Having given birth to a male child means that the family name still exist.
Afam, Afamu, Aham, Ahamu. Sno

Afamuefula Ig/B also **Afamefula, Afamefuna, Afamuefuna, Afamuefunam, Ahamefula, Ahamefuna, Ahamuefula, Ahamuefuna, Ahamuefunam.**
Affirmation of a family name, signifying that the family name is here to stay.
Afam, Afamu, Aham, Ahamu. Sno

Afamuefuna Ig/B also **Afamefula, Afamefuna, Afamuefula, Afamuefunam, Ahamefula, Ahamefuna, Ahamuefula, Ahamuefuna, Ahamuefunam.**
Affirmation of a family name, signifying that the family name is here to stay.
Afam, Afamu, Aham, Ahamu. Sno

Afamuefunam Ig/B also **Afamefula, Afamefuna, Afamuefula, Afamuefuna, Ahamefula, Ahamefuna, Ahamuefula, Ahamuefuna, Ahamuefunam.**
Affirmation of a family name, signifying that the family name is here to stay.
Afam, Afamu, Aham, Ahamu. Sno

Afaoma Ig/BG also Ahaoma.
Good name.
Aham, Afam Sno

Afo Ig/BG Market day. Afo Market day. A name given to a baby born on Afo market day.

Afolabi Yo/B Born into wealth and high status. *Afo, Olabi, Labi, Abi. Abi* Sno

Afonne IgG Relative. Same Parent. Sibling.
Afo, Nene, Nne Sno

Afukam Ig/B also **Ahukam**. I have seen more.
Afuka, Ahuka. Sno

Afukanna Ig/B also **Ahukanna.**
It's a proverbic name, meaning That I have seen more good / bad than my father.
Afuka, Ahuka, Nnanna. Sno

Afuluelu Ig/BG Also **Afuluenu, Afuruelu, Afuruenu, Ahuluelu,**

Ahuluenu, Ahuruelu, Ahuruenu.
I have seen the height.
Afulu, Ahuru. Sno

Afuluenu Ig/BG Also **Afuluelu, Afuruelu, Afuruenu, Ahuluelu, Ahuluenu, Ahuruelu, Ahuruenu.**
I have seen the height.
Afulu, Ahuru. Sno

Afunanya Ig/B also **Ahunanya.**
Seeing. Having to see.
Nanya. Sno

Afunanyaekwe Ig/B also **Ahunanyaekwe.**
Seeing is believing.
Afunanya, Ahunanya, Ekwe, Nanya. Sno

Afuru Ig/B also **Ahuru.**
Seen. To have seen.

Afuruelu Ig/BG Also **Afuluelu, Afuluenu, Afuruenu, Ahuluelu, Ahuruenu, Ahuruelu, Ahuruenu.**
I have seen the height.
Afulu, Ahuru. Sno

Afuruenu Ig/BG Also **Afuluelu, Afuluenu, Afuruelu, Afuruenu, Ahuluelu, Ahuluenu, Ahuruelu, Ahuruenu.**
I have seen the height.
Afulu, Ahuru. Sno

Afuruonye Ig/B also **Ahuruonye.**
Who did you see. The naming parents feel that, with the birth of the baby they can crush any obstacle or person who try to hinder their progress.
Afuru, Ahuru Sno

Agadaga Ig/B Toughness.

Agaga Ig/B Always ready to travel.
Aga. Sno

Agaghiaga Ig/B Intolerable. Stubbornness.
Aga, Agaga. Sno

Agba Ig/B paint.

Agbara Ig/B god. Referring to other gods, not God.

Agha Ig/B War. A child born during a war time. It can also be a personal struggle or crises.

Ago Ig/B Denial. Someone who disagrees on something said about him/her/family.

Agonmuo Ig/B Denial of gods. One who disagrees or does not admit the existence of other gods. Denial of gods and evil spirits. *Ago.* Sno

Agu Ig/B Tiger. This name is

given to a child whose parent has proven or assumed to be as strong as a tiger.

Agwa Ig/B Broadcaster. Town-crier.
The person responsible to spread information to all in town.

Agwo Ig/B Snake. A deceiver. One that can never be trusted. This name is given in remembrance of an event that occurred in the family.

Agwu Ig/B god.

Ahachi Ig/B also **Arachi, Naahachi.**
In Gods'/gods' name.

Ahafulam Ig/B also **Ahafulamaka, Ahafulamu, Ahafulamuaka, Ahapulam, Ahapulamu, Ahapulamaka, Ahapulamuaka, Arapulam, Arapulamaka, Arapulamu, Arapulamuaka**.
Don't leave me. Don't forsake me. A name given by a parent that have had child death in the family. A plea for the child to stay alive.
Ahafula, Ahapula, Arapula. Sno

Ahafulamaka Ig/B also **Ahafulam, Ahafulamu, Ahafulamuaka, Ahapulam, Ahapulamu, Ahapulamaka, Ahapulamuaka, Arapulam, Arapulamaka, Arapulamu, Arapulamuaka**.
Don't leave me. Don't forsake me. A name given by a parent that have had child death in the family. A plea for the child to stay alive.
Ahafula, Ahapula, Arapula. Sno

Ahafulamu Ig/B also **Ahafulam, Ahafulamaka, Ahafulamuaka, Ahapulam, Ahapulamu, Ahapulamaka, Ahapulamuaka, Arapulam, Arapulamaka, Arapulamu, Arapulamuaka**.
Don't leave me. Don't forsake me. A name given by a parent that have had child death in the family. A plea for the child to stay alive. *Ahafula, Ahapula, Arapula.* Sno

Ahafulamuaka Ig/B also **Ahafulam, Ahafulamaka, Ahafulamu, Ahapulam, Ahapulamu, Ahapulamaka, Ahapulamuaka, Arapulam, Arapulamaka, Arapulamu, Arapulamuaka**.
Don't leave me. Don't forsake me. A name given by a parent that have had child death in the family. A plea for the child to stay alive. *Ahafula, Ahapula, Arapula.* Sno

AFRICAN BABY NAME DICTIONARY "IGBO & YORUBA NIGERIA"
Sno = Short name of or Nickname. Gender: BG = both gender; B = boy; G = girl;
ML = Married lady, Ig = Igbo, Yo = Yoruba, Ha = Hausa.

Ahala Ig/B To forgo. To let go.

Ahalachuku Ig/B also
**Ahalachukwu,
Ahanachuku, Ahanachukwu,
Ahapulachuku, Ahapulachukwu,
Ahapunachuku, Ahapunachukwu,
Aralachuku, Aralachukwu,
Arapulachuku, Arapulachukwu.**
Do not forsake God. Don't leave God.
Ahala, Ahalachi, Ahana, Ahanachi, Ahapula, Ahapulachi, Ahapuna, Ahapunachi, Arala, Aralachi, Arapula, Arapulachi. Sno

Ahalachukwu Ig/B also
**Ahalachuku. Ahanachuku,
Ahanachukwu, Ahapulachuku,
Ahapulachukwu, Ahapunachuku,
Ahaapunachukwu, Aralachuku,
Aralachukwu, Arapulachuku,
Arapulachukwu.**
Do not forsake God. Don't leave God.
Ahala, Ahalachi, Ahana, Ahanachi, Ahapula, ahapulachi, Ahapuna, Ahapunachi, Arala, Aralachi, Arapula, Arapulachi. Sno

Aham Ig/B also **Afam, Afamu, Ahamu.**
My name.

Ahamdi Ig/B also **Afamdi,**

Afamudi, Ahamudi.
My name remains. Having given birth to a male child means that the family name still exist.
Afam, Afamu, Aham, Ahamu. Sno

Ahamefula Ig/B also
**Afamefula,
Afamuefula, Afamefuna,
Afamuefuna, Afamuefunam,
Ahamefuna, Ahamuefula,
Ahamuefuna, Ahamuefunam**.
Affirmation of a family name, signifying that the family name is here to stay.
Afam, Afamu, Aham, Ahamu. Sno

Ahamefuna Ig/B also
**Afamefula,
Afamuefula, Afamefuna,
Afamuefuna, Afamuefunam,
Ahamefula, Ahamuefula,
Ahamuefuna, Ahamuefunam**.
Affirmation of a family name, signifying that the family name is here to stay.
Afam, Afamu, Aham, Ahamu. Sno

Ahamu Ig/B also **Afam, Afamu, Aham.**
My name.

Ahamudi Ig/B also **Afamdi,**

AFRICAN BABY NAME DICTIONARY "IGBO & YORUBA NIGERIA"
Sno = Short name of or Nickname. Gender: BG = both gender; B = boy; G = girl;
ML = Married lady, Ig = Igbo, Yo = Yoruba, Ha = Hausa.

Afamudi, Ahamdi.
My name remains. Having given birth to a male child means that the family name still exist.
Afam, Afamu, Aham, Ahamu. Sno

Ahamuefula Ig/B also **Afamefula, Afamuefula, Afamefuna, Afamuefuna, Afamuefunam, Ahamefula, Ahamefuna, Ahamuefuna, Ahamuefunam.**
Affirmation of a family name, signifying that the family name is here to stay. *Afam, Afamu, Aham, Ahamu.* Sno

Ahamuefuna Ig/B also **Afamefula Afamefuna, Afamuefula, Afamuefuna, Afamuefunam, Ahamefula, Ahamefuna, Ahamuefula, Ahamuefunam.**
Affirmation of a family name, signifying that the family name is here to stay.
Afam, Afamu, Aham, Ahamu. Sno

Ahamuefunam Ig/B also **Afamefula, Afamefuna, Afamuefula, Afamuefuna, Afamuefunam, Ahamefuna, Ahamefula, Ahamuefula, Ahamuefuna.**
Affirmation of a family name, signifying that the family name is here to stay.
Afam, Afamu, Aham,

Ahamu. Sno

Ahanachuku Ig/B also **Ahalachuku, Ahalachukwu, Ahanachukwu, Ahapulachuku, Ahapulachukwu, Ahapunachuku, Ahapunachukwu, Aralachuku, Aralachukwu, Arapulachuku, Arapulachukwu.**
Do not forsake God.
Don't leave God.
Ahala, Ahalachi, Ahana, Ahanachi, Ahapula, Ahapulachi, Ahapuna, Ahapunachi, Arala, Aralachi, Arapula, Arapulachi. Sno

Ahanachukwu Ig/B also **Ahalachuku, Ahalachukwu, Ahanachuku, Ahapulachuku, Ahapulachukwu, Ahapunachuku, Ahapunachukwu, Aralachuku, Aralachukwu, Arapulachuku, Arapulachukwu.**
Do not forsake God.
Don't leave God.
Ahala, Ahalachi, Ahana, Ahanachi, Ahapula, Ahapulachi, Ahapuna, Ahapunachi, Arala, Aralachi, Arapula, Arapulachi. Sno

Ahaoma Ig/BG also **Afaoma.**
Good name.

Aham, Afam. Sno

Ahapulachuku Ig/B also
**Ahalachuku,
Ahalachukwu,
Ahanachuku,
Ahanachukwu, Ahapulachukwu,
Ahapunachuku, Ahapunachukwu,
Aralachuku, Aralachukwu,
Arapulachuku, Arapulachukwu.**
Do not forsake God.
Don't leave God.
*Ahala, Ahalachi, Ahana,
Ahanachi, Ahapula, Ahapulachi,
Ahapuna, Ahapunachi, Arala,
Aralachi, Arapula,
Arapulachi.* Sno

Ahapulachukwu Ig/B also
**Ahalachuku, Ahalachukwu,
Ahanachuku, Ahanachukwu,
Ahapulachuku, Ahapunachuku,
Ahapunachukwu, Aralachuku,
Aralachukwu, Arapulachuku,
Arapulachukwu.**
Do not forsake God.
Don't leave God.
*Ahala, Ahalachi, Ahana,
Ahanachi, Ahapula, Ahapulachi,
Ahapuna, Ahapunachi, Arala,
Aralachi, Arapula,
Arapulachi.* Sno

Ahapulam Ig/B also **Ahafulam,
Ahafulamaka, Ahafulamu,
Ahafulamuaka, Ahapulamu,
Ahapulamaka, Ahapulamuaka,
Arapulam, Arapulamaka,
Arapulamu, Arapulamuaka**,
Don't leave me. Don't forsake
me. A name given by a parent
that have had child death in the
family. A plea for the child to
stay alive.
*Ahafula, Ahapula,
Arapula.* Sno

Ahapulamaka Ig/B also
**Ahafulam, Ahafulamaka,
Ahafulamu, Ahafulamuaka,
Ahapulam, Ahapulamu,
Ahapulamuaka, Arapulam,
Arapulamaka, Arapulamu,
Arapulamuaka,** Don't leave me.
Don't forsake me. A name given
by a parent that have had child
death in the family. A plea for
the child to stay alive.
*Ahafula, Ahapula,
Arapula.* Sno

Ahapulamu Ig/B also
**Ahafulam,
Ahafulamaka, Ahafulamu,
Ahafulamuaka, Ahapulam,
Ahapulamaka, Ahapulamuaka,
Arapulam, Arapulamaka,
Arapulamu, Arapulamuaka.**
Don't leave me. Don't forsake
me. A name given by a parent
that have had child death in the
family. A plea for the child to
stay alive.
*Ahafula, Ahapula,
Arapula.* Sno

AFRICAN BABY NAME DICTIONARY "IGBO & YORUBA NIGERIA"
Sno = Short name of or Nickname. Gender: BG = both gender; B = boy; G = girl;
ML = Married lady, Ig = Igbo, Yo = Yoruba, Ha = Hausa.

Ahapulamuaka IgB also
Ahafulam,
Ahafulamaka, Ahafulamu,
Ahafulamuaka, Ahapulam,
Ahapulamu, Ahapulamaka,
Arapulam, Arapulamaka,
Arapulamu, Arapulamuaka.
Don't leave me. Don't forsake me.
A name given by a parent that have had child death in the family. A plea for he child to stay alive.
Ahafula, Ahapula, Arapula. Sno

Ahapunachuku IgB also
Ahalachuku Ahalachukwu,
Ahanachuku, Ahanachukwu,
Ahapulachuku, Ahapulachukwu,
Ahapunachukwu, Aralachuku,
Aralachukwu, Arapulachuku,
Arapulachukwu.
Do not forsake God. Don't leave God. *Ahala, Ahalachi, Ahana, Ahanachi, Ahapula, Ahapulachi, Ahapuna, Ahapunachi, Arala, Aralachi, Arapula, Arapulachi.* Sno

Ahapunachukwu IgB also
Ahalachuku, Ahalachukwu,
Ahanachuku, Ahanachukwu,
Ahapulachuku, Ahapulachukwu,
Ahapunachuku, Aralachuku,
Aralachukwu, Arapulachuku,
Arapulachukwu.
Do not forsake God.
Don't leave God.
Ahala, Ahalachi, Ahana, Ahanachi, Ahapula,

Ahapulachi,
Ahapuna, Ahapunachi, Arala,
Aralachi, Arapula,
Arapulachi. Sno

Ahukam IgB also **Afukam**.
I have seen more.
Afuka, Ahuka. Sno

Ahukanna IgB also Afukanna.
I have seen more than my father.
Afuka, Ahuka, Nnanna. Sno

Ahuluelu IgBG Also **Afuluelu,**
Afuluenu, Afuruelu, Afuruenu,
Ahuluenu, Ahuruelu,
Ahuruenu.
I have seen the height.
Afulu, Ahuru. Sno

Ahuluenu IgBG Also
Afuluelu,
Afuluenu, Afuruelu, Afuruenu,
Ahuluelu, Ahuluenu, Ahuruelu,
Ahuruenu.
I have seen the height.
Afulu, Ahuru. Sno

Ahunanya IgB also **Afunanya**.
Seeing. Having to see.
Nanya. Sno

Ahunanyaekwe IgB also
Afunanyaekwe.
Seeing is believing.
Afunanya, Ahunanya, Ekwe, Nanya. Sno

AFRICAN BABY NAME DICTIONARY "IGBO & YORUBA NIGERIA"
Sno = Short name of or Nickname. Gender: BG = both gender; B = boy; G = girl;
ML = Married lady, Ig = Igbo, Yo = Yoruba, Ha = Hausa.

Ahuru Ig/B also **Afuru**. Seen. To have seen.

Ahuruelu Ig/BG Also **Afuluelu, Afuluenu, Afuruelu, Afuruenu, Ahuluelu, Ahuluenu, Ahuruenu**. I have seen the height.
Afulu, Ahuru. Sno

Ahuruenu IgBG Also **Afuluelu, Afuluenu, Afuruelu, Afuruenu, Ahuluelu, Ahuluenu, Ahuruelu**. I have seen the height.
Afulu, Ahuru. Sno

Ahuruonye Ig/B also **Afuruonye**. Who did you see. The naming parents feel that, with the birth of the baby they can crush any obstacle or person who try to hinder their progress.
Afuru, Ahuru. Sno

Aja Ig/B Sacrificial offering.

Ajala Ig/B Sand, Earth.
Aja. Sno

Ajamu Yo/B He fight for his desire. *Aja, Ajam.* Sno

Ajani Yo/BG The victor.
Aja, Ajan Sno

Ajayi Yo Born face-down.

Ajuluchuku Ig/B also **Ajuluchukwu, Ajuruchuku, Ajuruchukwu**. Having ask God.
Aju, Ajulu, Ajuru. Sno

Ajuluchukwu Ig/B also **Ajuluchuku, Ajuruchuku, Ajuruchukwu**. Having ask God.
Aju, Ajulu, Ajuru. Sno

Ajuruchuku Ig/B also **Ajuluchuku, Ajuluchukwu, Ajuruchukwu**. Having ask God.
Aju, Ajulu, Ajuru. Sno

Ajuruchukwu Ig/B also **Ajuluchuku, Ajuluchukwu, Ajuruchuku**. Having ask God.
Aju, Ajulu, Ajuru. Sno

Aka Ig/B Hand

Akabueze IgB Self made King.
Aka. Sno

Akachuku Ig/B also **Akachukwu**. The hand of God. Gods' hand.
Akachi. Sno

Akachukwu Ig/B also **Akachuku**. The hand of God. Gods' hand.

15

Akachi. *Sno*

Akaigwe Ig/B Iron hand. A very strong hand.
Aka, Igwe. Sno

Akankuma Ig/B also **Akankume.** Stony hand. Strong hand.
Aka, Nkuma, Nkume. Sno

Akankume Ig/B also **Akankuma.** Stony hand. Strong hand.
Aka, Nkuma, Nkume. Sno

Akaoma Ig/B Good hand. A child I can trust.
Aka. Sno

Akata Ig/B Somebody who reports or tell about others.
Aka. Sno

Akin Yo/B brave; heroic; man.

Akobundu Ig/B Common sense is essential in ones life.
Ako, Ndu. Sno

Akoma Ig/B Endurance.
Ako. Sno

Akpunku Ig/B Somebody strong and Powerful.
Akpu. Sno

Akuabia Ig/B Wealth has arrived.

Aku. *Sno*

Akubundu Ig/B Wealth is life.
Aku, Ndu. Sno

Akudinobi Ig/BG Wealth is a state of mind. Wealth is in the heart.
Aku, Obi, Odinobi. Sno

Akudo Ig/G Peaceful wealth. Clean wealth.
Aku, Udo. Sno

Akumudili Ig/G also **Akumudiri, Akumujili, Akumujiri.** Let my wealth remain.
Aku, Akum. Sno

Akumudilim Ig/G also **Akumudirim, Akumujilim, Akumujirim**. Let my wealth be mine.
Aku, Akum. Sno

Akumudiri Ig/G also **Akumudili, Akumujili, Akumujiri.** Let my wealth remain.
Aku, Akum. Sno

Akumudirim Ig/G also **Akumudilim, Akumujilim, Akumujirim.** Let my wealth be mine.
Aku, Akum. Sno

Akumujieri Ig/B The wealth to
enjoy.
Aku, Akum. Sno

Akumujili Ig/G also **Akumudiri,
Akumudili, Akumujiri.** Let my
wealth remain.
Aku, Akum. Sno

Akumujilim Ig/G also
**Akumudilim, Akumudirim,
Akumujirim**.
Let my wealth be mine.
Aku, Akum. Sno

Akumujiri Ig/G also **Akumudiri,
Akumudili, Akumujiri.**
Let my wealth remain.
Aku, Akum. Sno

Akumujirim Ig/G also
**Akumudirim, Akumudilim,
Akumujilim**.
Let my wealth be mine.
Aku, Akum. Sno

Akunna Ig/G Fathers' wealth.
Aku, Nana. Sno

Akuoma Ig/G Good wealth.
Aku, Nwaoma. Sno

Akwara Ig/B Vein. This child is
the life line of the
family. *Akwa. Sno*

Akwarandu Ig/B Life saver. A
vein that save life. Somebody
that wishes another a
long life.
Akwa, Ndu. Sno

Akwaranna Ig/B Fathers' vein.
This is his fathers'
life line.
Nna-nna. Sno

Akwaranne Ig/BG Mothers'
vein.
This child is his mothers' live
line.
Akwa, Akwara. Sno

Akwaraonwu Ig/B A child
whose
family is worried about death.
This child is a vein that stands
between life and death.
Akwa, Akwara. Sno

Akwaugo Ig/G A precious
child of a
precious mother.
Akwa, Ugo. Sno

Alanna Ig/B Fatherland.
Ala, Nna-nna. Sno

Aleya Ig/BG Where is it.
Ale. Sno

AFRICAN BABY NAME DICTIONARY "IGBO & YORUBA NIGERIA"
Sno = Short name of or Nickname. Gender: BG = both gender; B = boy; G = girl;
ML = Married lady, Ig = Igbo, Yo = Yoruba, Ha = Hausa.

Alheri Yo/BG Grace

Alika Ig/B Skinny person.
Ali. Sno

Alo Ig/BG Umbilical cord. Return. Mark of unity.

Alola Ig/BG Welcome. This name is referencing the child as an ancestral return.
Alo. Sno

Alonna Ig/B The Fathers' umbilical cord. Fathers' unity. Oneness with the father.
Alo, Nna-nna. Sno

Alozie Ig/B Perfect accord. Perfect return. This name signify that the child has ancestral link.
Alo. Sno

Alozieuwa Ig/B Perfect return to the world. This name signify that the child has ancestral link.
Alo, Alozie. Sno

Ama Ig/B witness.

Amadi Ig/B god.

Amadioha Ig/B A god of all people.
Amadi. Sno

Amaechi Ig/BG also Amechi. Who knows tomorrow. Who knows what the future holds.
Ama, Echi, Mechi. Sno

Amaka Ig/G Beauty.

Amako Ig/B Lack of witness.

Amaluchuku Ig/BG also Amaluchukwu. Mercy of God.
Amaluchi, Amalu. Sno

Amaluchukwu Ig/BG also Amaluchuku. Mercy of God.
Amaluchi, Amalu. Sno

Amamihe Ig/BG Wisdom.
Ama, Ihe. Sno

Amanihu Ig/B Pretender. Somebody that shows a good face in the public but is as evil as serpent. This name is given to the baby to remind the parents of a circumstance that to place in their life.
Ama. Sno

Amaogechi Ig/BG also **Amaogechuku, Amaogechukwu, Amogechi, Amogechuku, Amogechukwu.** Gods' time is the best. Who

knows Gods' time.
Ama, Amaoge, Amoge,
Ogechi. Sno

Amaogechuku Ig/BG also
Amaogechi, Amaogechukwu,
Amogechi, Amogechuku,
Amogechukwu.
Gods' time is the best. Who knows Gods' time.
Ama, Amaoge, Amoge,
Ogechi. Sno

Amaogechukwu Ig/BG also
Amaogechi, Amaogechuku,
Amogechi, Amogechuku,
Amogechukwu.
Who knows Gods' time. Gods' time is the best.
Ama, Amaoge, Amoge,
Ogechi. Sno

Amara Ig/BG Grace.

Amarachi Ig/BG also
Amarachuku, Amarachukwu,
Amaruchuku, Amaruchukwu.
Grace of God.
Amara. Sno

Amarachuku Ig/BG also
Amarachi, Amarachukwu,
Amaruchuku, Amaruchukwu.
Grace of God.
Amara. Sno

Amarachukwu Ig/BG also

Amarachi, Amarachuku,
Amaruchuku, Amaruchukwu.
Grace of God.
Amara. Sno

Amaranna Ig/B I know of a father.
This child is named after the death of his father.
Amara. Sno

Amaranta Ig/BG also
Amaranti.
Gentle Grace.
Amara, Nta. Sno

Amaranti Ig/BG also
Amaranta.
Gentle Grace.
Amara, Nta. Sno

Amarila Ig/BG Known.
Ama. Sno

Amaruchuku Ig/BG also
Amarachi, Amarachuku,
Amarachukwu, Amaruchukwu.
Grace of God.
Amara. Sno

Amaruchukwu Ig/BG also
Amarachi, Amarachuku,
Amarachukwu, Amaruchuku.
Grace of God.
Amara. Sno

Amauchechuku Ig/BG also

Amauchechukwu,
Amuchechuku,
Amuchechukwu.
  Who knows Gods' will. Who knows God intention.
  Ama, Amauche, Amuche, Uche. Sno

Amauchechukwu Ig/BG also **Amauchechuku Amuchechuku, Amuchechukwu.**
  Who knows Gods' will. Who knows God intention.
  Ama, Amauche, Amuche, Uche. Sno

Amauchenna Ig/B also **Amuchenna.**
  Who knows fathers' [Gods'] intention.
  Ama, Amauche, Uche. Sno

Amechi Ig/BG also **Amaechi.**
  Who knows tomorrow. Who knows what the future holds.
  Ama, Echi, Mechi. Sno

Amogechi Ig/BG also **Amaogechi, Amaogechuku, Amaogechukwu, Amogechuku, Amogechukwu.**
  Gods' time is the best. Who knows Gods' time.
  Amaoge, Amoge, Ogechi. Sno

Amogechuku Ig/BG also **Amaogechi, Amaogechuku, Amaogechukwu, Amogechi,**
Amogechuku.
  Gods' time is the best. Who knows Gods' time.
  Amaoge, Amoge, Ogechi. Sno

Amogechukwu Ig/BG also **Amaogechi, Amaogechuku, Amaogechukwu, Amogechi, Amogechuku.**
  Gods' time is the best. Who knows Gods' time.
  Amaoge, Amoge, Ogechi. Sno

Amuchechuku Ig/BG also **Amauchechuku, Amauchechukwu, Amuchechukwu.**
  Who knows Gods' will. Who knows God intention.
  Ama, Amauche, Amuche, Uche. Sno

Amuchechukwu Ig/BG also **Amauchechuku, Amauchechukwu, Amuchechuku.**
  Who knows Gods' will. Who knows God intention.
  Ama, Amauche, Amuche, Uche. Sno

Amuchenna Ig/B also **Amauchenna.**
  Who knows fathers' [Gods'] intention.

Ama, Amauche, Uche. |Sno|

Anaba |Ig/B| Getting wealthy.
Aba, Ana, Anana. |Sno|

Anaele |Ig//B| also **Anaene, Anele, Anene.**
Continue to observe. This name is given to this child as a reminder to the family, to continue observing and monitoring a certain situation for a foreseeable future.
Ana. |Sno|

Anaelechuku |Ig/B| also **Anaelechukwu, Anaenechuku, Anaenechukwu, Anelechuku, Anelechukwu, Anenechuku, Anenechukwu.**
Continue to trust and believe in God.
Anaele, Anaelechi, Anaene, Anaenechi, Anele, Anelechi, Anene, Anenechi. |Sno|

Anaelechukwu |Ig/B| also **Anaelechuku, Anaenechuku, Anaenechukwu, Anelechuku, Anelechukwu, Anenechuku**, **Anenechukwu.**
Continue to trust and believe in God.
Anaele, Anaelechi, Anaene, Anaenechi, Anele, Anelechi, Anene, Anenechi. |Sno|

Anaene |Ig/B| also **Anaele, Anele, Anene.**
Continue to observe. This name is given to this child as a reminder to the family, to continue observing and monitoring a certain situation for a foreseeable future.
Ana. |Sno|

Anaenechuku |Ig/B| also **Anaelechuku, Anaelechukwu, Anaenechukwu, Anelechuku, Anelechukwu, Anenechuku, Anenechukwu.**
Continue to trust and believe in God.
Anaele, Anaelechi, Anaene, Anaenechi, Anele, Anelechi, Anene, Anenechi. |Sno|

Anaenechukwu |Ig/B| also **Anaelechuku, Anaelechukwu, Anaenechuku, Anelechuku, Anelechukwu, Anenechuku, Anenechukwu.**
Continue to trust and believe in God.
Anaele, Anaelechi, Anaene, Anaenechi, Anele, Anelechi, Anene, Anenechi. |Sno|

Anarochuku |Ig/BG| also **Anarochukwu, Anayochuku, Anayochukwu.**
Praying to God.
Anaro, Anarochi, Anayo,

Anayochi. Sno

Anarochukwu Ig/BG also **Anarochuku, Anayochuku, Anayochukwu.**
  Praying to God.
  Anaro, Anarochi, Anayo, Anayochi. Sno

Anaturuchuku Ig/BG also **Anaturuchukwu.**
  Does anybody decides for God?
  Anaturuchi, Aturuchi, Aturu. Sno

Anaturuchukwu Ig/BG also **Anaturuchuku.**
  Does anybody decides for God?
  Anaturuchi, Aturuchi, Aturu. Sno

Anayochuku Ig/BG also **Anarochuku, Anarochukwu, Anayochukwu.**
  Praying to God.
  Anaro, Anarochi, Anayo, Anayochi. Sno

Anayochukwu Ig/BG also **Anarochuku, Anarochukwu, Anayochuku.**
  Praying to God.
  Anaro, Anarochi, Anayo, Anayochi. Sno

Anele Ig/B also **Anaele, Anaene, Anene.**
  Continue to observe. This name is given to this child as a reminder to the family, to continue observing and monitoring a certain situation for a foreseeable future.
  Ana Sno

Anelechuku Ig/B also **Anaelechuku, Anaelechukwu, Anaenechuku, Anaenechukwu, Anelechukwu, Anenechuku, Anenechukwu.**
  Continue to trust and believe in God.
  Anaele, Anaelechi, Anaene, Anaenechi, Anele, Anelechi, Anene, Anenechi. Sno

Anelechukwu Ig/B also **Anaelechuku, Anaelechukwu, Anaenechuku, Anaenechukwu, Anelechuku, Anenechuku, Anenechukwu.**
  Continue to trust and believe in God.
  Anaele, Anaelechi, Anaene, Anaenechi, Anele, Anelechi, Anene, Anenechi. Sno

Anene Ig/B also **Anaele, Anaene, Anele, Anene.**
  Continue to observe. This name is given to this child as a reminder to the family, to continue observing and monitoring a certain situation

for a foreseeable future.
Ana. Sno

Anenechuku Ig/B also
**Anaelechuku, Anaelechukwu,
Anaenechuku,
Anaenechukwu, Anelechuku,
Anelechukwu, Anenechukwu.**
Continue to trust and believe in God.
*Anaele, Anaelechi, Anaene,
Anaenechi, Anele, Anelechi,
Anene, Anenechi.* Sno

Anenechukwu Ig/B also
**Anaelechuku, Anaelechukwu,
Anaenechuku, Anaenechukwu,
Anelechuku, Anelechukwu,
Anenechuku.**
Continue to trust and believe in God.
*Anaele, Anaelechi, Anaene,
Anaenechi, Anele, Anelechi,
Anene, Anenechi.* Sno

Anichebe Ig/B Let the land protect.
Achebe Sno

Anichebem Ig/B May the land protect me.
Achebe Sno

Anu Ig/B Bee. Someone not to be messed with due to some avenging behavior.

Anuokpo Ig/B also **Anuokpuo.**
Dried meat. One born to be strong and not easily manipulated.
Okponku. Sno

Anuokpuo Ig/B also **Anuokpo.**
Dried meat. One born tobe strong and not easily manipulated.
Okponku. Sno

Anuoluwapo Yo God is abundantly merciful.
*Anuo, Anuolu,
Wapo. Oluwapo* Sno

Anuri Ig/BG Joy. Happiness.

Anya Ig/BG Eye. This child is the eye of the family. The eye through which the family can see and understand circumstances around them. The family hope for a better tomorrow.

Anyanele Ig/B The eye to see. The child reflects a sense of understanding. That which everybody is interest to see the outcome.
Anya, Anele. Sno

Anyanna Ig/B The fathers' eye. The eye with which the father can see and understand the

circumstances around him. The fathers' hope for a better tomorrow.
Anya, Nna-a. Sno

Anyanne Ig/G The mothers' eye. The eye with which the mother can see and understand the circumstances around him. The mothers' hope for a better tomorrow.
Anya, Nne-e. Sno

Anyanwanne Ig/BG The eye of the family. The family has her hope that this child will protect and take care of the siblings.
Anya, Nnanne. Sno

Anyanwu Ig/B Sun. The light of the family. The light by which the family sees the world and also be seen.
Anya, Anyam. Sno

Anyaoma Ig/BG The good eye. A child born with good intention. One whose family has a high hope his/her success.
Anya, Oma. Sno

Anyaununa Ig/B also **Anyaumunna.**
A child born to be look after and be generous to his community.
Anya, Umuna. Sno

Anyi Ig/B We. Us. Everybody in the family.

Anyim Ig/B Crafty. Tortoise. Tortuous. One who cannot be deceived but is very deceitful in nature. One born to deceive others at will and as he see fit.

Aralachuku Ig/B also **Ahalachuku, Ahalachukwu, Ahanachuku, Ahanachukwu, Ahapulachuku, Ahapulachukwu, Ahapunachuku, Ahapunachukwu, Aralachukwu, Arapulachuku, Arapulachukwu.**
Do not forsake God. Don't leave God.
Ahala, Ahalachi, Ahana, Ahanachi, Ahapula, Ahapulachi, Ahapuna, Ahapunachi, Arala, Aralachi, Arapula, Arapulachi. Sno

Aralachukwu Ig/BG also **Ahalachuku, Ahalachukwu, Ahanachuku, Ahanachukwu, Ahapulachuku, Ahapulachukwu, Ahapunachuku, Ahapunachukwu, Aralachuku, Arapulachuku, Arapulachukwu.**

Do not forsake God. Don't leave God.
Ahala, Ahalachi, Ahana, Ahanachi, Ahapula, Ahapulachi, Ahapuna, Ahapunachi, Arala, Aralachi, Arapula, Arapulachi. Sno

Arapulachuku Ig/BG also
Ahalachuku, Ahalachukwu, Ahanachuku, Ahanachukwu, Ahapulachuku, Ahapulachukwu, Ahapunachuku, Ahapunachukwu, Aralachuku, Aralachukwu, Arapulachukwu.
Do not forsake God. Don't leave God.
Ahala, Ahalachi, Ahana, Ahanachi, Ahapula, Ahapulachi, Ahapuna, Ahapunachi, Arala, Aralachi, Arapula, Arapulachi. Sno

Arapulachukwu Ig/BG also
Ahalachuku, Ahalachukwu, Ahanachuku, Ahanachukwu, Ahapulachuku, Ahapulachukwu, Ahapunachuku, Ahapunachukwu, Aralachuku, Aralachukwu, Arapulachuku.
Do not forsake God. Don't leave God.
Ahala, Ahalachi, Ahana, Ahanachi, Ahapula, Ahapulachi, Ahapuna, Ahapunachi, Arala, Aralachi, Arapula, Arapulachi. Sno

Arapulam Ig/B also
Ahafulam, Ahafulamaka, Ahafulamu, Ahafulamuaka, Ahapulam, Ahapulamu, Ahapulamaka, Ahapulamuaka, Arapulamaka, Arapulamu, Arapulamuaka.
Don't leave me. Don't forsake me. A name given by a parent that have had child death in the family. A plea for the child to stay alive.
Ahafula, Ahapula, Arapula. Sno

Arapulamaka Ig/B also
Ahafulam, Ahafulamaka, Ahafulamu, Ahafulamuaka, Ahapulam, Ahapulamu, Ahapulamaka, Ahapulamuaka, Arapulam, Arapulamu, Arapulamuaka.
Don't leave me. Don't forsake me. A name given by a parent that have had child death in the family. A plea for the child to stay alive. *Ahafula, Ahapula, Arapula.* Sno

Arapulamu Ig/B also
Ahafulam, Ahafulamaka, Ahafulamu, Ahafulamuaka, Ahapulam, Ahapulamu, Ahapulamaka, Ahapulamuaka, Arapulam,

Arapulamaka, Arapulamuaka. Don't leave me. Don't forsake me. A name given by a parent that have had child death in the family. A plea for the child to stay alive. *Ahafula, Ahapula, Arapula.* `Sno`

Arapulamuaka `Ig/B` also **Ahafulam, Ahafulamaka, Ahafulamu, Ahafulamuaka, Ahapulam, Ahapulamu, Ahapulamaka, Ahapulamuaka, Arapulam, Arapulamaka, Arapulamu.** Don't leave me. Don't forsake me. A name given by a parent that have had child death in the family. A plea for the child to stay alive. *Ahafula, Ahapula, Arapula.* `Sno`

Araoluwa `Yo` The wonder of God.

Asa `IgB` robust.

Atinuke `Yo/BG` One who is taken care of from conception. *Atin, Nuke.* `Sno`

Awo `Ig/BG` Toad. This name is normally given to a big baby.

Ayanfeoluwa `Yo/BG` God's beloved. *Oluwa.* `Sno`,

Ayo `Yo/BG` Joy

Ayodele `Yo/BG` Joy has returned. *Ayo, Dele.* `Sno`

Ayokunle `Yo/BG` Joy has filled our home. *Ayo, Kunle.* `Sno`

Ayomide `Yo/B` Added honey to the wealth; My joy has arrived. *Ayo, Omide.* `Sno`

Ayotunde `Yo/G` Joy has returned *Ayo, Tunde.* `Sno`

Azikaiwe `Ig/B` also **Azikiwe**. It is better to be angry than to be hateful. *Azik, Zik.* `Sno`

Azikiwe `Ig/B` also **Azikaiwe**. It is better to be angry than to be hateful. *Azik, Zik.* `Sno`

Azizi `Ig/B` Broom. Signifying unity.

Azubike `Ig/B` My child is my Strength. Comrades are my strength. Those bind me are my strength. *Azu, Ike.* `Sno`

Azuka `Ig/BG` Statement made or words said after the fact. *Azu.* `Sno`

Azuka `Ig/BG` What lies behind is greater. *Azu.* `Sno`

Azum Ig/B My back.

Azunna Ig/B Fathers' caretaker. A child born to take care of his father. *Azu, Nna-nna.* Sno

B

Bamidele. Yo/G Follow me home
  Dele Sno

Bawa Ig/B Continue to be rich.
  Continue the wealth.
  Ba. Sno

Babatunde Yo/B Reincarnation.
  Father has returned.
  Baba, Tunde. Sno

Bechuku Ig/BG also **Bechukwu, Beolisa.**
  Gods' place.
  Bechi. Sno

Bechukwu Ig/BG also **Bechuku, Beolisa.**
  Gods' place.
  Bechi. Sno

Beleonwu Ig/BG also **Beluonwu, Onwubele.**
  A plea to the unknown, to end death. This name is given by parents who has continuously lost their new born to death.
  Bele, Onwu. Sno

Beolisa Ig/BG also **Bechuku, Bechukwu, Beolisa.**
  Gods' place.
  Bechi. Sno

Biakelechi Ig/BG also **Biakelechuku, Biakelechukwu, Biakenechi, Biakenechuku, Biakenechukwu.**
  Come and glorify God.
  Bia, Biakele, Biakene, Kelechi, Kenechi. Sno

Biakelechuku Ig/BG also **Biakelechi, Biakelechukwu, Biakenechi, Biakenechuku, Biakenechukwu.**
  Come and glorify God.
  Bia, Biakele, Biakene, Kelechi, Kenechi. Sno

Biakelechukwu Ig/BG also **Biakelechi, Biakelechuku, Biakenechi, Biakenechuku, Biakenechukwu.**
  Come and glorify God.
  Bia, Biakele, Biakene, Kelechi, Kenechi. Sno

Biakenechi Ig/BG also **Biakelechi, Biakelechuku, Biakelechukwu, Biakenechuku, Biakenechukwu.**
  Come and glorify God.
  Bia, Biakele, Biakene, Kelechi, Kenechi. Sno

Biakenechuku Ig/BG also
**Biakelechi, Biakelechuku,
Biakelechukwu, Biakenechi,
Biakenechukwu.**
  Come and glorify God.
  *Bia, Biakele, Biakene,
  Kelechi, Kenechi.* Sno

Biakenechukwu Ig/BG also
**Biakelechi, Biakelechuku,
Biakelechukwu, Biakenechi,
Biakenechuku.**
  Come and glorify God.
  *Bia, Biakele, Biakene,
  Kelechi, Kenechi.* Sno

Biakutechi Ig/BG also
**Biakutechuku,
Biakutechukwu, Biakuteolisa.**
  Come to God.
  Biakute, Kute. Sno

Biakutechuku Ig/BG also
**Biakutechi, Biakutechukwu,
Biakuteolisa.**
  Come to God.
  Biakute, Kute. Sno

Biakutechukwu Ig/BG also
**Biakutechi, Biakutechuku,
Biakuteolisa.**
  Come to God.
  Biakute, Kute. Sno

Biakutem Ig/BG also **Bakwutem.**
  Come to me.
  Biakutem, Utem. Sno

Biakwutem Ig/BG also
Bakutem.
  Come to me.
  Bia, Kutem, Kwutem, Utem.
  Sno

Biakuteolisa Ig/BG also
**Biakutechi,
Biakutechuku, Biakutechukwu,
Biakwutechukwu,
Biakwutaolisa.**
  Come to God.
  Bia, Biakute, Kute. Sno

Biasochi Ig/BG also
**Biasochuku,
Biasochukwu, Biasolisa.**
  Come and follow the Lord.
  Biaso. Sno

Biasochuku Ig/BG also
**Biasochi,
Biasochukwu, Biasolisa.**
  Come and follow the Lord.
  Biaso. Sno

Biasochukwu Ig/BG also
Biasochi, Biasochuku, Biasolisa.
  Come and follow the Lord.
  Biaso. Sno

Biasolisa Ig/BG also **Biasochi,
Biasochuku, Biasochukwu.**
  Come and follow the Lord.
  Biaso. Sno

Biatochi Ig/BG also **Biatochuku, Biatochukwu.**
  Come and praise the Lord.
  Biato. Sno

Biatochi Ig/BG also **Biatochuku, Biatochukwu.**
  Come and praise the Lord.
  Biato. Sno

Biatochuku Ig/BG also **Biatochi, Biatochukwu.**
  Come and praise the Lord.
  Biato. Sno

Biatochuku Ig/BG also **Biatochi, Biatochukwu.**
  Come and praise the Lord.
  Biato. Sno

Biatochukwu Ig/BG also **Biatochi, Biatochuku.**
  Come and praise the Lord.
  Biato. Sno

Biatochukwu IgBG also **Biatochi, Biatochuku.**
  Come and praise the Lord.
  Biato. Sno

Bitrus Ha/B This name means Peter in Hausa. It's Biblical Peter, in the Bible.

Bolatito Yo/BG The sanctification that joy brings.
  Bola, Latito, Tito. Sno

Boluwatife Yo As God wants it; The will of God.

C

Chebe Ig/B also Achebe.
To protect.

Cheluchi Ig/BG also **Cheluchuku, Cheluchukwu.**
Wait on Gods'… Wait for Gods' …
Chelu, Chi-chi, Chii. Sno

Cheluchuku Ig/BG also **Cheluchi, Cheluchukwu.**
Wait on Gods'…Wait for Gods' …
Chelu, Chi-chi, Chii. Sno

Cheluchukwu Ig/BG also **Cheluchi, Cheluchuku.**
Wait on Gods'…Wait for Gods' …
Chelu, Chi-chi, Chii. Sno

Chenma Ig/BG Think good.
Nma. Sno

Cheta Ig/BG also Chete.
Remember.
Chi-chi. Sno

Chetachi Ig/BG also **Chetachuku, Chetachukwu, Chetaolisa, Chetechi, Chetechuku, Chetechukwu, Cheteolisa.**
Remember God.
Cheta, Chete, Chi-chi. Sno

Chetachuku Ig/BG also **Chetachi, Chetachukwu, Chetaolisa, Chetechi, Chetechuku, Chetechukwu, Cheteolisa.**
Remember God.
Cheta, Chete, Chi-chi. Sno

Chetachukwu Ig/BG also **Chetachi, Chetachuku, Chetaolisa, Chetechi, Chetechuku, Chetechukwu, Cheteolisa.**
Remember God.
Cheta, Chete, Chi-chi. Sno

Chetam Ig/BG Remember me.
Cheta, Chete. Sno

Chetanna Ig/BG also **Chetenna.**
Remember your father.
Cheta, Chete, Chi-chi. Sno

Chetanne Ig/BG also **Chetenne.**
Remember your mother.
Cheta, Chete, Chi-chi. Sno

Chetanyi Ig/BG Remember us.

AFRICAN BABY NAME DICTIONARY "IGBO & YORUBA NIGERIA"
Sno = Short name of or Nickname. Gender: BG = both gender; B = boy; G = girl;
ML = Married lady, Ig = Igbo, Yo = Yoruba, Ha = Hausa.

Cheta, Chi-chi. Sno

Chetaolisa Ig/BG also **Chetachi, Chetachuku, Chetachukwu, Chetechi, Chetechuku, Chetechukwu, Cheteolisa.**
Remember God.
Cheta, Chete, Chi-chi. Sno

Chete Ig/BG also **Chete**.
Remember.
Chi-chi. Sno

Chetechi Ig/BG also **Chetachi, Chetachuku, Chetachukwu, Chetaolisa, Chetechuku, Chetechukwu, Cheteolisa.**
Remember God.
Cheta, Chete, Chi-chi. Sno

Chetechuku Ig/BG also **Chetachi, Chetachuku, Chetachukwu, Chetaolisa, Chetechi, Chetechukwu, Cheteolisa.**
Remember God.
Cheta, Chete, Chi-chi. Sno

Chetechukwu Ig/BG also **Chetachi, Chetachuku, Chetachukwu, Chetaolisa, Chetechi, Chetechuku, Cheteolisa.**
Remember God.
Cheta, Chete, Chi-chi. Sno

Chetenna Ig/BG also **Chetanna**.
Remember your father.
Cheta, Chete, Chi-chi. Sno

Chetenne Ig/BG also **Chetanne**.
Remember your mother.
Cheta, Chete, Chi-chi. Sno

Cheteolisa Ig/BG also **Chetachi, Chetachuku, Chetachukwu, Chetaolisa, Chetechi, Chetechuku, Chetechukwu.**
Remember God.
Cheta, Chete, Chi-chi. Sno

Chiabuotu Ig/B **Chiawuotu, Chukuabuotu, Chukwuabuotu, Chukuawuotu, Chukwuawuotu.**
Gods are not the same.
Awuotu, Chi-chi, Chii. Sno

Chiagha Ig/B also **Chukuagha, Chukwuagha.**
God of war.
Agha, Chi-chi, Chii. Sno

Chiagoziem Ig/BG also **Chiagoziemu, Chiagozim, Chiagozimu, Chukuagoziem, Chukuagoziemu, Chukuagozim, Chukuagozimu, Chukwuagoziem, Chukwuagoziemu, Chukwuagozim,**

Chukwuagozimu.
God has blessed me.
Ago, Chiago, Chi-chi, Chii,
Chigoo, Goziem. Sno

Chiagoziemu Ig/BG also
Chiagoziem, Chiagozim,
Chiagozimu, Chukuagoziem,
Chukuagoziemu, Chukuagozim,
Chukuagozimu,
Chukwuagoziem,
Chukwuagoziemu,
Chukwuagozim,
Chukwuagozimu.
God has blessed me.
Ago, Chiago, Chi-chi, Chii,
Chigoo, Goziem. Sno

Chiagozim Ig/BG also
Chiagoziem,
Chiagoziemu, Chiagozimu,
Chukuagoziem, Chukuagoziemu,
Chukuagozim, Chukuagozimu,
Chukwuagoziem,
Chukwuagoziemu,
Chukwuagozim, Chukwuagozimu.
God has blessed me.
Ago, Chiago, Chi-chi, Chii,
Chigoo, Goziem. Sno

Chiagozimu Ig/BG also
Chiagoziem, Chiagoziemu,
Chiagozim,
Chukuagoziem, Chukuagoziemu,
Chukuagozim, Chukuagozimu,
Chukwuagoziem,
Chukwuagoziemu,
Chukwuagozim, Chukwuagozimu.
God has blessed me.
Ago, Chiago, Chi-chi, Chii,
Chigoo, Goziem. Sno

Chiahalam Ig/BG also
Chukuahalam,
Chukwuahalam.
May God forsake me not. May
God never leave me.
Ahalam, Chi-chi, Chii. Sno

Chiahuka Ig/BG also
Chukuahuka,
Chukwuahuka.
The Lord has witnessed.
The Lord has seen.
Ahuka, Chi-chi, Chii,
Chiahu, Uka. Sno

Chiajulam Ig/BG also
Chukuajulam, Chukwuajulam.
God, reject me not.
Ajulam, Chi-chi,
Chii, Chiaju. Sno

Chiaku Ig/BG also **Chukuaku,**
Chukwuaku.
God of riches. God of wealth.
Chi-chi, Chii, Aku. Sno

Chialuka Ig/B also
Chukualuka,
Chukwualuka.
God has performed wonders.
God has done great.
Aluka, Chialu, Chi-chi,

Chii. Sno

Chiamaka Ig/BG also
Chukuamaka, Chukwuamaka.
God is really good. God is very good. God is beautiful.
Amaka, Chiama, Chiamaka. Sno

Chiamaka Ig/G also
Chukuamaka, Chukwuamaka.
God is good.
Amaka, Chi-chi, Chii. Sno

Chiamakaobi Ig/BG also
**Chukuamakaobi,
Chukwuamakaobi**.
God really knows the heart.
Amaka, Amakaobi, Chi-chi, Chii, Chiama, Chiamaka, Obi. Sno

Chiawulamngozi Ig/B also
**Chiawulamungozi,
Chiawunamngozi,
Chiawunamungozi,
Chukuawulamngozi,
Chukuawulamungozi,
Chukuawunamngozi,
Chukuawunamungozi,
Chukwuawulamngozi,
Chukwuawulamungozi,
Chukwuawunamngozi,
Chukwuawunamungozi**.
God, deny not my blessing.
Chi-chi, Chii, Chiawulam, Chiawunam, Okee. Sno

Chiawulamoke Ig/B also
**Chiawulamuoke,
Chiawunamoke,
Chiawunamuoke,
Chukuawulamoke,
Chukuawulamuoke,
Chukuawunamoke,
Chukuawunamuoke,
Chukwuawulamoke,
Chukwuawulamuoke,
Chukwuawunamoke,
Chukwuawunamuoke**.
God, deny not my share. Lord, deny not my portion.
Chi-chi, Chii, Chiawulam, Chiawunam, Okee. Sno

Chiawulamungozi Ig/B also
**Chiawulamngozi,
Chiawunamngozi,
Chiawunamungozi,
Chukuawulamngozi,
Chukuawulamungozi,
Chukuawunamngozi,
Chukuawunamungozi,
Chukwuawulamngozi,
Chukwuawulamungozi,
Chukwuawunamngozi,
Chukwuawunamungozi**.
God, deny not my blessing.
Chi-chi, Chii, Chiawulam, Chiawunam, Okee. Sno

Chiawulamuoke Ig/B also
**Chiawulamoke,
Chiawunamoke,
Chiawunamuoke,
Chukuawulamoke,**

Chukuawulamuoke,
Chukuawunamoke,
Chukuawunamuoke,
Chukwuawulamoke,
Chukwuawulamuoke,
Chukwuawunamoke,
Chukwuawunamuoke.
God, deny not my share. Lord, deny not my portion.
Chi-chi, Chii, Chiawulam, Chiawunam, Okee. Sno

Chiawunamngozi Ig/B also
Chiawulamngozi,
Chiawulamungozi,
Chiawunamungozi,
Chukuawulamngozi,
Chukuawulamungozi,
Chukuawunamngozi,
Chukuawunamungozi,
Chukwuawulamngozi,
Chukwuawulamungozi,
Chukwuawunamngozi,
Chukwuawunamungozi.
God, deny not my blessing.
Chi-chi, Chii, Chiawulam, Chiawunam, Okee. Sno

Chiawunamoke Ig/B also
Chiawulamoke, Chiawulamuoke,
Chiawunamuoke,
Chukuawulamoke,
Chukuawulamuoke,
Chukuawunamoke,
Chukuawunamuoke,
Chukwuawulamoke,
Chukwuawulamuoke,
Chukwuawunamoke,
Chukwuawunamuoke.
God, deny not my share. Lord, deny not my portion.
Chi-chi, Chii, Chiawulam, Chiawunam, Okee. Sno

Chiawunamungozi Ig/B also
Chiawulamngozi,
Chiawulamungozi,
Chiawunamngozi,
Chukuawulamngozi,
Chukuawulamungozi,
Chukuawunamngozi,
Chukuawunamungozi,
Chukwuawulamngozi,
Chukwuawulamungozi,
Chukwuawunamngozi,
Chukwuawunamungozi.
God, deny not my blessing.
Chi-chi, Chii, Chiawulam, Chiawunam, Okee. Sno

Chiawunamuoke Ig/B also
Chiawulamoke,
Chiawulamuoke,
Chiawunamoke,
Chukuawulamoke,
Chukuawulamuoke,
Chukuawunamoke,
Chukuawunamuoke,
Chukwuawulamoke,
Chukwuawulamuoke,
Chukwuawunamoke,
Chukwuawunamuoke.
God, deny not my share. Lord, deny not my portion.
Chi-chi, Chii, Chiawulam, Chiawunam, Okee. Sno

Chiawuotu Ig/B **Chiabuotu,**
Chukuabuotu, Chukwuabuotu,
Chukuawuotu, Chukwuawuotu.
 Gods are not the same.
 Awuotu, Chi-chi, Chii. Sno

Chiazagomekpele Ig/BG also
Chiazagomekpere,
Chiazalamekpere,
Chukuazagomekpele,
Chukuazagomekpere,
Chukuazalamekere,
Chukwuazagomekpele,
Chukwuazagomekere,
Chukwuazalamekere.
 God has answered my prayers.
 Chi-chi, Chiaza, Chiazago,
 Chiazagom, Chii. Sno

Chiazagomekpere IgBG also
Chiazagomekpele,
Chiazalamekpere,
Chukuazagomekpele,
Chukuazagomekpere,
Chukuazalamekere,
Chukwuazagomekpele,
Chukwuazagomekere,
Chukwuazalamekere.
 God has answered my prayers.
 Chi-chi, Chiaza, Chiazago,
 Chiazagom, Chii. Sno

Chiazalamekpere Ig/BG also
Chiazagomekpele,
Chiazagomekpere,
Chukuazagomekpele,
Chukuazagomekpere,
Chukuazalamekere,
Chukwuazagomekpele,
Chukwuazagomekere,
Chukwuazalamekere.
 God has answered my prayers.
 Chi-chi, Chiaza, Chiazago,
 Chiazagom, Chii. Sno

Chibia Ig/BG also **Chukubia,**
Chukwubia.
 May the Lord come.
 Chi-chi, Chii. Sno

Chibike Ig/B also **Chibuike**
Chukubike, Chukubuike,
Chukwubike, Chukwubuike.
 God is power and strength.
 Godspower.
 Chibu, Chibike, Chibuike,
 Chii, Ike. Sno

Chibikeanyi Ig/B also
Chibuikeanyi, Chukubikeanyi,
Chukubuikeanyi,
Chukwubikeanyi,
Chukwubuikeanyi.
 God is our power.
 God is our strength.
 Chibike, Chibu, Chibuike,
 Chii, Ike. Sno

Chibikegi Ig/B also
Chibuikegi,
Chukubikegi, Chukubuikegi,
Chukwubikegi,
Chukwubuikegi.
 God is your power.
 God is your strength.

Chibike, Chibu, Chibuike,
Chii, Ike. Sno

Chibikem Ig/B also **Chibuikem, Chukubikem, Chukubuikem, Chukwubikem, Chukwubuikem**.
God is my power.
God is my strength.
Chibike, Chibikem, Chibu,
Chibuike, Chibuikem, Chii,
Ikem. Sno

Chibikenna Ig/B also **Chibuikenna, Chukubikenna, Chukubuikenna, Chukwubikenna, Chukwubuikenna**.
God is the fathers' power.
God is the fathers' strength.
Chibike, Chibu, Chibuike, Chii,
Ike, Ikenna. Sno

Chibikennaya Ig/B also **Chibuikennaya, Chukubikennaya, Chukubuikennaya, Chukwubikennaya, Chukwubuikennaya**.
God is his fathers' power.
God is his fathers' strength.
Chibike, Chibuike, Chibu, Chii,
Chike, Chikenna, Ike, Ikenna.
Sno

Chibuaku Ig/BG also **Chukubuaku, Chukwubuaku**.
God is wealth.
Chi-chi, Chii, Chibu, Aku. Sno

Chibuenyi Ig/BG also **Chukubuenyi, Chukwubuenyi**.
God is a friend.
Chi-chi, Chii, Chibu. Sno

Chibuenyim Ig/BG also **Chukubuenyim, Chukwubuenyim**.
God is my friend.
Chi-chi, Chii, Chibu. Sno

Chibueze Ig/B also **Chukubueze, Chukwubueze**.
God is King.
Chii, Chibu. Sno

Chibuezeanyi Ig/B also **Chukubuezeanyi, Chukwubuezeanyi**.
God is our King.
Chii, Chi-chi, Chibu. Sno

Chibuezegi Ig/B also **Chukubuezegi, Chukwubuezegi**.
God is your King.
Chii, Chi-chi, Chibu. Sno

Chibuezem Ig/B also **Chukubuezem, Chukwubuezem**.
God is my king.
Chii, Chi-chi, Chibu. Sno

Chibugo Ig/BG also **Chukubugo, Chukwubugo.**
God is beautiful, gentle, innocent and eminent.
Chibu, Chi-chi, Chii, Ugo. Sno

Chibuike Ig/B also **Chibike, Chukubike, Chukubuike, Chukwubike, Chukwubuike.**
God is power and strength.
Godspower.
Chibu, Chibike, Chibuike, Chii, Ike. Sno

Chibuikeanyi Ig/B also **Chibikeanyi, Chukubikeanyi, Chukubuikeanyi, Chukwubikeanyi, Chukwubuikeanyi.**
God is our power.
God is our strength.
Chibike, Chibu, Chibuike, Chii, Ike. Sno

Chibuikegi Ig/B also **Chibikegi, Chukubikegi, Chukubuikegi, Chukwubikegi, Chukwubuikegi.**
God is your power.
God is your strength.
Chibike, Chibu, Chibuike, Chii, Ike. Sno

Chibuikem Ig/B also **Chibikem, Chukubikem, Chukubuikem, Chukwubikem, Chukwubuikem.**
God is my power.
God is my strength.
Chibike, Chibikem, Chibu, Chibuike, Chibuikem, Chii, Ikem. Sno

Chibuikenna Ig/B also **Chibikenna, Chukubikenna, Chukubuikenna, Chukwubikenna, Chukwubuikenna.**
God is the fathers' power.
God is the fathers' strength.
Chibike, Chibu, Chibuike, Chii, Ike, Ikenna. Sno

Chibuikennaya Ig/B also **Chibikennaya, Chukubikennaya, Chukubuikennaya, Chukwubikennaya, Chukwubuikennaya.**
God is his fathers' power.
God is his fathers' strength.
Chibike, Chibuike, Chibu, Chii, Chike, Chikenna, Ike, Ikenna. Sno

Chibundu Ig/B also **Chukubundu, Chukwubundu.**
God is life.
Chibu, Chii, Chubu. Sno

Chibunna Ig/B also **Chukubunna, Chukwubunna.**
God is father.
Chi-chi, Chii, Chibu. Sno

Chibunnam Ig/B also
Chukubunnam,
Chukwubunnam.
 God is my father.
 Chi-chi, Chii, Chibu. Sno

Chibuzo Ig/BG also **Chukubuzo,**
Chukwubuzo.
 God is the way.
 Chi-chi, Chii, Chibu, Uzo. Sno

Chibuzo Ig/BG also **Chukubuzo,**
Chukwubuzo.
 God is first.
 Chibu, Chi-chi, Chii, Uzo. Sno

Chibuzo Ig/BG **Chukubuzo,**
Chukwubuzo.
 God is the way.
 Chibu, Chii, Uzo. Sno

Chibuzoanyi Ig/BG also
Chukubuzoanyi,
Chukwubuzoanyi.
 God is our way.
 Anyi, Chibu, Chibuzo,
 Chii, Uzo. Sno

Chibuzom Ig/BG also
Chukubuzom, Chukwubuzom.
 God is my way.
 Chibu, Chii, Uzo, Uzom. Sno

Chichebem Ig/BG also
Chukuchebem, Chukwuchebem.
 God, protect me.
 Chebem, Chi-chi, Chii. Sno

Chichetam Ig/BG also
Chukuchetam,
Chukwuchetam.
 God, remember me.
 Chi-chi, Chii, Cheta, Chetam.
 Sno

Chichetaram Ig/BG also
Chukuchetaram,
Chukwuchetaram.
 God has remembered me.
 Cheta, Chi-chi, Chii,
 Chicheta. Sno

Chidalu Ig/BG also
Chukudalu,
Chukwudalu.
 Thanks to God.
 Alu, Chi-chi, Chida, Chii. Sno

Chidalu Ig/BG also
Chukudalu,
Chukwudalu.
 Thank God. Thanks to God.
 Chi-chi, Chii, Dalu. Sno

Chidere Ig/BG also
Chukudere,
Chukwudere.
 God has written ...
 Chi-chi, Chii, Chide, Chiede.
 Sno

Chiderenma Ig/BG also
Chiedegonma, Chiedewonma,

**Chukuderenma, Chukuedegonma,
Chukuedewonma,
Chukwuderenma,
Chukwuedegonma,
Chukwuedewonma.**
God has written perfection.
*Chi-chi, Chii, Chide,
Chidere, Edegonma,
Edewonma, Nma. Sno*

Chidi Ig/BG also **Chukudi,
Chukwudi.**
There is God.
Chi-chi, Chii, Chidi. Sno

Chidiebele Ig/BG also
**Chukudiebele, Chukwudiebele,
Chidiebere, Chukudiebere,
Chukwudiebere.**
God is merciful.
*Chidi, Chuhudi, Chukwudi,
Ebele, Ebere. Sno*

Chidiebere Ig/BG also
**Chidiebele, Chukudiebele,
Chukwudiebele, Chukudiebere,
Chukwudiebere.**
God is merciful.
*Chidi, Chukudi, Chukwudi,
Ebele, Ebere. Sno*

Chidiebere Ig/BG also
**Chidiebele, Chukudiebele,
Chukwudiebele, Chukudiebere,
Chukwudiebere.**
God is merciful.
*Chidi, Chukudi, Chukwudi,
Ebele, Ebere. Sno*

Chidiegwu Ig/BG also
Chukudiegwu, Chukwudiegwu.
God is wonderful.
*Chi-chi, Chidi, Chiegwu,
Chii, Egwu. Sno*

Chidilianyi Ig/BG also
**Chidirianyi,
Chukudilianyi, Chukudirianyi,
Chukwudilianyi,
Chukwudirianyi.**
God be with us.
*Chii, Chidi, Chukudi,
Chukwudi. Sno*

Chidilianyi Ig/BG also
**Chidirianyi, Chukudilianyi,
Chukudirianyi,
Chukwudilianyi,
Chukwudirianyi.**
God be with us.
*Chii, Chidi, Chukudi,
Chukwudi. Sno*

Chidiligi Ig/BG also **Chidirigi,
Chukudiligi, Chukudirigi,
Chukwudiligi, Chukwudirigi.**
God be with you.
*Chidi, Chidili, Chidiri,
Chudi. Sno*

Chidiligi Ig/BG also **Chidirigi,
Chukudiligi, Chukudirigi,
Chukwudiligi, Chukwudirigi.**
God be with you.
*Chidi, Chidili, Chidiri,
Chudi. Sno*

Chidiligi Ig/BG God be with you.
Chidi Sno

Chidilim Ig/BG God be with me.
Chidi Sno

Chidindu Ig/BG God is alife.
Chidi, Ndu. Sno

Chidinma Ig/BG also **Chukudinma, Chukwudinma.** God is good.
Chi-chi, Chii, Chidi, Chinma, Manma. Sno

Chidirianyi Ig/BG also **Chidilianyi, Chukudilianyi, Chukudirianyi, Chukwudilianyi, Chukwudirianyi.** God be with us.
Chii, Chidi, Chukudi, Chukwudi. Sno

Chidirigi Ig/BG also **Chidiligi, Chukudiligi, Chukudirigi, Chukwudiligi, Chukwudirigi.** God be with you.
Chidi, Chidili, Chidiri, Chudi. Sno

Chidirigi Ig/BG also **Chidiligi, Chukudiligi, Chukudirigi, Chukwudiligi, Chukwudirigi.** God be with you.
Chidi, Chidili, Chidiri, Chudi. Sno

Chidirigi Ig/BG God be with you.
Chidi Sno

Chidirim Ig/BG God be with me.
Chidi Sno

Chidobe Ig/BG also **Chidowa, Chukudobe, Chukudowa, Chukwudobe, Chukwudowa.** May God safely keep the child. May God keep the child alife and protect the child from all danger. *Chi-chi, Chii, Chido, Dobe.* Sno

Chidowa Ig/BG also **Chidobe, Chukudobe, Chukudowa, Chukwudobe, Chukwudowa.** May God safely keep the child. May God keep the child alife and protect the child from all danger.
Chi-chi, Chii, Chido, Dobe. Sno

Chidozie Ig/BG also **Chukudozie, Chukwudozie.** May God preserve. May God protect.
Chi-chi, Chii, Chido, Dozie. Sno

Chidubeanyi Ig/B also
**Chukudubeanyi,
Chukwudubeanyi.**
  May God continue to lead us.
  Chi, Chidube. Sno

Chidubegi Ig/B also
Chukudubegi, Chukwudubegi.
  May God continue to lead you.
  Chi, Chidube, Dube. Sno

Chidubem Ig/B also
Chukudubem, Chukwudubem.
  May God continue to lead me.
  Chi, Chidube. Sno

Chidumaga Ig/BG also
**Chidumeje, Chukudumaga,
Chukudumeje, Chukwudumaga,
Chukwudumeje.**
  God is my Guide. God is my leader.
  Chi-chi, Chii, Chinedu, Nedu. Sno

Chidumeje Ig/BG also
**Chidumaga, Chukudumaga,
Chukudumeje, Chukwudumaga,
Chukwudumeje.**
  God is my Guide. God is my leader.
  Chi-chi, Chii, Chinedu, Nedu. Sno

Chiebere Ig/BG also **Chukuebere, Chukwuebere.**
  God of mercy.
  Chii, Chi-chi, Ebere. Sno

Chiebuka Ig/BG also
Chukuebuka, Chukwuebuka.
  God is great, omnipotent and omnipresent. God is Almighty.
  Chi-chi, Chii, Ebuka, Uka. Sno

Chieche Ig/BG also
Chukueche, Chukwueche.
  God of thought.
  Chi-chi, Chii, Eche. Sno

Chiechefula Ig/B also
Chukuechefula, Chukwuechefula.
  God, forsake not.
  Lord, forsake not.
  Chi-chi, Chii, Chieche, Eche, Echefula. Sno

Chiechefulam Ig/B also
Chukuechefulam, Chukwuechefulam.
  Lord, forsake me not.
  God, forget me not.
  Chi-chi, Chii, Chieche, Eche, Echefula, Echefulam. Sno

Chiedegonma Ig/BG also
**Chiderenma, Chiedewonma,
Chukuderenma,
Chukuedegonma,
Chukuedewonma,
Chukwuderenma,
Chukwuedegonma,**

Chukwuedewonma.
God has written perfection.
Chi-chi, Chii, Chide, Chidere,
Edegonma, Edewonma, Nma. Sno

Chiedewonma Ig/BG also
Chiderenma, Chiedegonma,
Chukuderenma,
Chukuedegonma,
Chukuedewonma,
Chukwuderenma,
Chukwuedegonma,
Chukwuedewonma.
God has written perfection.
Chi-chi, Chii, Chide,
Chidere, Edegonma,
Edewonma, Nma. Sno

Chiedozie Ig/BG also
Chukuedozie, Chukwuedozie.
God has preserved.
Chi-chi, Chii, Chido,
Chiedo, Dozie. Sno

Chiekwugo Ig/BG also
Chiekwuwo, Chukuekwugo,
Chukuekwuwo,
Chukwuekwugo,
Chukwuekwuwo.
God has spoken.
Chi-chi, Chii, Chiekwu,
Ekwu. Sno

Chiekwuwo Ig/BG also
Chiekwugo, Chukuekwugo,
Chukuekwuwo,
Chukwuekwugo,
Chukwuekwuwo.

God has spoken.
Chi-chi, Chii, Chiekwu,
Ekwu. Sno

Chielezie Ig/BG also
Chukuelezie,
Chukwuelezie.
God has taken care of
favorably. God has taken care
of very well. God has very well
looked after ...
Chi-chi, Chii, Elele,
Elezie. Sno

Chieloka Ig/B also
Chukueloka,
Chukwueloka.
The in-depth of God's thought.
God is philosophical. God is
thoughtful.
Chi-chi, Chii, Chielo,
Eloka. Sno

Chieme Ig/B God is responsible
for it.
God is liable.
Chii. Sno

Chiemeka Ig/B also
Chukuemeka,
Chukwuemeka.
God has done great.
Chieme, Chii, Emeka. Sno

Chiemela Ig/BG also
Chiemena,
Chukuemela, Chukuemena,

Chukwuemela, Chukwuemena.
Thanks to God. I am grateful to God.
Chii, Chi-chi, Chieme. Sno

Chiemelam Ig/BG also
Chiemenam,
Chukuemelam, Chukuemenam,
Chukwuemelam, Chukwuemenam.
If my enemies despise me, may my God not despise me.
Chi-chi, Chii, Chieme, Eme, Emelam, Emenam, Emelam. Sno

Chiemena Ig/BG also **Chiemela, Chukuemela, Chukuemena, Chukwuemela, Chukwuemena.**
Thanks to God. I am grateful to God.
Chii, Chi-chi, Chieme. Sno

Chiemenam Ig/BG also
Chiemelam , Chukuemelam, Chukuemenam, Chukwuemelam, Chukwuemenam.
If my enemies despise me, may my God not despise me.
Chi-chi, Chii, Chieme, Eme, Emelam, Emenam. Sno

Chienye Ig/BG also **Chinaenye, Chinenye, Chukuenye, Chukunaenye, Chukunenye, Chukwuenye, Chukwunaenye, Chukwunenye.**
God has given. God is the giver.
Chi, Chi-chi, Chienye, Chinaenye, Chinenye. Sno

Chienyem Ig/BG also
Chinaenyem, Chinenyem, Chukuenyem, Chukunaenyem, Chukunenyem, Chukwuenyem, Chukwunaenyem, Chukwunenyem.
God has given to me. God is my giver.
Chii, Chi-chi, Chi-chim, Chienye, Chienyem, Chinaenye, Chinaenyem, Chinenye, Chinenyem. Sno

Chifulumunanya Ig/B also
Chihurumunanya, Chukufurumunanya, Chukuhurumunanya, Chukwufulumunanya, Chukwuhurumunanya.
God loves me.
Chi-chi, Ifu, Ifulu, Nanya. Sno

Chigaemezu Ig/BG also
Chukugaemezu, Chukwugaemezu.
God will complete...; God will accomplish ....
Chi-chi, Chii, Chieme, Chigaeme. Sno

Chiganu Ig/BG also
Chukuganu, Chukwuganu.

God will hear ... prayer. God will hear my ... supplication.
Anu, Chi-chi, Chii. *Sno*

Chigbochie Ig/B **Chukugbochie, Chukwugbochie.**
May God Intervene. May God prevent.
Chi, Chi-chi, Chigboe. *Sno*

Chigbogu Ig/B also **Chukugbogu, Chukwugbogu.**
God intervene and stop the war/ fight/disagreement.
Chi-chi, Chii, Chigo, Ogu. *Sno*

Chigbuzo Ig/BG also **Chukugbuzo, Chukwugbuzo.**
God clear the way.
Chi-chi, Chii, Chigbu, Chigbuo, Uzo. *Sno*

Chigbuzom Ig/BG also **Chukugbuzom, Chukwugbuzom.**
God clear my way.
Chi-chi, Chii, Chigbu, Chigbuo, Uzo, Uzom. *Sno*

Chighara Ig/B also **Chukughara, Chukwughara.**
May God forgive.
Chi-chi, Chii, Chigha. *Sno*

Chighara Ig/BG also **Chukughara, Chukwughara.**
May God forgive.
Chii, Chigha. *Sno*

Chigharam Ig/B also **Chukugharam, Chukwugharam.**
May God forgive me.
Chi-chi, Chii, Chigha, Chigham. *Sno*

Chigolum Ig/BG also **Chigorom, Chukugolum, Chukugorom, Chukwugolum, Chukwugorom.**
God plead my case. May The Lord plead my case.
Chi-chi, Chii, Chigo. *Sno*

Chigorom Ig/BG also **Chigolum, Chukugolum, Chukugorom, Chukwugolum, Chukwugorom.**
God plead my case. May The Lord plead my case.
Chi-chi, Chii, Chigo. *Sno*

Chigozie Ig/BG also **Chukugozie, Chukwugozie.**
God bless.
Chi-chi, Chiago, Chigo, Chi, Gozie. *Sno*

Chigozieanyi Ig/BG also **Chukugozieanyi, Chukwugozieanyi.**
God bless us.

Chii, Chi-chi, Chigo. Sno

Chigoziem Ig/BG also
Chukugoziem,
Chukwugoziem.
God bless me.
Chii, Chigo, Goziem. Sno

Chigoziri Ig/BG **Chukugoziri,**
Chukwugoziri.
God blessed. God has blessed.
Chii, Chi-chi, Chigo, Goziri. Sno

Chigwam Ig/BG also
Chukugwam,
Chukwugwam.
God tell me. Tell me Lord.
Chi-chi, Chii, Gwam. Sno

Chihara Ig/B also **Chukuhara,**
Chukwuhara.
May God forgive.
Chi-chi, Chii, Chiha. Sno

Chiharam Ig/B also
Chukuharam,
Chukwuharam.
May God forgive me.
Chi-chi, Chii, Chiha,
Chiham. Sno

Chihu Ig/BG also **Chukuhu,**
Chukwuhu.
God be my witness.
Lord see what is happening.
Chi-chi, Chii. Sno

Chihurumunanya Ig/B also
Chifulumunanya,
Chukufurumunanya,
Chukuhurumunanya,
Chukwufulumunanya,
Chukwuhurumunanya.
God loves me.
Chi-chi, Ifu, Ifulu, Nanya.
Sno

Chi-ikpe Ig/B also **Chukuikpe,**
Chukwuikpe.
God of judgement.
Chii, Chi-chi, Ikpe. Sno

Chijamike Ig/B also
Chijamuike,
Chukujamike, Chukujamuike,
Chukwujamike,
Chukwujamuike.
God bestow power on me. God
give me strength.
Chi-chi, Chii, Ike, Jamike,
Jamuike. Sno

Chijamuike Ig/B also
Chijamike,
Chukujamike, Chukujamuike,
Chukwujamike,
Chukwujamuike.
God bestow power on me. God
give me strength.
Chi-chi, Chii, Ike, Jamike,
Jamuike. Sno

Chijiaku Ig/BG also
Chukujiaku,
Chukwujiaku.

God has wealth.
Chi-chi, Chii, Chiji. Sno

Chijiakum Ig/BG also
Chukujiakum, Chukwujiakum.
God has my wealth.
Chi-chi, Chii, Chiji. Sno

Chijike Ig/B also **Chinjike,
Chukujike, Chukunjike,
Chukwujike, Chukwunjike**.
God has the power.
*Chi-chi, Chii, Chiji, Chinji,
Ike, Njike.* Sno

Chijindu Ig/BG also **Chukujindu,
Chukwujindu.**
God has life. God is the giver of life.
Chi-chi, Chii, Chiji, Ndu. Sno

Chijindum Ig/BG also
Chukujindum, Chukwujindum.
God has my life.
Chi-chi, Chii, Ndu, Ndum. Sno

Chijioke Ig/B also **Chukujioke,
Chukwujioke.**
God apportions. God has the share. God gives blessings as He wishes.
Chii, Chijioke. Sno

Chijiokeanyi Ig/B also
**Chukujiokeanyi,
Chukwujiokeanyi**.
God has our share. God has our Portion. God has our blessing.
Chii, Chijioke. Sno

Chijiokegi Ig/B also
Chukujiokegi, Chukwujiokegi.
God has your share. God has you portion. God has your blessing.
Chii, Chijioke. Sno

Chijiokem Ig/B also
Chukujiokem, Chukwujiokem.
God has my share. God has my portion. God has my blessing.
Chii, Chijioke. Sno

Chijiokwu Ig/B also
Chukujiokwu, Chukwujiokwu.
God has the word. God is the judge. God has the decision.
Chi-chi, Chii, Okwu. Sno

Chika Ig/BG also **Chuka,
Chukuka, Chukwuka.**
God is greater. God is bigger. God is Almighty.
Chi-chi, Chii, Chuka. Sno

Chikadibia Ig/B also
**Chukukadibia,
Chukwukadibia**.
God is greater than a medical doctor.
*Chi-chi, Chii, Chika,
Chu, Chuka.* Sno

Chikadibia Ig/BG also

Chukukadibia, Chukwukadibia.
God is greater than medical doctors.
Chi-chi, Chii, Chika, Dibia. Sno

Chikaenyi Ig/BG also **Chukukaenyi, Chukwukaenyi.**
God is more than a friend.
Chi-chi, Chii, Chika, Chuka. Sno

Chikaku Ig/BG also **Chukukaku, Chukwukaku.**
God is greater than wealth. God is more than wealth.
Chi-chi, Chii, Chika, Aku. Sno

Chikandu Ig/B also **Chukukandu, Chukwukandu.**
God is greater than life.
Chi-chi, Chii, Chika, Chuka. Sno

Chikanma Ig/BG **Chukukanma, Chukwukanma.**
God is better.
Chii, Chi-chi, Chika, Chinka, Chuka, Kanma. Sno

Chikauwa Ig/BG also **Chukukauwa, Chukwukauwa.**
God is bigger than the world.
Chi-chi, Chii, Chika. Sno

Chike Ig/B also **Chukuike, Chukwuike.**
God's power.
Chi-chi, Chii, Ike. Sno

Chikelu Ig/B also **Chikere, Chikeru, Chinkere, Chukukelu, Chukukere, Chukukeru, Chukunkere, Chukwukelu, Chukwukere, Chukwukeru, Chukwunkere.**
God created.
Chii, Chike, Keke. Sno

Chikelu Ig/BG also **Chikere, Chinkelu, Chinkere, Chukukelu, Chukukere, Chukunkelu, Chukunkere, Chukwukelu, Chukwukere, Chukwunkelu, Chukwunkere.**
God created. Gods' creation.
Chi-chi, Chii, Chike, Nkere. Sno

Chikere Ig/B also **Chikelu, Chikeru, Chinkere, Chukukelu, Chukukere, Chukukeru, Chukunkere, Chukwukelu, Chukwukere, Chukwukeru, Chukwunkere.**
God created.
Chii, Chike, Keke. Sno

Chikere Ig/BG also **Chikelu, Chinkelu, Chinkere, Chukukelu, Chukukere, Chukunkelu, Chukunkere, Chukwukelu, Chukwukere, Chukwunkelu,**

AFRICAN BABY NAME DICTIONARY "IGBO & YORUBA NIGERIA"
Sno = Short name of or Nickname. Gender: BG = both gender; B = boy; G = girl;
ML = Married lady, Ig = Igbo, Yo = Yoruba, Ha = Hausa.

Chukwunkere.
God created. Gods' creation.
Chi-chi, Chii, Chike, Nkere. Sno

Chikereuba Ig/BG also
Chukukereuba, Chukwukereuba.
God created wealth.
Chi-chi, Chii, Chike,
Chikere, Uba. Sno

Chikeru Ig/B also **Chikelu,**
Chikere,
Chinkere, Chukukelu, Chukukere,
Chukukeru, Chukunkere,
Chukwukelu, Chukwukere,
Chukwukeru, Chukwunkere.
God created.
Chii, Chike, Keke. Sno

Chikezie Ig/B also **Chukukezie,**
Chukwukezie.
God perfect creation.
Chi-chi, Chii, Chike, Kezie. Sno

Chikeziri Ig/B also **Chukukeziri,**
Chukwukeziri.
Properly created by God.
Chi-chi, Chii,
Chike, Kezie. Sno

Chikosi Ig/BG also **Chukukaosi,**
Chukwukaosi.
This is from God.
Chi-chi, Chii, Kosi, Osi. Sno

Chikpe Ig/B also **Chukukpe,**
Chukwukpe.
God be the Judge.
Chii, Chi-chi, Ikpe. Sno

Chikwam Ig/BG also
Chukukwam, Chukwukwam.
Lord, here I am.
Chi-chi, Chii, Kwam. Sno

Chikwe Ig/BG also **Chinkwe.**
If God agrees.
Chi-chi, Chii. Sno

Chikwendu Ig/BG also
Chukukwendu,
Chukwukwendu.
May God let it live.
Chi-chi, Chikwe, Ndu Sno

Chilebe Ig/BG also
Chukulebe,
Chukwulebe.
May God be my witness.
Chi-chi, Chii, Chile. Sno

Chilee Ig/BG also **Chukulee,**
Chukwulee.
God be the wittness.
Chi-chi, Chii. Sno

Chima Ig/B also **Chuma,**
Chukuma,
Chukwuma.
God knows.
Chii. Sno

Chima Ig/B God knows.
Chii. Sno

AFRICAN BABY NAME DICTIONARY "IGBO & YORUBA NIGERIA"
Sno = Short name of or Nickname. Gender: BG = both gender; B = boy; G = girl;
ML = Married lady, Ig = Igbo, Yo = Yoruba, Ha = Hausa.

Chimaechi Ig/B also
Chukumaechi,
Chukwumaechi.
God knows tomorrow.
Chii, Chi-chi, Chima, Chukuma,
Chukwuma, Chuma. Sno

Chimaenyi Ig/BG **Chukumaenyi,**
Chukwumaenyi.
God knows a friend.
Chi-chi, Chii, Chima. Sno

Chimaife Ig/B **Chimaihe,**
Chukumaife, Chukumaihe,
Chukwumaife, Chukwumaihe.
God has wisdom. God is
Knowledgeable. God is intelligent.
Chii, Chima, Chukuma,
Chukwuma. Sno

Chimaifedum Ig/B also
Chimaihedum, Chukumaifedum,
Chukumaihedum,
Chukwumaifedum,
Chukwumaihedum,
Chimaifenile,
Chimaihenile, Chukumaifenile,
Chukumaihenile,
Chukwumaifenile,
Chukwumaihenile.
God know all things.
God Know everything.
Chii, Chima, Chimaife, \
Chimaihe, Chinma, Chukuma,
Chukwuma, Chuma. Sno

Chimaifenile Ig/B also
Chimaifedum, Chimaihedum,
Chukumaifedum,
Chukumaihedum,
Chukwumaifedum,
Chukwumaihedum,
Chimaihenile, Chukumaifenile,
Chukumaihenile,
Chukwumaifenile,
Chukwumaihenile.
God know all things.
God Know everything.
Chii, Chima, Chimaife,
Chimaihe, Chinma, Chukuma,
Chukwuma, Chuma. Sno

Chimaihe Ig/B also **Chimaife,**
Chukumaife, Chukumaihe,
Chukwumaife, Chukwumaihe.
God has wisdom. God is
Knowledgeable. God is
intelligent.
Chii, Chima, Chukuma,
Chukwuma. Sno

Chimaihedum Ig/B also
Chimaifedum,
Chukumaifedum,
Chukumaihedum,
Chukwumaifedum,
Chukwumaihedum,
Chimaifenile,
Chimaihenile, Chukumaifenile,
Chukumaihenile,
Chukwumaifenile,
Chukwumaihenile.
God know all things.
God Know everything.

Chii, Chima, Chimaife,
Chimaihe, Chinma,
Chukuma,
Chukwuma,
Chuma. *Sno*

Chimaihenile Ig/B also
Chimaifedum, Chimaihedum,
Chukumaife dum,
Chukumaihedum,
Chukwumaifedum,
Chukwumaihedum, Chimaifenile,
Chukumaifenile, Chukumaihenile,
Chukwumaifenile,
Chukwumaihenile.
God know all things.
God Know everything.
*Chii, Chima, Chimaife, Chimaihe,
Chinma, Chukuma, Chukwuma,
Chuma.* *Sno*

Chimaijem Ig/BG also
Chukumaijem, Chukwumaijem.
God knows my steps, behavior, ways.
Chi-chi, Chii, Chima, Ijem. *Sno*

Chimamanda Ig/G also
Chimuamanda, Chimamanda
My God will not fail me.
Chii, Chimu, Amanda. *Sno*

Chimankpa Ig/BG also
Chukumankpa, Chukwumankpa.
God knows the need.
Chi- chi, Chii, Chima. *Sno*

Chimankpam Ig/B also
Chukumankpam,
Chukwumankpam.
God knows my need.
Chi-chi, Chii, Chima. *Sno*

Chimankpam Ig/BG also
Chukumankpam,
Chukwumankpam.
God knows my need.
Chi-chi, Chii, Chima. *Sno*

Chimaobi Ig/B also
Chukumaobi,
Chukwumaobi.
God knows the heart.
Chii, Chima. *Sno*

Chimaobi Ig/BG also
Chukumaobi, Chukwumaobi.
God knows the heart.
Chi-chi, Chii, Chima. *Sno*

Chimaobim Ig/BG also
Chukumaobim,
Chukwumaobim.
God knows my heart. God is aware of my intentions.
*Chi-chi, Chii, Chima,
Chimaobi,
Chuma, Obi, Obim.* *Sno*

Chimaoge Ig/BG also
Chukumaoge, Chukwumaoge.
God knows the right/best time.
Chi-chi, Chii, Chima, Oge. *Sno*

Chimaoke Ig/B also
Chukumaoke,
Chukwumaoke.
God knows how to share…
Chi-chi, Chii, Chima,
Okee. Sno

Chimaokem Ig/B also
Chukumaokem,
Chukwumaokem.
God knows my share. God knows what is due to me.
Chi-chi, Chii, Chima,
Okee, Okem. Sno

Chimaonye Ig/B also
Chukumaonye,
Chukwumaonye.
God knows each person.
Chii, Chima, Chukuma,
Chuma, Chukwuma Sno

Chimaraoke Ig/B also
Chukumaraoke, Chukwumaraoke.
God knows exactly how to share…
Chi-chi, Chii, Chima, Chimara,
Mara, Maraoke, Okee. Sno

Chimaraokem Ig/B also
Chukumaraokem,
Chukwumaraokem.
God knows exactly my share.
Chi-chi, Chii, Chima, Mara,
Maraoke, Okee, Okem. Sno

Chimauche Ig/BG also
Chukumauche,
Chukwumauche.
God knows ones thought.
God knows ones intension.
Chi-chi, Chima, Chii, Chuma,
Uche. Sno

Chimaucheanyi Ig/BG also
Chukumaucheanyi,
Chukwumaucheanyi.
God knows our thought.
Anyi, Chi-chi, Chii, Chima,
Chimauche, Chukuma,
Chuma,
Chukwuma. Sno

Chimauchegi Ig/BG also
Chukumauchegi,
Chukwumauchegi.
God knows your thought. God knows what you are thinking.
Chi-chi, Chii, Chima,
Chimauche, Chukuma,
Chukwuma, Chuma,
Chimauche. Sno

Chimaucheha Ig/BG also
Chukumaucheha,
Chukwumaucheha.
God knows their thought. God knows what they are thinking.
Chi-chi, Chii, Chima,
Chimauche, Chuma. Sno

Chimauchem Ig/BG also
Chukumauchem,
Chukwumauchem.
God knows my thought. God

knows my faculty.
Chi-chi, Chii, Chima,
Chukuma, Chukwuma. Sno

Chimauzo Ig/BG also
Chukumauzo, Chukwumauzo.
God knows the way.
Chima, Chii, Chukuma,
Chukwuma, Uzo. Sno

Chimauzoanyi Ig/BG also
Chukumauzoanyi,
Chukwumauzoanyi.
God knows our way.
Chii, Chima, Chuma,
Chukuma, Chukwuma. Sno

Chimauzogi Ig/BG also
Chukumauzogi, Chukwumauzogi.
God knows your way.
Chii, Chima, Chimauzo, Chuma,
Chukuma, Chukwuma. Sno

Chimauzom Ig/BG also
Chukumauzom, Chukwumauzom.
God knows my way.
Chii, Chima, Chimauzo, Uzo. Sno

Chimdindu Ig/B also
Chimudindu,
Chukumdindu, Chukumudindu,
Chukwumdindu,
Chukwumudindu.
My God is alife.
Chii, Chim, Ndu. Sno

Chimechefulam Ig/B also

Chimuechefulam,
Chukumechefulam,
Chukumuechefulam,
Chukwumechefulam,
Chukwumuechefulam.
My God, forget me not.
My Lord, forsake
me not.
Chi-chi, Chii, Chimeche,
Eche, Echefulam. Sno

Chimenma Ig/BG also
Chukumenma,
Chukwumenma.
God show me your favor.
Chi-chi, Chii, Chime. Sno

Chimere Ig/BG also
Chinmere,
Chukumere, Chukunmere,
Chukwumere, Chukwunmere.
God has done it. God did it.
Chii, Nmere. Sno

Chimeremueze Ig/B also
Chukumeremueze,
Chukwumeremueze.
God made me a king.
Chi-chi, Chii, Chim, Chime,
Chimere, Chimerem, Eze. Sno

Chimerenyi Ig/BG also
Chukumerenyi,
Chukwumerenyi.
God made a friend.
Chi-chi, Chii, Chime,
Chimere. Sno

Chimereucheya Ig/BG also
Chukumereucheya,
Chukwumereucheya.
 God has done his wish.
 Chi-chi, Chii, Chime,
 Chimere. Sno

Chimeucheya Ig/BG also
Chukumeucheya,
Chukwumeucheya.
 God, may thou will be done.
 Chi-chi, Chii, Chime,
 Meucheya, Ucheya, Uche. Sno

Chimeucheya Ig/BG also
Chukumeucheya,
Chukwumeucheya.
 May Gods' wish be done.
 Chi-chi, Chii, Chime,
 Uche, Ucheya. Sno

Chimezie Ig/BG also
Chukumezie,
Chukwumezie.
 May God take control.
 God, take charge and correct.
 Chi-chi, Chii, Chime, Mezie. Sno

Chimjike Ig/B also **Chimnjike,**
Chimunjike, Chukumjike,
Chukumnjike, Chukumunjike,
Chukwumjike, Chukwumnjike,
Chukwumunjike.
 My God has the power.
 Chi-chi, Chii, Chimji,
 Chimnji, Ike, Njike. Sno

Chimnagorom IgBG also
Chimunagorom,
Chukumnagorom,
Chukumunagorom,
Chukwumnagorom,
Chukwumunagorom.
 My God is my defence.
 Chi-chi, Chii, Chinago. Sno

Chimnjike Ig/B also **Chimjike,**
Chimunjike, Chukumjike,
Chukumnjike, Chukumunjike,
Chukwumjike, Chukwumnjike,
Chukwumunjike.
 My God has the power.
 Chi-chi, Chii, Chimji, Chimnji,
 Ike, Njike. Sno

Chimnonso Ig/BG also
Chimunonso, Chukumnonso,
Chukumunonso,
Chukwumnonso,
Chukwumunonso.
 My God is on my side.
 My God is near.
 My God is ominipresence.
 Chi-chi, Chii, Chimno, Chino,
 Chinoo, Nonso. Sno

Chimnweije Ig/BG also
Chimunweije, Chukumnweije,
Chukumunweije,
Chukwumnweije,
Chukwumunweije.
 My Gods' journey.
 My Gods' trip.
 Chi-chi, Chii, Chinwe,
 Nweije. Sno

Chimsom Ig/BG also
Chukumsom, Chukwumsom.
My God is with me.
Chi-chi, Chii, Chiso. Sno

Chimuahula Ig/BG also
Chukumuahula,
Chukwumuahula.
My God has wittnessed.
My God has seen it.
Chi-chi, Chii, Chim. Sno

Chimuamaka Ig/G also
Chukumuamaka,
Chukwumuamaka.
My God is very good.
Amaka, Chi-chi, Chii. Sno

Chimuamanda Ig/G also
Chimamanda, Chimuagaghida,
Chimagada.
My God will not fail.
Chii, Chi-chi, Amanda, Manda, Nda Sno

Chimudindu Ig/B also
Chimdindu,
Chukumdindu, Chukumudindu,
Chukwumdindu,
Chukwumudindu.
My God is alife.
Chii, Chim, Ndu. Sno

Chimuechefulam Ig/B also
Chimechefulam,
Chukumechefulam,
Chukumuechefulam,
Chukwumechefulam,
Chukwumuechefulam.
My God, forget me not.
My Lord, forsake me not.
Chi-chi, Chii, Chimeche, Eche, Echefulam. Sno

Chimuemeka Ig/B also
Chukumemeka,
Chukumuemeka,
Chukwumemeka,
Chukwumuemeka.
My God has done great.
Chieme, Emeka, Emii. Sno

Chimumaobi Ig/BG also
Chukumumaobi,
Chukwumumaobi.
My God knows the heart.
Chi-chi, Chii, chima, Chimuma. Sno

Chimumaobim Ig/BG also
Chukumumaobim,
Chukwumumaobim.
My God knows my heart.
Chi-chi, Chii, Chima, Chimuma. Sno

Chimunagorom Ig/BG also
Chimnagorom,
Chukumnagorom,
Chukumunagorom,
Chukwumnagorom,
Chukwumunagorom.
My God is my defence.

Chi-chi, Chii, Chinago. Sno

Chimunjike Ig/B also **Chimjike, Chimnjike, Chukumjike, Chukumnjike, Chukumunjike, Chukwumjike, Chukwumnjike, Chukwumunjike.**
My God has the power.
Chi-chi, Chii, Chimji, Chimnji, Ike, Njike. Sno

Chimunonso Ig/BG also **Chimnonso, Chukumnonso, Chukumunonso, Chukwumnonso, Chukwumunonso.**
My God is on my side.
My God is near.
My God is ominipresence.
Chi-chi, Chii, Chimno, Chino, Chinoo, Nonso. Sno

Chimunweije Ig/BG also **Chimnweije, Chukumnweije, Chukumunweije, Chukwumnweije, Chukwumunweije.**
My Gods' journey.
My Gods' trip.
Chi-chi, Chii, Chinwe, Nweije. Sno

Chimzuruoke Ig/BG also **Chukumzuruoke, Chukwumzuruoke.**
My God is complete.
Chi-chi, Chii, Chim. Sno

Chinaecherem Ig/BG also **Chinecherem, Chukunaecherem, Chukunecherem, Chukwunaecherem, Chukwunecherem.**
God thinks for me.
God provides my wisdom.
Chi-chi, Chii, Chineche, Eche, Neche. Sno

Chinaenye Ig/BG also **Chienye, Chinenye, Chukuenye, Chukunaenye, Chukunenye, Chukwuenye, Chukwunaenye, Chukwunenye.**
God has given.
God is the giver.
Chi, Chi-chi, Chienye, Chinaenye, Chinenye. Sno

Chinaenyem Ig/BG also **Chienyem, Chinenyem, Chukuenyem, Chukunaenyem, Chukunenyem, Chukwuenyem, Chukwunaenyem, Chukwunenyem.**
God has given to me.
God is my giver.
Chii, Chi-chi, Chi-chim, Chienye, Chienyem, Chinaenye, Chinaenyem, Chinenye, Chinenyem. Sno

Chinagorom Ig/BG also
Chukunagorom,
Chukwunagorom.
God is my defence.
Chi-chi, Chii, Chigo, Chinago,
Chinagoro. Sno

Chinagozi Ig/BG **Chukunagozi,**
Chukwunagozi.
God blesses. *Chii, Chiago,*
Chinago. Sno

Chinagozianyi IgBG also
Chukunagozianyi,
Chukwunagozianyi.
God is blessing us.
Chii, Chi-chi, Chinago. Sno

Chinagozim Ig/BG also
Chukunagozim,
Chukwunagozim.
God is blessing me.
Chii, Chi-chi, Chinago. Sno

Chinahu Ig/BG also **Chukunahu,**
Chukwunahu.
God is witnessing.
Chi-chi, Chii, China. Sno

Chinanu Ig/BG also **Chukunanu,**
Chukwunanu. God hears.
Anu, Chi-chi, Chii,
Chinaa, Nanu. Sno

Chinasaekpele Ig/BG also
Chinasaekpere, Chinazaekpele,
Chinazaekpere, Chukunasaekpele,
Chukunasaekpere,
Chukunazaekpele,
Chukunazaekpere,
Chukwunasaekpele,
Chukwunasaekpere,
Chukwunazaekpele,
Chukwunazaekpere.
God answers prayers.
Chi-chi, Chii, Chinasa,
Chinaza,
Nasa, Naza. Sno

Chinasaekpere Ig/G also
Chinasaekpele, Chinazaekpele,
Chinazaekpere,
Chukunasaekpele,
Chukunasaekpere,
Chukunazaekpele,
Chukunazaekpere,
Chukwunasaekpele,
Chukwunasaekpere,
Chukwunazaekpele,
Chukwunazaekpere.
God answers prayers.
Chi-chi, Chii, Chinasa,
Chinaza, Nasa, Naza. Sno

Chinatu Ig/BG also
Chukunatu,
Chukwunatu.
God is the Judge.
Chi-chi, Chii, Natu. Sno

Chinaza Ig/BG also
Chukunaza,
Chukwunaza.
God answers.
Aza, Naza, Chi-chi, Chii. Sno

Chinazaekpele Ig/G also
**Chinasaekpele, Chinasaekpere,
Chinazaekpere,
Chukunasaekpele,
Chukunasaekpere,
Chukunazaekpele,
Chukunazaekpere,
Chukwunasaekpele,
Chukwunasaekpere,
Chukwunazaekpele,
Chukwunazaekpere.**
God answers prayers.
*Chi-chi, Chii, Chinasa,
Chinaza, Nasa, Naza.* Sno

Chinazaekpere Ig/G also
**Chinasaekpele, Chinasaekpere,
Chinazaekpele,
Chukunasaekpele,
Chukunasaekpere,
Chukunazaekpele,
Chukunazaekpere,
Chukwunasaekpele,
Chukwunasaekpere,
Chukwunazaekpele,
Chukwunazaekpere.**
God answers prayers.
*Chi-chi, Chii, Chinasa, Chinaza,
Nasa, Naza.* Sno

Chinazaoku Ig/BG also
**Chukunazaoku,
Chukwunazaoku.**
God answer calls.
God answer prayers.
*Aza, Azaoku, Chiaza, Chi-chi,
Chii, China, Chinaza.* Sno

Chinazo Ig/BG also **Chiazo,
Chukunazo, Chukwunazo.**
God is a saviour
Chi, Chi-Chi, Azo, Nazo. Sno

Chinazom Ig/BG also
**Chiazom,
Chukunazom, Chukwunazom.**
God is my saviour.
Chi, Chi-chi, Azom, Chiazom
Sno

Chinecherem Ig/BG also
**Chinaecherem,
Chukunaecherem,
Chukunecherem,
Chukwunaecherem,
Chukwunecherem.**
God thinks for me.
God provides my wisdom.
*Chi-chi, Chii,
Chineche, Eche,
Neche.* Sno

Chinedum Ig/B also
**Chukunedum,
Chukwunedum.**
God is my leader.
*Chi, Chiedu, Chinedu, Nedu,
Nedum.* Sno

Chinege Ig/BG also
**Chukunege,
Chukwunege.**
God listens.
Chi-chi, Chii, Chinee,

Ege, Nege. Sno

Chinele Ig/BG also **Chukunele,
Chukwunele.** God is watching.
Chi-chi, Chii, Nele. Sno

Chineme Ig/BG also **Chukuneme,
Chukwuneme.**
God does it. God made it.
Made by God.
*Chi-chi, Chii, Chieme,
Eme.* Sno

Chinemenma Ig/BG God makes beauty.
Chii, Chi-chi, Chineme. Sno

Chinemerem Ig/BG also **Chukunemerem,
Chukwunemerem**.
God does it for me.
God made it for me.
*Chi-chi, Chii, Chieme, Chineme,
Chine, Emerem.* Sno

Chinemeremnma Ig/G also **Chukunemeremnma,
Chukwunemeremnma.**
God does great and wonderful things for me.
*Chi-chi, Chii, Emere, Manma,
Nma.* Sno

Chinemeudo Ig/B also **Chukunemeudo,
Chukwunemeudo**.
God is a peacemaker.
God makes peace.
*Chii, Chieme, Chineme,
Udo.* Sno

Chinenye Ig/BG also **Chienye,
Chinaenye, Chukuenye,
Chukunaenye, Chukunenye,
Chukwuenye, Chukwunaenye,
Chukwunenye.**
God has given. God is the giver.
*Chi, Chi-chi, Chienye,
Chinaenye, Chinenye.* Sno

Chinenyeanyi Ig/BG also **Chukunenyeanyi,
Chukwunenyeanyi.**
God is our giver.
God giveth to us.
*Anyi, Chii, Chi-chi, Chienye,
Chinaenye, Chinenye.* Sno

Chinenyem Ig/BG also **Chukuenyem,
Chukunaenyem,
Chukunenyem,
Chukwuenyem,
Chukwunaenyem,
Chukwunenyem**. God has given to me. God is my giver.
*Chii, Chi-chi, Chi-chim,
Chienye, Chienyem,
Chinaenye, Chinaenyem,
Chinenye, Chinenyem.* Sno

Chinenyeuba Ig/BG also **Chukunenyeuba,
Chukwunenyeuba**.
God gives wealth. God is the

AFRICAN BABY NAME DICTIONARY "IGBO & YORUBA NIGERIA"
Sno = Short name of or Nickname. Gender: BG = both gender; B = boy; G = girl;
ML = Married lady, Ig = Igbo, Yo = Yoruba, Ha = Hausa.

giver of wealth.
*Chi-chi, Chii, Chine,
Chinenye, Uba.* Sno

Chineze Ig/BG also **Chukuneze,
Chukwuneze**. God protects.
Chi-chi, Chii, Eze, Neze. Sno

Chinezerem Ig/BG also
Chukunezerem, Chukwunezerem.
God is my protector.
*Chi-chi, Chii, Chineze,
Ezerem.* Sno

Chinjike Ig/B also **Chijike,
Chukujike, Chukunjike,
Chukwujike, Chukwunjike**.
God has the power.
*Chi-chi, Chii, Chiji, Chinji,
Ike, Njike.* Sno

Chinkata Ig/BG also
**Chukunkata,
Chukwunkata**.
God will decide...; God be the judge.
Ata, Chi-chi, Chii, Nkata. Sno

Chinkelu Ig/BG also **Chikelu,
Chikere, Chinkere, Chukukelu,
Chukukere, Chukunkelu,
Chukunkere, Chukwukelu,
Chukwukere, Chukwunkelu,
Chukwunkere**.
God created. Gods' creation.
*Chi-chi, Chii, Chike,
Nkere.* Sno

Chinkere Ig/B also **Chikelu,
Chikere, Chikeru, Chukukelu,
Chukukere, Chukukeru,
Chukunkere, Chukwukelu,
Chukwukere, Chukwukeru,
Chukwunkere**.
God created.
Chii, Chike, Keke. Sno

Chinkere Ig/BG also **Chikelu,
Chikere, Chinkelu, Chukukelu,
Chukukere, Chukunkelu,
Chukunkere, Chukwukelu,
Chukwukere, Chukwunkelu,
Chukwunkere**.
God created. Gods' creation.
*Chi-chi, Chii, Chike,
Nkere.* Sno

Chinkwe Ig/BG also **Chikwe**.
If God agrees.
Chi-chi, Chii. Sno

Chinma Ig/G God of beauty.
God of goodness.
Chii, Chi-chi. Sno

Chinmere Ig/BG also **Chimere,
Chukumere, Chukunmere,
Chukwumere, Chukwunmere**.
God has done it. God did it.
Chii, Nmere. Sno

Chinonso Ig/BG also
Chukunonso,

Chukwunonso.
God is near. God is on my side.
Chi-chi, Chii, Chino, Chinoo,
Nonso. Sno

Chinonyelegi Ig/BG also
Chinonyeregi, Chukunonyelegi,
Chukunonyeregi,
Chukwunonyelegi,
Chukwunonyeregi.
God be with you.
Chi, Chino, Chukuno,
Chukwuno, Nonye. Sno

Chinonyelem Ig/BG also
Chinonyerem, Chukunonyelem,
Chukunonyerem,
Chukwunonyelem,
Chukwunonyerem.
May God be with me.
Chi, Chino, Chinonye. Sno

Chinonyereanyi Ig/BG also
Chukunonyereanyi,
Chukwunonyereanyi.
God be with us.
Chi, Chino, Chinonye. Sno

Chinonyeregi Ig/BG also
Chinonyelegi, Chukunonyelegi,
Chukunonyeregi,
Chukwunonyelegi,
Chukwunonyeregi.
God be with you.
Chi, Chino, Chukuno,
Chukwuno, Nonye. Sno

Chinonyerem Ig/BG also
Chinonyelem, Chukunonyelem,
Chukunonyerem,
Chukwunonyelem,
Chukwunonyerem.
May God be with me.
Chi, Chino, Chinonye. Sno

Chinuaekpere Ig/G also
Chukunuaekpere,
Chukwunuaekpere.
May God answer prayers.
Chi-chi, Chii, Chinua. Sno

Chinuaekperem Ig/G also
Chukunuaekperem,
Chukwunuaekperem.
May God answer my prayers.
Chi-chi, Chii, Chinua. Sno

Chinwe Ig/BG God is the
owner.
Gods' own.
Chi-chi, Chii. Sno

Chinweaku Ig/BG also
Chukunweaku,
Chukwunweaku.
God owns riches.
God owns wealth.
Chi-chi, Chii, Chinwe. Sno

Chinweanyi Ig/BG
Chukunweanyi,
Chukwunweanyi.
God owns us.
We belong to God.

Anyi, Chi-chi, Chii, Chinwe.
Sno

Chinwechi Ig/BG also
Chukunwechi, Chukwunwechi.
God owns tomorrow and
beyond. God owns the future.
Chi-chi, Chii, Chinwe, Echi.
Sno

Chinweije Ig/BG also
Chukunweije,
Chukwunweije.
Gods' trip. Gods' journey.
Chi-chi, Chii, Chinwe,
Nweije. Sno

Chinweike Ig/B also
Chukunweike,
Chukwunweike.
God has the power.
Chi-chi, Chii, Chinwe, Ike.
Sno

Chinweikpe Ig/BG also
Chukunweikpe, Chukwunweikpe.
God is the Judge.
God owns the judgement.
Chi-chi, Chii, Chinwe,
Ikpe. Sno

Chinwem Ig/BG also
Chukunwem,
Chukwunwem.
God owns me.
God is my owner.
Chi-chi, Chii, Chinwe. Sno

Chinwemadu Ig/B also
Chukunwemadu,
Chukwunwemadu.
God owns human.
Chi-chi, Chii, Chinwe. Sno

Chinwemma Ig/BG also
Chinwenma, Chukunwemma,
Chukunwenma,
Chukwunwemma,
Chukwunwenma.
Beauty belongs to God.
God owns beauty.
Chi-chi, Chii, Chinwe,
Manma, Nma. Sno

Chinwendu Ig/BG also
Chukunwendu,
Chukwunwendu.
God owns life.
God is the owner of life.
Chi-chi, Chii, Chinwe. Sno

Chinwenma Ig/BG also
Chinwemma, Chukunwemma,
Chukunwenma,
Chukwunwemma,
Chukwunwenma.
Beauty belongs to God.
God owns beauty.
Chi-chi, Chii, Chinwe,
Manma, Nma. Sno

Chinwenyi Ig/BG also
Chukunwenyi,
Chukwunwenyi.
God has a friend.

AFRICAN BABY NAME DICTIONARY "IGBO & YORUBA NIGERIA"
Sno = Short name of or Nickname. Gender: BG = both gender; B = boy; G = girl;
ML = Married lady, Ig = Igbo, Yo = Yoruba, Ha = Hausa.

Chi-chi, Chii, Chinwe. *Sno*

Chinweuba Ig/BG also
Chukunweuba, Chukwunweuba.
God owns wealth.
Chi-chi, Chii, Chinwe, Uba. *Sno*

Chinweuche Ig/BG also
Chukunweuche, Chukwunweuche.
God owns ones thought.
God owns ones faculty.
Chi-chi, Chii, Chinwe, Uche. *Sno*

Chinweuchegi Ig/BG also
Chukunweuchegi, Chukwunweuchegi.
God owns your thought.
Your thinking belongs to God.
Chi-chi, Chii, Chinwe, Chinweuche, Uche, Uchegi. *Sno*

Chinweuchem Ig/BG also
Chukunweuchem, Chukwunweuchem.
God owns my thought.
My Thinking belongs to God.
Chi-chi, Chii, Chinwe, Chinweuche, Uche, Uchem. *Sno*

Chinweudo Ig/BG also
Chukunweudo, Chukwunweudo.
God owns peace.
Chi-chi, Chii, Chinwe, Udo. *Sno*

Chinweuwa Ig/B also
Chukunweuwa, Chukwunweuwa.
God owns the World.
Chi-chi, Chii, Chinwe, Uwa. *Sno*

Chinyeaka Ig/BG also
Chukunyeaka, Chukwunyeaka.
May God help.
Chi, Chienye, Chii, Chinye. *Sno*

Chinyele Ig/BG also Chinyelu,
**Chinyere, Chinyeru,
Chukunyele, Chukunyelu,
Chukunyere, Chukunyeru,
Chukwunyele, Chukwunyelu,
Chukwunyere, Chukwunyeru**.
God's gift. The gift of God.
Chi, Chienye, Chinyelu, Chinyere, Chinyeru. *Sno*

Chinyelem Ig/BG also
**Chinyelum, Chinyerem,
Chinyerum, Chukunyelem,
Chukunyelum, Chukunyerem,
Chukunyerum,
Chukwunyelem,
Chukwunyelum,
Chukwunyerem,
Chukwunyerum**.
God's gift to me.
My gift from God.
Chi, Chim, Chienye, Chienyem, Chinyelu, Chinyelum, Chinyere, Chinyerem, Chinyeru,

Chinyerum. Sno

Chinyelu Ig/BG also **Chinyele, Chinyere, Chinyeru, Chukunyele, Chukunyelu, Chukunyere, Chukunyeru, Chukwunyele, Chukwunyelu, Chukwunyere, Chukwunyeru.**
God's gift. The gift of God.
Chi, Chinyelu, Chinyere, Chinyeru. Sno

Chinyelum Ig/BG also **Chinyelem, Chinyerem, Chinyerum, Chukunyelem, Chukunyelum, Chukunyerem, Chukunyerum, Chukwunyelem, Chukwunyelum, Chukwunyerem, Chukwunyerum.**
God's gift to me. My gift from God.
Chi, Chim, Chienye, Chienyem, Chinyelu, Chinyelum, Chinyere, Chinyerem, Chinyeru, Chinyerum. Sno

Chinyere Ig/BG also **Chinyele, Chinyelu, Chinyeru, Chukunyele, Chukunyelu, Chukunyere, Chukunyeru, Chukwunyele, Chukwunyelu, Chukwunyere, Chukwunyeru.**
God's gift. The gift of God.
Chi, Chienye, Chinyelu, Chinyere, Chinyeru. Sno

Chinyereanyi Ig/BG also **Chukunyereanyi, Chukwunyereanyi.**

God has given to us.
Chii, Chi-chi, Chinyere. Sno

Chinyerem Ig/BG also **Chinyelem, Chinyelum, Chinyerum, Chukunyelem, Chukunyelum, Chukunyerem, Chukunyerum, Chukwunyelem, Chukwunyelum, Chukwunyerem, Chukwunyerum.**
God's gift to me. My gift from God.
Chi, Chim, Chienye, Chienyem, Chinyelu, Chinyelum, Chinyere, Chinyerem, Chinyeru, Chinyerum. Sno

Chinyeremaka Ig/BG also **Chinyeremuaka, Chukunyeremaka, Chukunyeremuaka, Chukwunyeremaka, Chukwunyeremuaka.**
God help me.
Chi, Chi-chi, Chinyere, Chinyerem. Sno

Chinyeremuaka Ig/BG also **Chinyeremaka, Chukunyeremaka, Chukunyeremuaka, Chukwunyeremaka, Chukwunyeremuaka.**
God help me.
Chi, Chi-chi, Chinyere,

Chinyerem. Sno

Chinyereuba Ig/BG also
Chukunyereuba,
Chukwunyereuba.
God gave wealth.
Chi-chi, Chii, Chinyere, Uba.
Sno

Chinyeru Ig/BG also **Chinyele,**
Chinyelu, Chinyere, Chukunyele,
Chukunyelu, Chukunyere,
Chukunyeru, Chukwunyele,
Chukwunyelu, Chukwunyere,
Chukwunyeru.
God's gift. The gift of God.
Chi, Chienye, Chinyelu,
Chinyere,
Chinyeru. Sno

Chinyerum Ig/BG also
Chinyelem,
Chinyelum, Chinyerem,
Chukunyelem, Chukunyelum,
Chukunyerem, Chukunyerum,
Chukwunyelem, Chukwunyelum,
Chukwunyerem, Chukwunyerum.
God's gift to me.
My gift from God.
Chi, Chim, Chienye, Chienyem,
Chinyelu, Chinyelum, Chinyere,
Chinyerem, Chinyeru,
Chinyerum. Sno

Chioma Ig/BG also **Chukuoma,**
Chukwuoma.
Good God. God of goodness.
Wonderful God.

Great God. God of Kindness.
Chi-chi, Chii. Sno

Chisara Ig/BG also
Chukusara,
Chukwusara.
God answered.
Chii, Chi-chi, Chisa, Sara.
Sno

Chisom Ig/BG also
Chukusom,
Chukwusom.
God is with me.
Chi-chi, Chii, Chiso, Som.
Sno

Chisom Ig/BG also
Chukusom,
Chukwusom. God is with me.
Chi-chi, Chii, Chiso. Sno

Chiwetara Ig/BG also
Chiwetelu,
Chukuwetara, Chukuwetelu,
Chukwuwetara,
Chukwuwetelu.
God brought this ... (child /
baby.) God sent.
Chi-chi, Chii, Chiweta,
Chiwete,
Weta, Wete, Wetara,
Wetelu. Sno

Chiwetelu Ig/BG also
Chiwetara,
Chukuwetara, Chukuwetelu,

AFRICAN BABY NAME DICTIONARY "IGBO & YORUBA NIGERIA"
Sno = Short name of or Nickname. Gender: BG = both gender; B = boy; G = girl;
ML = Married lady, Ig = Igbo, Yo = Yoruba, Ha = Hausa.

Chukwuwetara, Chukwuwetelu.
God brought this …
(child/baby.) God sent.
Chi-chi, Chii, Chiweta,
Chiwete, Weta, Wete,
Wetara, Wetelu. Sno

Chizitara Ig/BG also **Chizitere,**
Chukuzitara, Chukuzitere,
Chukwuzitara, Chukwuzitere.
God sent.
Chi-chi, Chii, Chizita, Chizite,
Tara, Zitara, Zitere. Sno

Chizitere Ig/BG also **Chizitara,**
Chukuzitara, Chukuzitere,
Chukwuzitara, Chukwuzitere.
God sent.
Chi-chi, Chii, Chizita, Chizite,
Tara, Zitara, Zitere. Sno

Chizo Ig/BG also **Chukuzo,**
Chukwuzo.
May God save.
Chii, Chi-chi. Sno

Chizoba Ig/BG also **Chizobe,**
Chukuzoba, Chukuzobe,
Chukwuzoba, Chukwuzobe.
May God continue to save.
Chi, Chi-chi, Chizo,
Zoba, Zobe. Sno

Chizobam Ig/BG also **Chizobem,**
Chukuzobam, Chukuzobem,
Chukwuzobam, Chukwuzobem.
May God continue to save me.
Chii, Chi-chi, Chizo, Chizoba,
Chizobe, Chizom. Sno

Chizobe Ig/BG also **Chizoba,**
Chukuzoba, Chukuzobe,
Chukwuzoba, Chukwuzobe.
May God continue to save.
Chi, Chi-chi, Chizo,
Zoba, Zobe. Sno

Chizobem Ig/BG also
Chizobam,
Chukuzobam, Chukuzobem,
Chukwuzobam,
Chukwuzobem.
May God continue to save me.
Chii, Chi-chi, Chizo, Chizoba,
Chizobe, Chizom. Sno

Chizom Ig/BG **Chukuzom,**
Chukwuzom.
God save me.
Chi-chi, Chii, Chizo. Sno

Chizoro Ig/BG also
Chukuzoro,
Chukwuzoro.
God saved.
Chi, Chi-chi, Zoro. Sno

Chizuluoke Ig/BG also
Chizuruoke, Chukuzuluoke,
Chukuzuruoke,
Chukwuzuluoke,
Chukwuzuruoke.
God is perfect.
God is complete.

*Chi-chi, Chii, Chizuru,
Oke.* Sno

Chizuru Ig/BG also **Chukuzuru, Chukwuzuru.**
God is complete.
Chi-chi, Chii, Chizu. Sno

Chizuruoke Ig/BG also **Chizuluoke, Chukuzuluoke, Chukuzuruoke, Chukwuzuluoke, Chukwuzuruoke.**
God is perfect. God is complete.
*Chi-chi, Chii, Chizuru,
Oke.* Sno

Chizuruoke Ig/BG also **Chukuzuruoke, Chukwuzuruoke.**
God is complete.
*Chi-chi, Chii, Chizuo,
Chizuru.* Sno

Chuka Ig/BG also **Chika, Chukuka, Chukwuka.**
God is Greater. God is Bigger. God is almighty.
Chi-chi, Chii, Chu, Chuka. Sno

Chukuabuotu Ig/B also **Chiabuotu, Chiawuotu, Chukwuabuotu, Chukuawuotu, Chukwuawuotu.**
Gods are not the same.
Awuotu, Chi-chi, Chii. Sno

Chukuagha Ig/B also **Chiagha, Chukwuagha.**
God of war.
Agha, Chi-chi, Chii. Sno

Chukuagoziem Ig/BG also **Chiagoziem Chiagoziemu, Chiagozim, Chiagozimu, Chukuagoziemu, Chukuagozim, Chukuagozimu, Chukwuagoziem, Chukwuagoziemu, Chukwuagozim, Chukwuagozimu.**
God has blessed me.
*Ago, Chiago, Chi-chi, Chii,
Chigoo, Goziem.* Sno

Chukuagoziemu Ig/BG also **Chiagoziem, Chiagoziemu, Chiagozim, Chiagozimu, Chukuagoziem, Chukuagozim, Chukuagozimu, Chukwuagoziem, Chukwuagoziemu, Chukwuagozim, Chukwuagozimu.**
God has blessed me.
*Ago, Chiago, Chi-chi, Chii,
Chigoo, Goziem.* Sno

Chukuagozim Ig/BG also **Chiagoziem, Chiagoziemu, Chiagozim, Chiagozimu, Chukuagoziem, Chukuagoziemu, Chukuagozimu,**

**Chukwuagoziem,
Chukwuagoziemu,
Chukwuagozim,
Chukwuagozimu.**
God has blessed me.
*Ago, Chiago, Chi-chi, Chii,
Chigoo, Goziem.* Sno

Chukuagozimu Ig/BG also
**Chiagoziem, Chiagoziemu,
Chiagozim, Chiagozimu,
Chukuagoziem,
Chukuagoziemu,
Chukuagozim, Chukwuagoziem,
Chukwuagoziemu,
Chukwuagozim,
Chukwuagozimu.**
God has blessed me.
*Ago, Chiago, Chi-chi, Chii,
Chigoo, Goziem.* Sno

Chukuahalam Ig/BG also
Chiahalam, Chukwuahalam.
May God forsake me not. May God never leave me.
Ahalam, Chi-chi, Chii. Sno

Chukuahuka Ig/BG also
**Chiahuka,
Chukwuahuka.**
The Lord has witnessed.
The Lord has seen.
*Ahuka, Chi-chi, Chii, Chiahu,
Uka.* Sno

Chukuajulam Ig/BG also
Chiajulam, Chukwuajulam.
God, reject me not.

Ajulam, Chi-chi, Chii, Chiaju.
Sno

Chukuaku Ig/BG also **Chiaku,
Chukwuaku.**
God of riches. God of wealth.
Chi-chi, Chii, Aku. Sno

Chukualuka Ig/B also
**Chialuka,
Chukwualuka.**
God has performed wonders.
God has done great.
*Aluka, Chialu, Chi-chi,
Chii.* Sno

Chukualuka Ig/BG also
**Chialuka,
Chukwualuka.**
God has performed wonders.
God has done wonders.
Aluka, Chi-chi, Chii. Sno

Chukuamaka Ig/BG also
Chiamaka, Chukwuamaka.
God is really good. God is very good. God is beautiful.
*Amaka, Chiama,
Chiamaka.* Sno

Chukuamaka Ig/G also
Chiamaka, Chukwuamaka.
God is good.
Amaka, Chi-chi, Chii. Sno

Chukuamakaobi Ig/BG also
Chiamakaobi,

Chukwuamakaobi.
God really knows the heart.
Amaka, Amakaobi, Chi-chi,
Chii, Chiama, Chiamaka,
Obi. Sno

Chukuawulamngozi Ig/B also
Chiawulamngozi,
Chiawulamungozi,
Chiawunamngozi,
Chiawunamungozi,
Chukuawulamungozi,
Chukuawunamngozi,
Chukuawunamungozi,
Chukwuawulamngozi,
Chukwuawulamungozi,
Chukwuawunamngozi,
Chukwuawunamungozi.
God, deny not my blessing.
Chi-chi, Chii, Chiawulam,
Chiawunam, Okee. Sno

Chukuawulamoke Ig/B also
Chiawulamoke,
Chiawulamuoke,
Chiawunamoke, Chiawunamuoke,
Chukuawulamuoke,
Chukuawunamoke,
Chukuawunamuoke,
Chukwuawulamoke,
Chukwuawulamuoke,
Chukwuawunamoke,
Chukwuawunamuoke.
God, deny not my share.
Lord, deny not my portion.
Chi-chi, Chii, Chiawulam,
Chiawunam, Okee. Sno

Chukuawulamungozi Ig/B
also
Chiawulamngozi,
Chiawulamungozi,
Chiawunamngozi,
Chiawunamungozi,
Chukuawulamngozi,
Chukuawunamngozi,
Chukuawunamungozi,
Chukwuawulamngozi,
Chukwuawulamungozi,
Chukwuawunamngozi,
Chukwuawunamungozi.
God, deny not my blessing.
Chi-chi, Chii, Chiawulam,
Chiawunam, Okee. Sno

Chukuawulamuoke Ig/B also
Chiawulamoke,
Chiawulamuoke,
Chiawunamoke,
Chiawunamuoke,
Chukuawulamoke,
Chukuawunamoke,
Chukuawunamuoke,
Chukwuawulamoke,
Chukwuawulamuoke,
Chukwuawunamoke,
Chukwuawunamuoke.
God, deny not my share.
Lord, deny not my portion.
Chi-chi, Chii, Chiawulam,
Chiawunam, Okee. Sno

Chukuawunamngozi Ig/B also
Chiawulamngozi,
Chiawulamungozi,
Chiawunamngozi,

Chiawunamungozi,
Chukuawulamngozi,
Chukuawulamungozi,
Chukuawunamungozi,
Chukwuawulamngozi,
Chukwuawulamungozi,
Chukwuawunamngozi,
Chukwuawunamungozi.
 God, deny not my blessing.
 Chi-chi, Chii, Chiawulam,
 Chiawunam, Okee. Sno

Chukuawunamoke Ig/B also
Chiawulamoke,
Chiawulamuoke,
Chiawunamoke,
Chiawunamuoke,
Chukuawulamoke,
Chukuawulamuoke,
Chukuawunamuoke,
Chukwuawulamoke,
Chukwuawulamuoke,
Chukwuawunamoke,
Chukwuawunamuoke.
 God, deny not my share.
 Lord, deny not my portion.
 Chi-chi, Chii, Chiawulam,
 Chiawunam, Okee. Sno

Chukuawunamungozi Ig/B also
Chiawulamngozi,
Chiawulamungozi,
Chiawunamngozi,
Chiawunamungozi,
Chukuawulamngozi,
Chukuawulamungozi,
Chukuawunamngozi,
Chukwuawulamngozi,

Chukwuawulamungozi,
Chukwuawunamngozi,
Chukwuawunamungozi.
 God, deny not my blessing.
 Chi-chi, Chii, Chiawulam,
 Chiawunam, Okee. Sno

Chukuawunamuoke Ig/B also
Chiawulamoke,
Chiawulamuoke,
Chiawunamoke,
Chiawunamuoke,
Chukuawulamoke,
Chukuawulamuoke,
Chukuawunamoke,
Chukwuawulamoke,
Chukwuawulamuoke,
Chukwuawunamoke,
Chukwuawunamuoke.
 God, deny not my share.
 Lord, deny not my portion.
 Chi-chi, Chii, Chiawulam,
 Chiawunam, Okee. Sno

Chukuawuotu Ig/B Chiabuotu,
Chiawuotu, Chukuabuotu,
Chukwuabuotu,
Chukwuawuotu.
 Gods are not the same.
 Awuotu, Chi-chi, Chii. Sno

Chukuazagomekpele Ig/BG
also
Chiazagomekpele,
Chiazagomekpere,
Chiazalamekpere,
Chukuazagomekpere,
Chukuazalamekere,

Chukwuazagomekpele,
Chukwuazagomekere,
Chukwuazalamekere.
God has answered my prayers.
Chi-chi, Chiaza, Chiazago,
Chiazagom, Chii. Sno

Chukuazagomekpere Ig/BG also
Chiazagomekpele,
Chiazagomekpere,
Chiazalamekpere,
Chukuazagomekpele,
Chukuazalamekere,
Chukwuazagomekpele,
Chukwuazagomekere,
Chukwuazalamekere.
God has answered my prayers.
Chi-chi, Chiaza, Chiazago,
Chiazagom, Chii. Sno

Chukuazalamekpere Ig/BG also
Chiazagomekpele,
Chiazagomekpere,
Chiazalamekpere,
Chukuazagomekpele,
Chukuazagomekpere,
Chukwuazagomekpele,
Chukwuazagomekere,
Chukwuazalamekere.
God has answered my prayers.
Chi-chi, Chiaza, Chiazago,
Chiazagom, Chii. Sno

Chukubia Ig/BG also **Chibia,**
Chukwubia.
May the Lord come.
Chi-chi, Chii. Sno

Chukubike Ig/B also **Chibike,**
Chibuike, Chukubuike,
Chukwubike, Chukwubuike.
God is power and strength.
Godspower.
Chibu, Chibike, Chibuike,
Chii, Ike. Sno

Chukubikeanyi Ig/B also
Chibikeanyi, Chibuikeanyi,
Chukubuikeanyi,
Chukwubikeanyi,
Chukwubuikeanyi.
God is our power.
God is our strength.
Chibike, Chibu, Chibuike,
Chii, Ike. Sno

Chukubikegi Ig/B also
Chibikegi,
Chibuikegi, Chukubuikegi,
Chukwubikegi,
Chukwubuikegi.
God is your power.
God is your strength.
Chibike, Chibu, Chibuike,
Chii, Ike. Sno

Chukubikem Ig/B also
Chibikem,
Chibuikem, Chukubuikem,
Chukwubikem,
Chukwubuikem.
God is my power.
God is my strength.
Chibike, Chibikem, Chibu,
Chibuike, Chibuikem, Chii,
Ikem. Sno

Chukubikenna Ig/B also
Chibikenna, Chibuikenna,
Chukubuikenna,
Chukwubikenna,
Chukwubuikenna.
  God is the fathers' power.
  God is the fathers' strength.
  Chibike, Chibu, Chibuike, Chii,
  Ike, Ikenna. Sno

Chukubikennaya Ig/B also
Chibikennaya, Chibuikennaya,
Chukubuikennaya,
Chukwubikennaya,
Chukwubuikennaya.
  God is his fathers' power.
  God is his fathers' strength.
  Chibike, Chibuike, Chibu,
  Chii, Chike, Chikenna,
  Ike, Ikenna. Sno

Chukubuaku Ig/BG also
Chibuaku, Chukwubuaku.
  God is wealth.
  Chi-chi, Chii, Chibu, Aku.
  Sno

Chukubuenyi Ig/BG also
Chibuenyi, Chukwubuenyi.
  God is a friend.
  Chi-chi, Chii, Chibu. Sno

Chukubuenyim Ig/BG also
Chibuenyim, Chukwubuenyim.
  God is my friend.
  Chi-chi, Chii, Chibu. Sno

Chukubueze Ig/B also
Chibueze,
Chukwubueze.
  God is King.
  Chii, Chibu, Chibueze. Sno

Chukubuezeanyi Ig/B also
Chibuezeanyi,
Chukwubuezeanyi.
  God is our King.
  Chii, Chi-chi, Chibu. Sno

Chukubuezegi Ig/B also
Chibuezegi,
Chukwubuezegi.
  God is your King.
  Chii, Chi-chi, Chibu. Sno

Chukubuezem Ig/B also
Chibuezem, Chukwubuezem.
  God is my King.
  Chii, Chi-chi, Chibu. Sno

Chukubugo Ig/BG also
Chibugo,
Chukwubugo.
  God is beautiful, gentle,
  innocent and eminent.
  Chibu, Chi-chi, Chii, Ugo. Sno

Chukubuike Ig/B also
Chibike,
Chibuike, Chukubike,
Chukwubike, Chukwubuike.
  God is power and strength.
  Godspower.

Chibu, Chibike, Chibuike,
Chii, Ike. Sno

Chukubuikeanyi Ig/B also
Chibikeanyi, Chibuikeanyi,
Chukubikeanyi,
Chukwubikeanyi,
Chukwubuikeanyi.
  God is our power.
  God is our strength.
Chibike, Chibu, Chibuike,
Chii, Ike. Sno

Chukubuikegi Ig/B also
Chibikegi, Chibuikegi,
Chukubikegi, Chukwubikegi,
Chukwubuikegi.
  God is your power.
  God is your strength.
Chibike, Chibu, Chibuike,
Chii, Ike. Sno

Chukubuikem Ig/B also
Chibikem, Chibuikem,
Chukubikem, Chukwubikem,
Chukwubuikem.
  God is my power.
  God is my strength.
Chibike, Chibikem, Chibu,
Chibuike, Chibuikem,
Chii, Ikem. Sno

Chukubuikenna Ig/B also
Chibikenna, Chibuikenna,
Chukubikenna, Chukwubikenna,
Chukwubuikenna.
  God is the fathers' power.
  God is the fathers' strength.

Chibike, Chibu, Chibuike, Chii,
Ike, Ikenna. Sno

Chukubuikennaya Ig/B also
Chibikennaya, Chibuikennaya,
Chukubikennaya,
Chukwubikennaya,
Chukwubuikennaya.
  God is his fathers' power.
  God is his fathers' strength.
Chibike, Chibuike, Chibu, Chii,
Chike, Chikenna, Ike, Ikenna.
Sno

Chukubundu Ig/B also
Chibundu,
Chukwubundu.
  God is life.
Chibu, Chii, Chubu. Sno

Chukubunna Ig/B also
Chibunna,
Chukwubunna.
  God is father.
Chi-chi, Chii, Chibu. Sno

Chukubunnam Ig/B also
Chibunnam, Chukwubunnam.
  God is my father.
Chi-chi, Chii, Chibu. Sno

Chukubuzo Ig/BG also
Chibuzo,
Chukwubuzo.
  God is the way.
Chi-chi, Chii, Chibu, Uzo.
Sno

AFRICAN BABY NAME DICTIONARY "IGBO & YORUBA NIGERIA"
Sno = Short name of or Nickname. Gender: BG = both gender; B = boy; G = girl;
ML = Married lady, Ig = Igbo, Yo = Yoruba, Ha = Hausa.

Chukubuzo Ig/BG also **Chibuzo, Chukwubuzo.**
God is first.
Chibu, Chi-chi, Chii, Uzo. Sno

Chukubuzo Ig/BG also **Chibuzo, Chukwubuzo.**
God is the way.
Chibu, Chii, Uzo. Sno

Chukubuzoanyi Ig/BG also **Chibuzoanyi, Chukwubuzoanyi.**
God is our way.
Anyi, Chibu, Chibuzo, Chii, Uzo. Sno

Chukubuzom Ig/BG **Chibuzom, Chukwubuzom.**
God is the way.
Chibu, Chii, Uzo, Uzom. Sno

Chukuchebem Ig/BG also **Chichebem, Chukwuchebem.**
God, protect me.
Chebem, Chi-chi, Chii. Sno

Chukuchetam Ig/BG also **Chichetam, Chukwuchetam.**
God, remember me.
Chi-chi, Chii, Cheta, Chetam. Sno

Chukuchetaram Ig/BG also **Chichetaram, Chukwuchetaram.**
God has remembered me.
Cheta, Chi-chi, Chii,
Chicheta. Sno

Chukudalu Ig/BG also **Chidalu, Chukwudalu.**
Thanks to God.
Alu, Chi-chi, Chida, Chii. Sno

Chukudalu Ig/BG also **Chidalu, Chukwudalu.**
Thank God. Thanks to God.
Chi-chi, Chii, Dalu. Sno

Chukudere Ig/BG also **Chidere, Chukwudere.**
God has written …
Chi-chi, Chii, Chide, Chiede. Sno

Chukuderenma Ig/BG also **Chiderenma, Chiedegonma, Chiedewonma, Chukuedegonma, Chukuedewonma, Chukwuderenma, Chukwuedegonma, Chukwuedewonma.**
God has written perfection.
Chi-chi, Chii, Chide, Chidere, Edegonma, Edewonma, Nma. Sno

Chukudi IgBG also **Chidi, Chukwudi.** There is God.
Chi-chi, Chii, Chidi. Sno

AFRICAN BABY NAME DICTIONARY "IGBO & YORUBA NIGERIA"
Sno = Short name of or Nickname. Gender: BG = both gender; B = boy; G = girl;
ML = Married lady, Ig = Igbo, Yo = Yoruba, Ha = Hausa.

Chukudiebele Ig/BG also Chidiebele, Chukwudiebele, Chidiebere, Chukudiebere, Chukwudiebere.
God is merciful.
Chidi, Chuhudi, Chukwudi, Ebele, Ebere. Sno

Chukudiebere Ig/BG also Chidiebele, Chukudiebele, Chukwudiebele, Chidiebere, Chukwudiebere.
God is merciful.
Chidi, Chukudi, Chukwudi, Ebele, Ebere. Sno

Chukudiegwu Ig/BG also Chidiegwu, Chukwudiegwu.
God is wonderful.
Chi-chi, Chidi, Chiegwu, Chii, Egwu. Sno

Chukudilianyi Ig/BG also Chidilianyi, Chidirianyi, Chukudirianyi, Chukwudilianyi, Chukwudirianyi.
God be with us.
Chii, Chidi, Chukudi, Chukwudi. Sno

Chukudiligi Ig/BG also Chidiligi, Chidirigi, Chukudirigi, Chukwudiligi, Chukwudirigi.
God be with you.
Chidi, Chidili, Chidiri, Chudi. Sno

Chukudilim Ig/BG also Chukudirim, Chukwudilim, Chukwudirim.
God be with me.
Chidi, Chidilim, Chidirim, Chukudi, Chukwudi. Sno

Chukudinma Ig/BG also Chidinma, Chukwudinma.
God is good.
Chii, Chi-chi, Chidi. Sno

Chukudinma Ig/BG also Chidinma, Chukwudinma.
God is good.
Chi-chi, Chii, Chidi, Chinma, Manma. Sno

Chukudirianyi Ig/BG also Chidilianyi, Chidirianyi, Chukudilianyi, Chukwudilianyi, Chukwudirianyi.
God be with us.
Chii, Chidi, Chukudi, Chukwudi. Sno

Chukudirigi Ig/BG also Chidiligi, Chidirigi, Chukudiligi, Chukwudiligi, Chukwudirigi.
God be with you.
Chidi, Chidili, Chidiri, Chudi. Sno

Chukudirim Ig/BG also
**Chukudilim,
Chukwudilim, Chukwudirim.**
God be with me.
*Chidi, Chidilim, Chidirim,
Chukudi,
Chukwudi. Sno*

Chukudobe Ig/BG also **Chidobe,
Chidowa, Chukudowa,
Chukwudobe, Chukwudowa.**
May God safely keep the child.
May God keep the child alife
and protect the child from all
danger.
*Chi-chi, Chii, Chido,
Dobe. Sno*

Chukudowa Ig/BG also **Chidobe,
Chidowa, Chukudobe,
Chukwudobe, Chukwudowa.**
May God safely keep the child.
May God keep the child alife
and protect the child from all
danger.
*Chi-chi, Chii, Chido,
Dobe. Sno*

Chukudozie Ig/BG also **Chidozie,
Chukwudozie.**
May God preserve.
May God protect.
*Chi-chi, Chii, Chido,
Dozie. Sno*

Chukudubeanyi Ig/B also
Chidubeanyi, Chukwudubeanyi.
May God continue to lead us.
Chi, Chidube. Sno

Chukudubegi Ig/B also
Chidubegi, Chukwudubegi.
May God continue to lead you.
Chi, Chidube, Dube. Sno

Chukudubem Ig/B also
Chidubem, Chukwudubem.
May God continue to lead me.
Chi, Chidube. Sno

Chukudumaga Ig/BG also
**Chidumaga, Chidumeje,
Chukudumeje,
Chukwudumaga,
Chukwudumeje.**
God is my Guide. God is my
leader.
*Chi-chi, Chii, Chinedu,
Nedu. Sno*

Chukudumeje Ig/BG also
**Chidumaga, Chidumeje,
Chukudumaga,
Chukwudumaga,
Chukwudumeje.**
God is my Guide. God is my
leader.
*Chi-chi, Chii, Chinedu, Nedu.
Sno*

Chukuebere Ig/BG also
**Chiebere,
Chukwuebere.**
God of mercy.
Chii, Chi-chi, Ebere. Sno

Chukuebuka Ig/BG also
Chiebuka,
Chukwuebuka.
God is great, omnipotent and
omnipresent. God is Almighty.
Chi-chi, Chii, Ebuka, Uka. Sno

Chukueche Ig/BG also **Chieche,**
Chukwueche.
God of thought.
Chi-chi, Chii, Eche. Sno

Chukuechefula Ig/B also
Chiechefula, Chukwuechefula.
God, forsake not.
Lord, forsake not.
*Chi-chi, Chii, Chieche, Eche,
Echefula.* Sno

Chukuechefulam Ig/B also
Chiechefulam,
Chukwuechefulam.
Lord, forsake me not. God,
forget me not.
*Chi-chi, Chii, Chieche, Eche,
Echefula, Echefulam.* Sno

Chukuedegonma Ig/BG also
Chiderenma, Chiedegonma,
Chiedewonma, Chukuderenma,
Chukuedewonma,
Chukwuderenma,
Chukwuedegonma,
Chukwuedewonma.
God has written perfection.
*Chi-chi, Chii, Chide, Chidere,
Edegonma, Edewonma,
Nma.* Sno

Chukuedewonma Ig/BG also
Chiderenma, Chiedegonma,
Chiedewonma, Chukuderenma,
Chukuedegonma,
Chukwuderenma,
Chukwuedegonma,
Chukwuedewonma.
God has written perfection.
*Chi-chi, Chii, Chide, Chidere,
Edegonma, Edewonma,
Nma.* Sno

Chukuedozie Ig/BG also
Chiedozie, Chukwuedozie.
God has preserved.
*Chi-chi, Chii, Chido, Chiedo,
Dozie.* Sno

Chukuekwugo Ig/BG also
Chiekwugo, Chiekwuwo,
Chukuekwuwo,
Chukwuekwugo,
Chukwuekwuwo.
God has spoken.
*Chi-chi, Chii, Chiekwu,
Ekwu.* Sno

Chukuekwuwo Ig/BG also
Chiekwugo, Chiekwuwo,
Chukuekwugo,
Chukwuekwugo,
Chukwuekwuwo.
God has spoken.
Chi-chi, Chii, Chiekwu, Ekwu.
Sno

Chukuelezie Ig/BG also **Chielezie, Chukwuelezie.** God has taken care of favorably. God has taken care of very well. God has very well looked after ...
Chi-chi, Chii, Elele, Elezie. Sno

Chukueloka Ig/B also **Chieloka, Chukwueloka.**
The in-depth of God's thought. God is philosophical. God is thoughtful.
Chi-chi, Chii, Chielo, Eloka. Sno

Chukuemeka Ig/B also **Chiemeka, Chukwuemeka.**
God has done great.
Chieme, Chii, Emeka. Sno

Chukuemela Ig/BG also **Chiemela, Chiemena, Chukuemena, Chukwuemela, Chukwuemena.**
Thanks to God. I am grateful to God.
Chii, Chi-chi, Chieme. Sno

Chukuemelam Ig/BG also **Chiemelam, Chiemenam, Chukuemenam, Chukwuemelam, Chukwuemenam.**
If my enemies despise me, may my God not despise me.
Chi-chi, Chii, Chieme, Eme, Emelam, Emenam. Sno

Chukuemena Ig/BG also **Chiemela, Chiemena, Chukuemela, Chukwuemela, Chukwuemena.**
Thanks to God. I am grateful to God.
Chii, Chi-chi, Chieme. Sno

Chukuemenam Ig/BG also **Chiemelam, Chiemenam, Chukuemelam, Chukwuemelam, Chukwuemenam.**
If my enemies despise me, may my God not despise me.
Chi-chi, Chii, Chieme, Eme, Emelam, Emenam. Sno

Chukuenye Ig/BG also **Chienye, Chinaenye, Chinenye, Chukunaenye, Chukunenye, Chukwuenye, Chukwunaenye, Chukwunenye.**
God has given. God is the giver.
Chi, Chi-chi, Chienye, Chinaenye, Chinenye. Sno

Chukuenyem Ig/BG also **Chienyem, Chinaenyem, Chinenyem, Chukunaenyem, Chukunenyem, Chukwuenyem, Chukwunaenyem, Chukwunenyem.**

God has given to me. God is my giver.
Chii, Chi-chi, Chi-chim, Chienye, Chienyem, Chinaenye, Chinaenyem, Chinenye, Chinenyem. Sno

Chukufulumunanya Ig/B also **Chifulumunanya, Chihurumunanya, Chukuhurumunanya, Chukwufulumunanya, Chukwuhurumunanya.**
God loves me.
Chi-chi, Ifu, Ifulu, Nanya. Sno

Chukugaemezu Ig/BG also **Chigaemezu, Chukwugaemezu.**
God will complete...; God will accomplish ....
Chi-chi, Chii, Chieme, Chigaeme. Sno

Chukuganu Ig/BG also **Chiganu, Chukwuganu.**
God will hear ... prayer. God will hear my ... supplication.
Anu, Chi-chi, Chii. Sno

Chukugbochie Ig/B **Chigbochie, Chukwugbochie.**
May God Intervene. May God prevent.
Chi, Chi-chi, Chigboe. Sno

Chukugbogu Ig/B also **Chigbogu, Chukwugbogu.** God intervene and stop the war/ fight/ disagreement.
Chi-chi, Chii, Chigo, Ogu. Sno

Chukugbuzo Ig/BG also **Chigbuzo, Chukwugbuzo.**
God clear the way.
Chi-chi, Chii, Chigbu, Chigbuo, Uzo. Sno

Chukugbuzom Ig/BG also **Chigbuzom, Chukwugbuzom.**
God clear my way.
Chi-chi, Chii, Chigbu, Chigbuo, Uzo, Uzom. Sno

Chukughara Ig/B also **Chighara, Chukwughara.**
May God forgive.
Chi-chi, Chii, Chigha. Sno

Chukughara Ig/BG also **Chighara, Chukwughara.**
May God forgive.
Chii, Chigha. Sno

Chukugharam Ig/B also **Chigharam, Chukwugharam.**
May God forgive me.
Chi-chi, Chii, Chigha, Chigham. Sno

Chukugolum Ig/BG also
Chigolum,
Chigorom, Chukugorom,
Chukwugolum, Chukwugorom.
God plead my case. May The Lord plead my case.
Chi-chi, Chii, Chigo. Sno

Chukugorom Ig/BG also
Chigolum,
Chigorom, Chukugolum,
Chukwugolum, Chukwugorom.
God plead my case. May The Lord plead my case.
Chi-chi, Chii, Chigo. Sno

Chukugozie Ig/BG also **Chigozie, Chukwugozie.** God bless. *Chii, Chigo, Gozie.* Sno

Chukugozieanyi Ig/BG also
Chigozieanyi,
Chukwugozieanyi.
God bless us.
Chii, Chi-chi, Chigo. Sno

Chukugoziem Ig/BG also
Chigoziem, Chukwugoziem.
God bless me.
Chii, Chigo, Goziem. Sno

Chukugoziri Ig/BG **Chigoziri, Chukwugoziri.**
God blessed. God has blessed.
Chii, Chi-chi, Chigo, Goziri. Sno

Chukugwam Ig/BG also
Chigwam, Chukwugwam.
God tell me. Tell me Lord.
Chi-chi, Chii, Gwam. Sno

Chukuhara Ig/B also **Chihara, Chukwuhara.**
May God forgive.
Chi-chi, Chii, Chiha. Sno

Chukuharam Ig/B also
Chiharam,
Chukwuharam.
May God forgive me.
Chi-chi, Chii, Chiha, Chiham. Sno

Chukuhu Ig/BG also **Chihu, Chukwuhu.**
God be my witness. Lord see what is happening.
Chi-chi, Chii. Sno

Chukuhurumunanya Ig/B also
Chifulumunanya,
Chihurumunanya,
Chukufurumunanya,
Chukwufulumunanya,
Chukwuhurumunanya.
God loves me.
Chi-chi, Ifu, Ifulu, Nanya. Sno

Chukuike Ig/B also **Chike, Chukwuike.**
God's power.
Chi-chi, Chii, Chike, Ike. Sno

Chukuikpe Ig/B also **Chi-ikpe, Chukwuikpe.**
God of judgement.
Chii, Chi-chi, Ikpe. Sno

Chukujamike Ig/B also
**Chijamike,
Chijamuike, Chukujamuike,
Chukwujamike, Chukwujamuike.**
God bestow power on me.
God give me strength.
*Chi-chi, Chii, Ike, Jamike,
Jamuike.* Sno

Chukujamuike Ig/B also
**Chijamike,
Chijamuike, Chukujamike,
Chukwujamike, Chukwujamuike.**
God bestow power on me.
God give me strength.
*Chi-chi, Chii, Ike, Jamike,
Jamuike.* Sno

Chukujiaku Ig/BG also **Chijiaku,
Chukwujiaku.**
God has wealth.
Chi-chi, Chii, Chiji. Sno

Chukujiakum Ig/BG also
**Chijiakum,
Chukwujiakum.**
God has my wealth.
Chi-chi, Chii, Chiji. Sno

Chukujike Ig/B also **Chijike,
Chinjike, Chukunjike,
Chukwujike, Chukwunjike.**
God has the power.
*Chi-chi, Chii, Chiji, Chinji,
Ike, Njike.* Sno

Chukujindu Ig/BG also
**Chijindu,
Chukwujindu.**
God has life.
God is the giver of life.
Chi-chi, Chii, Chiji, Ndu. Sno

Chukujindum Ig/BG also
Chijindum, Chukwujindum.
God has my life.
Chi-chi, Chii, Ndu, Ndum. Sno

Chukujioke Ig/B also
**Chijioke,
Chukwujioke.**
God apportions. God has the
share. God gives blessings as He
wishes.
Chii, Chijioke. Sno

Chukujiokeanyi Ig/B also
**Chijiokeanyi,
Chukwujiokeanyi.**
God has our share. God has our
Portion. God has our blessing.
Chii, Chijioke. Sno

Chukujiokegi Ig/B also
Chijiokegi, Chukwujiokegi.
God has your share. God has
you portion. God has your

blessing.
Chii, Chijioke. Sno

Chukujiokem Ig/B also
Chijiokem, Chukwujiokem.
God has my share. God has my portion. God has my blessing.
Chii, Chijioke. Sno

Chukujiokwu Ig/B also
Chijiokwu,
Chukwujiokwu.
God has the word. God is the judge. God has the decision.
Chi-chi, Chii, Okwu. Sno

Chukuka Ig/BG also **Chika,**
Chuka,
Chukwuka.
God is greater.
Chi-chi, Chii, Chuka. Sno

Chukukadibia Ig/B also
Chikadibia,
Chukwukadibia.
God is greater than a medical doctor.
Chi-chi, Chii, Chika, Chu, Chuka. Sno

Chukukadibia Ig/BG also
Chikadibia, Chukwukadibia.
God is greater than medical doctors.
Chi-chi, Chii, Chika, Dibia. Sno

Chukukaenyi Ig/BG also
Chikaenyi,
Chukwukaenyi.
God is more than a friend.
Chi-chi, Chii, Chika, Chuka. Sno

Chukukaku Ig/BG also
Chikaku,
Chukwukaku.
God is greater than wealth.
God is more than wealth.
Chi-chi, Chii, Chika, Aku. Sno

Chukukandu Ig/B also
Chikandu,
Chukwukandu.
God is greater than life.
Chi-chi, Chii, Chika, Chuka. Sno

Chukukanma Ig/BG
Chikanma,
Chukwukanma.
God is better.
Chii, Chi-chi, Chika, Chinka, Chuka, Kanma. Sno

Chukukauwa Ig/BG also
Chikauwa, Chukwukauwa.
God is bigger than the world.
Chi-chi, Chii, Chika. Sno

Chukukelu Ig/B also **Chikelu,**
Chikere, Chikeru, Chinkere,
Chukukere, Chukukeru,
Chukunkere, Chukwukelu,

Chukwukere, Chukwukeru, Chukwunkere.
God created.
Chii, Chike, Keke. Sno

Chukukelu Ig/BG also **Chikelu, Chikere, Chinkelu, Chinkere, Chukukere, Chukunkelu, Chukunkere, Chukwukelu, Chukwukere, Chukwunkelu, Chukwunkere.**
God created. Gods' creation.
Chi-chi, Chii, Chike, Nkere. Sno

Chukukere Ig/B also **Chikelu, Chikere, Chikeru, Chinkelu, Chinkere, Chukukeru, Chukunkere, Chukwukelu, Chukwukere, Chukwukeru, Chukwunkere.**
God created.
Chii, Chike, Keke. Sno

Chukukere Ig/BG also **Chikelu, Chikere, Chinkelu, Chinkere, Chukukelu, Chukunkelu, Chukunkere, Chukwukelu, Chukwukere, Chukwunkelu, Chukwunkere.**
God created. Gods' creation.
Chi-chi, Chii, Chike, Nkere. Sno

Chukukereuba Ig/BG also **Chikereuba, Chukwuereuba.**
God created wealth.
Chi-chi, Chii, Chike Chikere,
Uba. Sno

Chukukeru Ig/B also **Chikelu, Chikere, Chikeru, Chinkere, Chukukelu, Chukukere, Chukunkere, Chukwukelu, Chukwukere, Chukwukeru, Chukwunkere.**
God created.
Chii, Chike, Keke. Sno

Chukukezie Ig/B also *Chikezie, Chukwukezie.*
God perfect creation.
Chi-chi, Chii, Chike, Kezie. Sno

Chukukeziri Ig/B also **Chikeziri, Chukwukeziri.**
Properly created by God.
Chi-chi, Chii, Chike, Kezie. Sno

Chukukosi Ig/BG also **Chikaosi, Chukwukaosi.**
This is from God.
Chi-chi, Chii, Kosi, Osi. Sno

Chukukpe Ig/B also **Chikpe, Chukwukpe.**
God be the Judge.
Chii, Chi-chi, Ikpe. Sno

Chukukwam Ig/BG also

Chikwam, Chukwukwam.
Lord, here I am.
Chi-chi, Chii, Kwam. Sno

Chukukwendu Ig/BG also
Chikwendu, Chukwukwendu.
May God let it live.
Chi-chi, Chikwe, Ndu Sno

Chukulebe Ig/BG also **Chilebe, Chukwulebe.**
May God be my witness.
Chi-chi, Chii, Chile. Sno

Chukulee Ig/BG also **Chilee, Chukwulee.**
God be the wittness.
Chi-chi, Chii. Sno

Chukuma Ig/B also **Chima, Chuma, Chukwuma.**
God knows.
Chii. Sno

Chukuma Ig/B also **Chukwuma.**
God Knows. God is aware.
Chii, Chima, Chuma. Sno

Chukumaechi Ig/B also
Chimaechi, Chukwumaechi.
God knows tomorrow.
Chii, Chi-chi, Chima, Chukuma, Chukwuma, Chuma. Sno

Chukumaenyi Ig/BG **Chimaenyi, Chukwumaenyi.**
God knows a friend.
Chi-chi, Chii, Chima. Sno

Chukumaife Ig/B **Chimaife, Chimaihe, Chukumaihe, Chukwumaife, Chukwumaihe.**
God has wisdom. God is knowledgeable.
God is intelligent.
Chii, Chima, Chukuma, Chukwuma. Sno

Chukumaifedum Ig/B also
Chimaifedum, Chimaihedum, Chukumaihedum, Chukwumaifedum, Chukwumaihedum, Chimaifenile, Chimaihenile, Chukumaifenile, Chukumaihenile, Chukwumaifenile, Chukwumaihenile.
God know all things. God Know everything.
Chii, Chima, Chimaife, Chimaihe, Chinma, Chukuma, Chukwuma, Chuma. Sno

Chukumaifenile Ig/B also
Chimaifedum, Chimaihedum, Chukumaifedum, Chukumaihedum, Chukwumaifedum, Chukwumaihedum, Chimaifenile, Chimaihenile, Chukumaihenile, Chukwumaifenile,

Chukwumaihenile.
God know all things. God Know everything.
Chii, Chima, Chimaife, Chimaihe, Chinma, Chukuma, Chukwuma, Chuma. Sno

Chukumaihe Ig/B **Chimaife, Chimaihe, Chukumaife, Chukwumaife, Chukwumaihe.**
God has wisdom. God is Knowledgeable. God is intelligent.
Chii, Chima, Chukuma, Chukwuma. Sno

Chukumaihedum Ig/B also **Chimaifedum, Chimaihedum, Chukumaifedum, Chukwumaifedum, Chukwumaihedum, Chimaifenile, Chimaihenile, Chukumaifenile, Chukumaihenile, Chukwumaifenile, Chukwumaihenile.**
God know all things. God Know everything.
Chii, Chima, Chimaife, Chimaihe, Chinma, Chukuma, Chukwuma, Chuma. Sno

Chukumaihenile Ig/B also **Chimaifedum, Chimaihedum, Chukumaifedum, Chukumaihedum, Chukwumaifedum, Chukwumaihedum,** **Chimaifenile, Chimaihenile, Chukumaifenile, Chukwumaifenile, Chukwumaihenile.**
God know all things. God Know everything.
Chii, Chima, Chimaife, Chimaihe, Chinma, Chukuma, Chukwuma, Chuma. Sno

Chukumaijem Ig/BG also **Chimaijem, Chukwumaijem.**
God knows my steps, behavior, ways.
Chi-chi, Chii, Chima, Ijem. Sno

Chukumankpa Ig/BG also **Chimankpa, Chukumankpa.**
God knows the need.
Chi-chi, Chii, Chima. Sno

Chukumankpa Ig/BG also **Chimankpa, Chukwumankpa.**
God knows the need.
Chi-chi, Chii, Chima. Sno

Chukumankpam Ig/B also **Chimankpam, Chukwumankpam.**
God knows my need.
Chi-chi, Chii, Chima. Sno

Chukumankpam Ig/BG also **Chimankpam, Chukwumankpam.**
God knows my need.

Chi-chi, Chii, Chima. Sno

Chukumankpam Ig/BG also
Chimankpam, Chukumankpam.
God knows my need.
Chi-chi, Chii, Chima. Sno

Chukumaobi Ig/B also **Chimaobi, Chukwumaobi**.
God knows the heart.
Chii, Chima. Sno

Chukumaobi Ig/BG also
Chimaobi, Chukwumaobi.
God knows the heart.
Chi-chi, Chii, Chima. Sno

Chukumaobim Ig/BG also
Chimaobim, Chukwumaobim.
God knows my heart. God is aware of my intentions.
Chi-chi, Chii, Chima, Chimaobi, Chuma, Obi, Obim. Sno

Chukumaoge Ig/BG also
Chimaoge, Chukwumaoge.
God knows the right/best time.
Chi-chi, Chii, Chima, Oge. Sno

Chukumaoke Ig/B also
Chimaoke, Chukwumaoke.
God knows how to share…
Chi-chi, Chii, Chima, Okee. Sno

Chukumaokem Ig/B also
Chimaokem, Chukwumaokem.
God knows my share.
God knows what is due to me.
Chi-chi, Chii, Chima, Okee, Okem. Sno

Chukumaonye Ig/B also
Chimaonye, Chukwumaonye.
God knows each person.
Chii, Chima, Chukuma, Chuma, Chukwuma Sno

Chukumaraoke Ig/B also
Chimaraoke, Chukwumaraoke.
God knows exactly how to share…
Chi-chi, Chii, Chima, Chimara, Mara, Maraoke, Okee. Sno

Chukumaraokem Ig/B also
Chimaraokem, Chukwumaraokem.
God knows exactly my share.
Chi-chi, Chii, Chima, Mara, Maraoke, Okee, Okem. Sno

Chukumauche Ig/BG also
Chimauche, Chukwumauche.
God knows ones thought. God knows ones intension.
Chi-chi, Chima, Chii, Chuma, Uche. Sno

Chukumaucheanyi Ig/BG also
Chimaucheanyi, Chukwumaucheanyi.
God knows our thought.

Anyi, Chi-chi, Chii, Chima,
Chimauche, Chukuma,
Chuma, Chukwuma. Sno

Chukumauchegi Ig/BG also
Chimauchegi,
Chukwumauchegi.
God knows your thought. God knows what you are thinking.
Chi-chi, Chii, Chima,
Chimauche, Chukuma,
Chukwuma, Chuma,
Chimauche. Sno

Chukumaucheha Ig/BG also
Chimaucheha,
Chukwumaucheha.
God knows their thought. God knows what they are thinking.
Chi-chi, Chii, Chima,
Chimauche, Chuma. Sno

Chukumauchem Ig/BG also
Chimauchem,
Chukwumauchem.
God knows my thought. God knows my faculty.
Chi-chi, Chii, Chima,
Chukuma, Chukwuma. Sno

Chukumauzo Ig/BG also
Chimauzo,
Chukwumauzo.
God knows the way.
Chima, Chii, Chukuma,
Chukwuma, Uzo. Sno

Chukumauzoanyi Ig/BG also
Chimauzoanyi,
Chukwumauzoanyi.
God knows our way.
Chii, Chima, Chuma,
Chukuma,
Chukwuma. Sno

Chukumauzogi Ig/BG also
Chimauzogi, Chukwumauzogi.
God knows your way.
Chii, Chima, Chimauzo,
Chuma,
Chukuma, Chukwuma. Sno

Chukumauzom Ig/BG also
Chimauzom, Chukwumauzom.
God knows my way.
Chii, Chima, Chimauzo,
Uzo. Sno

Chukumdindu Ig/B also
Chimdindu, Chimudindu,
Chukumudindu,
Chukwumdindu,
Chukwumudindu.
My God is alife.
Chii, Chim, Ndu. Sno

Chukumechefulam Ig/B also
Chimechefulam,
Chimuechefulam,
Chukumuechefulam,
Chukwumechefulam,
Chukwumuechefulam.
My God, forget me not. My Lord, forsake me not.
Chi-chi, Chii, Chimeche, Eche,

Echefulam. Sno

Chukumemeka Ig/B also
**Chimuemeka, Chukumuemeka,
Chukwumemeka,
Chukwumuemeka.**
 My God has done great.
 Chieme, Emeka, Emii. Sno

Chukumenma Ig/BG also
Chimenma, Chukwumenma.
 God show me your favor.
 Chi-chi, Chii, Chime. Sno

Chukumere Ig/BG also Chimere,
**Chinmere, Chukunmere,
Chukwumere, Chukwunmere.**
 God has done it. God did it.
 *Chii, Chime, Chimere,
 Chinmere, Nmere.* Sno

Chukumeremueze Ig/B also
**Chimeremueze,
Chukwumeremueze.**
 God made me a king.
 *Chi-chi, Chii, Chim, Chime,
 Chimere, Chimerem Eze.* Sno

Chukumerenyi Ig/BG also
Chimerenyi, Chukwumerenyi.
 God made a friend.
 *Chi-chi, Chii, Chime,
 Chimere.* Sno

Chukumereucheya Ig/BG also
**Chimereucheya,
Chukwumereucheya.**
 God has done his wish.
 *Chi-chi, Chii, Chime,
 Chimere.* Sno

Chukumeucheya Ig/BG also
**Chimeucheya,
Chukwumeucheya.**
 God, may thou will be done.
 *Chi-chi, Chii, Chime,
 Meucheya, Ucheya, Uche.* Sno

Chukumeucheya Ig/BG also
**Chimeucheya,
Chukwumeucheya.**
 May Gods' wish be done.
 *Chi-chi, Chii, Chime, Uche,
 Ucheya.* Sno

Chukumezie Ig/BG also
**Chimezie,
Chukwumezie.**
 May God take control.
 God, take charge and correct.
 *Chi-chi, Chii, Chime,
 Mezie.* Sno

Chukumjike Ig/B also
**Chimjike,
Chimnjike, Chimunjike,
Chukumnjike, Chukumunjike,
Chukwumjike, Chukwumnjike,
Chukwumunjike.**
 My God has the power.
 *Chi-chi, Chii, Chimji, Chimnji,
 Ike, Njike.* Sno

Chukumnagorom Ig/BG also

Chimnagorom, Chimunagorom, Chukumunagorom, Chukwumnagorom, Chukwumunagorom.
 My God is my defence.
 Chi-chi, Chii, Chinago. Sno

Chukumnjike Ig/B also **Chimjike, Chimnjike, Chimunjike, Chukumjike, Chukumunjike, Chukwumjike, Chukwumnjike, Chukwumunjike.**
 My God has the power.
 Chi-chi, Chii, Chimji, Chimnji, Ike, Njike. Sno

Chukumnonso Ig/BG also **Chimnonso, Chimunonso, Chukumunonso, Chukwumnonso, Chukwumunonso.**
 My God is on my side. My God is near. My God is ominipresence.
 Chi-chi, Chii, Chimno, Chino, Chinoo, Nonso. Sno

Chukumnweije Ig/BG also **Chimnweije, Chimunweije, Chukumunweije, Chukwumnweije, Chukwumunweije.**
 My Gods' journey. My Gods' trip.
 Chi-chi, Chii, Chinwe, Nweije. Sno

Chukumsom Ig/BG also **Chikumsom, Chukwumsom.**
 My God is with me.
 Chi-chi, Chii, Chiso. Sno

Chukumuahula Ig/BG also **Chimuahula, Chukwumuahula.**
 My God has wittnessed.
 My God has seen it.
 Chi-chi, Chii, Chim. Sno

Chukumuamaka Ig/G also **Chimuamaka, Chukwumuamaka.**
 My God is very good.
 Amaka, Chi-chi, Chii. Sno

Chukumudindu Ig/B also **Chimdindu, Chimudindu, Chukumdindu, Chukwumdindu, Chukwumudindu.**
 My God is alife.
 Chii, Chim, Ndu. Sno

Chukumuechefulam Ig/B also **Chimechefulam, Chimuechefulam, Chukumechefulam, Chukwumechefulam, Chukwumuechefulam.**
 My God, forget me not.
 My Lord, forsake me not.
 Chi-chi, Chii, Chimeche, Eche, Echefulam. Sno

Chukumuemeka Ig/B also **Chimuemeka, Chukumemeka,**

Chukwumemeka,
Chukwumuemeka.
My God has done great.
Chieme, Emeka, Emii. Sno

Chukumumaobi Ig/BG also
Chimumaobi,
Chukwumumaobi.
My God knows the heart.
Chi-chi, Chii, chima,
Chimuma. Sno

Chukumumaobim Ig/BG also
Chimumaobim,
Chukwumumaobim.
My God knows my heart.
Chi-chi, Chii, Chima,
Chimuma. Sno

Chukumunagorom Ig/BG also
Chimnagorom, Chimunagorom,
Chukumnagorom,
Chukwumnagorom,
Chukwumunagorom.
My God is my defence.
Chi-chi, Chii, Chinago. Sno

Chukumunjike Ig/B also
Chimjike, Chimnjike,
Chimunjike, Chukumjike,
Chukumnjike, Chukwumjike,
Chukwumnjike,
Chukwumunjike.
My God has the power.
Chi-chi, Chii, Chimji, Chimnji,
Ike, Njike. Sno

Chukumunonso Ig/BG also
Chimnonso, Chimunonso,
Chukumnonso,
Chukwumnonso,
Chukwumunonso.
My God is on my side. My
God is near. My God is
ominipresence.
Chi-chi, Chii, Chimno, Chino,
Chinoo, Nonso. Sno

Chukumunweije Ig/BG also
Chimnweije, Chimunweije,
Chukumnweije,
Chukwumnweije,
Chukwumunweije.
My Gods' journey.
My Gods' trip.
Chi-chi, Chii, Chinwe,
Nweije. Sno

Chukumzuruoke Ig/BG also
Chimzuruoke,
Chukwumzuruoke.
My God is complete.
Chi-chi, Chii, Chim. Sno

Chukunaecherem Ig/BG also
Chinaecherem, Chinecherem,
Chukunecherem,
Chukwunaecherem,
Chukwunecherem.
God thinks for me.
God provides my wisdom. *Chi-chi, Chii, Chineche, Eche,*
Neche. Sno

Chukunaenye Ig/BG also

Chienye, Chinaenye, Chinenye, Chukuenye, Chukunenye, Chukwuenye, Chukwunaenye, Chukwunenye.
God has given. God is the giver.
Chi, Chi-chi, Chienye, Chinaenye, Chinenye. Sno

Chukunaenyem Ig/BG also
Chienyem, Chinaenyem, Chinenyem, Chukuenyem, Chukunenyem, Chukwuenyem, Chukwunaenyem, Chukwunenyem.
God has given to me.
God is my giver.
Chii, Chi-chi, Chi-chim, Chienye, Chienyem, Chinaenye, Chinaenyem, Chinenye, Chinenyem. Sno

Chukunagorom Ig/BG also
Chinagorom, Chukwunagorom.
God is my defence.
Chi-chi, Chii, Chigo, Chinago, Chinagoro. Sno

Chukunagozi Ig/BG Chinagozi,
Chukwunagozi. God blesses.
Chii, Chiago, Chinago. Sno

Chukunagozianyi Ig/BG also
Chinagozianyi, Chukwunagozianyi.
God is blessing us.
Chii, Chi-chi, Chinago. Sno

Chukunagozim Ig/BG also
Chinagozim, Chukwunagozim.
God is blessing me.
Chii, Chi-chi, Chinago. Sno

Chukunahu Ig/BG also
Chinahu, Chukwunahu.
God is witnessing.
Chi-chi, Chii, China. Sno

Chukunanu Ig/BG also
Chinanu, Chukwunanu.
God hears.
Anu, Chi-chi, Chii, Chinaa, Nanu. Sno

Chukunasaekpele Ig/G also
Chinasaekpele, Chinasaekpere, Chinazaekpele, Chinazaekpere, Chukunasaekpere, Chukunazaekpele, Chukunazaekpere, Chukwunasaekpele, Chukwunasaekpere, Chukwunazaekpele, Chukwunazaekpere.
God answers prayers.
Chi-chi, Chii, Chinasa, Chinaza, Nasa, Naza. Sno

Chukunasaekpere Ig/G also
Chinasaekpele, Chinasaekpere, Chinazaekpele, Chinazaekpere, Chukunasaekpele, Chukunazaekpele,

Chukunazaekpere,
Chukwunasaekpele,
Chukwunasaekpere,
Chukwunazaekpele,
Chukwunazaekpere.
 God answers prayers.
 Chi-chi, Chii, Chinasa,
 Chinaza, Nasa, Naza. Sno

Chukunatu Ig/BG also **Chinatu,**
Chukwunatu.
 God is the Judge.
 Chi-chi, Chii, Natu. Sno

Chukunaza Ig/BG also **Chinaza,**
Chukwunaza.
 God answers.
 Aza, Naza, Chi-chi, Chii. Sno

Chukunazaekpele Ig/G also
Chinasaekpele, Chinasaekpere,
Chinazaekpele, Chinazaekpere,
Chukunasaekpele,
Chukunasaekpere,
Chukunazaekpere,
Chukwunasaekpele,
Chukwunasaekpere,
Chukwunazaekpele,
Chukwunazaekpere.
 God answers prayers.
 Chi-chi, Chii, Chinasa, Chinaza,
 Nasa, Naza. Sno

Chukunazaekpere Ig/G also
Chinasaekpele, Chinasaekpere,
Chinazaekpele, Chinazaekpere,
Chukunasaekpele,
Chukunasaekpere,

Chukunazaekpele,
Chukwunasaekpele,
Chukwunasaekpere,
Chukwunazaekpele,
Chukwunazaekpere.
 God answers prayers.
 Chi-chi, Chii, Chinasa,
 Chinaza,
 Nasa, Naza. Sno

Chukunazaoku Ig/BG also
Chinazaoku, Chukwunazaoku.
 God answer calls. God answer
 prayers.
 Aza, Azaoku, Chiaza, Chi-chi,
 Chii, China, Chinaza. Sno

Chukunecherem Ig/BG also
Chinaecherem, Chinecherem,
Chukunaecherem,
Chukwunaecherem,
Chukwunecherem.
 God thinks for me.
 God provides my wisdom.
 Chi-chi, Chii, Chineche, Eche,
 Neche. Sno

Chukunedum Ig/B also
Chinedum, Chukwunedum.
 God is my leader.
 Chi, Chiedu, Chinedu, Nedu,
 Nedum. Sno

Chukunege Ig/BG also
Chinege,
Chukwunege.
 God listens.
 Chi-chi, Chii, Chinee,

Ege, Nege. Sno

Chukunele Ig/BG also **Chinele, Chukwunele.**
God is watching.
Chi-chi, Chii, Nele. Sno

Chukuneme Ig/BG also **Chineme, Chukwuneme.**
God does it. God made it. Made by God.
Chi-chi, Chii, Chieme, Eme. Sno

Chukunemerem Ig/BG also **Chinemerem, Chukwunemerem.**
God does it for me. God made it for me.
Chi-chi, Chii, Chieme, Chineme, Chine, Emerem. Sno

Chukunemeremnma Ig/G also **Chinemeremnma, Chukwunemeremnma.**
God does great and wonderful things for me.
Chi-chi, Chii, Emere, Manma, Nma. Sno

Chukunemeudo Ig/B also **Chinemeudo, Chukwunemeudo.**
God is a peacemaker. God makes peace.
Chii, Chieme, Chineme, Udo. Sno

Chukunenye Ig/BG also **Chienye, Chinaenye, Chinenye, Chukuenye, Chukunaenye, Chukwuenye, Chukwunaenye, Chukwunenye.**
God has given.
God is the giver.
Chi, Chi-chi, Chienye, Chinaenye, Chinenye. Sno

Chukunenyeanyi Ig/BG also **Chinenyeanyi, Chukwunenyeanyi.**
God is our giver.
God giveth to us.
Anyi, Chii, Chi-chi, Chienye, Chinaenye, Chinenye. Sno

Chukunenyem Ig/BG also **Chienyem, Chinaenyem, Chinenyem, Chukuenyem, Chukunaenyem, Chukwuenyem, Chukwunaenyem, Chukwunenyem.**
God has given to me.
God is my giver.
Chii, Chi-chi, Chi-chim, Chienye, Chienyem, Chinaenye, Chinaenyem, Chinenye, Chinenyem. Sno

Chukunenyeuba Ig/BG also **Chinenyeuba, Chukwunenyeuba.**
God gives wealth.
God is the giver of wealth.
Chi-chi, Chii, Chine,

Chinenye, Uba. Sno

Chukuneze Ig BG also **Chineze, Chukwuneze.**
God protects.
Chi-chi, Chii, Eze, Neze. Sno

Chukunezerem Ig/BG also **Chinezerem, Chukwunezerem.**
God is my protector.
Chi-chi, Chii, Chineze, Ezerem. Sno

Chukunjike Ig/B also **Chijike, Chinjike, Chukujike, Chukwujike, Chukwunjike.**
God has the power.
Chi-chi, Chii, Chiji, Chinji, Ike, Njike. Sno

Chukunkata Ig/BG also **Chinkata, Chukwunkata.**
God will decide…; God be the judge.
Ata, Chi-chi, Chii, Nkata. Sno

Chukunkelu Ig/BG also **Chikelu, Chikere, Chinkelu, Chinkere, Chukukelu, Chukukere, Chukunkere, Chukwukelu, Chukwukere, Chukwunkelu, Chukwunkere.**
God created. Gods' creation.
Chi-chi, Chii, Chike, Nkere. Sno

Chukunkere Ig/B also **Chikelu, Chikere, Chikeru, Chinkere, Chukukelu, Chukukere, Chukukeru, Chukwukelu, Chukwukere, Chukwukeru, Chukwunkere.**
God created.
Chii, Chike, Keke. Sno

Chukunkere Ig/BG also **Chikelu, Chikere, Chinkelu, Chinkere, Chukukelu, Chukukere, Chukunkelu, Chukwukelu, Chukwukere, Chukwunkelu, Chukwunkere.**
God created. Gods' creation.
Chi-chi, Chii, Chike, Nkere. Sno

Chukunmere Ig/BG also **Chimere, Chinmere, Chukumere, Chukwumere, Chukwunmere.**
God has done it. God did it.
Chii, Chime, Chimere, Chinmere, Nmere. Sno

Chukunonso Ig/BG also **Chinonso, Chukwunonso.**
God is near. God is on my side.
Chi-chi, Chii, Chino, Chinoo, Nonso. Sno

Chukunonyelegi Ig/BG also **Chinonyelegi, Chinonyeregi,**

Chukunonyelegi,
Chukunonyeregi,
Chukwunonyelegi,
Chukwunonyeregi.
  God be with you.
  Chi, Chino, Chukuno,
  Chukwuno, Nonye. Sno

Chukunonyelem Ig/BG also
Chinonyelem, Chinonyerem,
Chukunonyerem,
Chukwunonyelem,
Chukwunonyerem.
  May God be with me.
  Chi, Chino, Chinonye. Sno

Chukunonyereanyi Ig/BG also
Chinonyereanyi,
Chukwunonyereanyi.
  God be with us.
  Chi, Chino, Chinonye. Sno

Chukunonyeregi Ig/BG also
Chinonyelegi, Chinonyeregi,
Chukunonyelegi,
Chukwunonyelegi,
Chukwunonyeregi.
  God be with you.
  Chi, Chino,Chukuno,
  Chukwuno, Nonye. Sno

Chukunonyerem Ig/BG also
Chinonyelem, Chinonyerem,
Chukunonyelem,
Chukwunonyelem,
Chukwunonyerem.
  May God be with me.
  Chi, Chino, Chinonye. Sno

Chukunuaekpere Ig/G also
Chinuaekpere,
Chukwunuaekpere.
  May God answer prayers.
  Chi-chi, Chii, Chinua. Sno

Chukunuaekperem Ig/G also
Chinuaekperem,
Chukwunuaekperem.
  May God answer my prayers.
  Chi-chi, Chii, Chinua. Sno

Chukunweaku Ig/BG also
Chinweaku, Chukwunweaku.
  God owns riches.
  God owns wealth.
  Chi-chi, Chii, Chinwe. Sno

Chukunweanyi Ig/BG
Chinweanyi, Chukwunweanyi.
  God owns us.
  We belong to God.
  Anyi, Chi-chi, Chii,
  Chinwe. Sno

Chukunwechi Ig/BG also
Chinwechi, Chukwunwechi.
  God owns tomorrow and
  beyond. God owns the future.
  Chi-chi, Chii, Chinwe,
  Echi. Sno

Chukunweije Ig/BG also
Chinweije,
Chukwunweije.
  Gods' trip. Gods' journey.

AFRICAN BABY NAME DICTIONARY "IGBO & YORUBA NIGERIA"
Sno = Short name of or Nickname. Gender: BG = both gender; B = boy; G = girl;
ML = Married lady, Ig = Igbo, Yo = Yoruba, Ha = Hausa.

*Chi-chi, Chii, Chinwe,
Nweije.* Sno

Chukunweike Ig/B also
Chinweike, Chukwunweike.
God has the power.
Chi-chi, Chii, Chinwe, Ike. Sno

Chukunweikpe IgBG also
Chinweikpe, Chukwunweikpe.
God is the Judge. God owns the judgement.
*Chi-chi, Chii, Chinwe,
Ikpe.* Sno

Chukunwem Ig/BG also
Chinwem, Chukwunwem.
God owns me.
God is my owner.
Chi-chi, Chii, Chinwe. Sno

Chukunwemadu Ig/B also
**Chinwemadu,
Chukwunwemadu.**
God owns human.
Chi-chi, Chii, Chinwe. Sno

Chukunwemma Ig/BG also
**Chinwemma, Chinwenma,
Chukunwenma,
Chukwunwemma,
Chukwunwenma.**
Beauty belongs to God. God owns beauty.
*Chi-chi, Chii, Chinwe, Manma,
Nma.* Sno

Chukunwendu Ig/BG also
Chinwendu, Chukwunwendu.
God owns life. God is the owner of life.
Chi-chi, Chii, Chinwe. Sno

Chukunwenma Ig/BG also
**Chinwemma, Chinwenma,
Chukunwemma,
Chukwunwemma,
Chukwunwenma.**
Beauty belongs to God.
God owns beauty.
*Chi-chi, Chii, Chinwe, Manma,
Nma.* Sno

Chukunwenyi Ig/BG also
Chinwenyi, Chukwunwenyi.
God has a friend.
Chi-chi, Chii, Chinwe. Sno

Chukunweuba Ig/BG also
Chinweuba, Chukwunweuba.
God owns wealth.
*Chi-chi, Chii, Chinwe,
Uba.* Sno

Chukunweuche Ig/BG also
Chinweuche, Chukwunweuche.
God owns ones thought.
God owns ones faculty.
*Chi-chi, Chii, Chinwe,
Uche.* Sno

Chukunweuchegi Ig/BG also
**Chinweuchegi,
Chukwunweuchegi.**

God owns your thought. Your
thinking belongs to God.
Chi-chi, Chii, Chinwe,
Chinweuche, Uche,
Uchegi. Sno

Chukunweuchem Ig/BG also
Chinweuchem,
Chukwunweuchem.
God owns my thought. My
Thinking belongs to God.
Chi-chi, Chii, Chinwe,
Chinweuche, Uche,Uchem.
Sno

Chukunweudo Ig/BG also
Chinweudo, Chukwunweudo.
God owns peace.
Chi-chi, Chii, Chinwe,
Udo. Sno

Chukunweuwa Ig/B also
Chinweuwa,
Chukwunweuwa.
God owns the World.
Chi-chi, Chii, Chinwe,
Uwa. Sno

Chukunyeaka Ig/BG also
Chinyeaka,
Chukwunyeaka.
May God help.
Chi, Chienye, Chii, Chinye. Sno

Chukunyele Ig/BG also **Chinyele,**
Chinyelu, Chinyere, Chinyeru,
Chukunyelu, Chukunyere,
Chukunyeru, Chukwunyele,
Chukwunyelu, Chukwunyere,
Chukwunyeru.
God's gift. The gift of God.
Chi, Chienye, Chinyelu,
Chinyere, Chinyeru. Sno

Chukunyelem Ig/BG also
Chinyelem, Chinyelum,
Chinyerem, Chinyerum,
Chukunyelum, Chukunyerem,
Chukunyerum,
Chukwunyelem,
Chukwunyelum,
Chukwunyerem,
Chukwunyerum.
God's gift to me.
My gift from God.
Chi, Chim, Chienye, Chienyem,
Chinyelu, Chinyelum,
Chinyere,
Chinyerem, Chinyeru,
Chinyerum. Sno

Chukunyelu Ig/BG also
Chinyele,
Chinyelu, Chinyere, Chinyeru,
Chukunyele, Chukunyere,
Chukunyeru, Chukwunyele,
Chukwunyelu, Chukwunyere,
Chukwunyeru.
God's gift. The gift of God.
Chi, Chienye, Chinyelu,
Chinyere, Chinyeru. Sno

Chukunyelum Ig/BG also
Chinyelem, Chinyelum,
Chinyerem, Chinyerum,

Chukunyelem, Chukunyerem, Chukunyerum, Chukwunyelem, Chukwunyelum, Chukwunyerem, Chukwunyerum.
God's gift to me.
My gift from God.
Chi, Chim, Chienye, Chienyem, Chinyelu, Chinyelum, Chinyere, Chinyerem, Chinyeru, Chinyerum. Sno

Chukunyere Ig/BG also **Chinyele, Chinyelu, Chinyere, Chinyeru, Chukunyele, Chukunyelu, Chukunyeru, Chukwunyele, Chukwunyelu, Chukwunyere, Chukwunyeru.**
God's gift. The gift of God.
Chi, Chienye, Chinyelu, Chinyere, Chinyeru. Sno

Chukunyereanyi Ig/BG also **Chinyereanyi, Chukwunyereanyi.**
God has given to us.
Chii, Chi-chi, Chinyere. Sno

Chukunyerem Ig/BG also **Chinyelem, Chinyelum, Chinyerem, Chinyerum, Chukunyelem, Chukunyelum, Chukunyerum, Chukwunyelem, Chukwunyelum, Chukwunyerem, Chukwunyerum.**
God's gift to me.
My gift from   God.
Chi, Chim, Chienye, Chienyem, Chinyelu, Chinyelum, Chinyere, Chinyerem, Chinyeru, Chinyerum. Sno

Chukunyeremaka Ig/BG also **Chinyeremaka, Chinyeremuaka, Chukunyeremuaka, Chukwunyeremaka, Chukwunyeremuaka.**
God help me.
Chi, Chi-chi, Chinyere, Chinyerem. Sno

Chukunyeremuaka Ig/BG also **Chinyeremuaka, Chinyeremuaka, Chukunyeremaka, Chukwunyeremaka, Chukwunyeremuaka.**
God help me.
Chi, Chi-chi, Chinyere, Chinyerem. Sno

Chukunyereuba Ig/BG also **Chinyereuba, Chukwunyereuba.**
God gave wealth.
Chi-chi, Chii, Chinyere, Uba. Sno

Chukunyeru Ig/BG also **Chinyele, Chinyelu, Chinyere, Chinyeru, Chukunyele, Chukunyelu, Chukunyere, Chukwunyele, Chukwunyelu,**

Chukwunyere, Chukwunyeru.
God's gift. The gift of God.
Chi, Chienye, Chinyelu,
Chinyere, Chinyeru. Sno

Chukunyerum Ig/BG also
Chinyelem, Chinyelum,
Chinyerem, Chinyerum,
Chukunyelem, Chukunyelum,
Chukunyerem, Chukwunyelem,
Chukwunyelum,
Chukwunyerem,
Chukwunyerum.
God's gift to me.
My gift from God.
Chi, Chim, Chienye, Chienyem,
Chinyelu, Chinyelum, Chinyere,
Chinyerem, Chinyeru,
Chinyerum. Sno

Chukuoma Ig/BG also **Chioma,**
Chukwuoma.
Good God.
Chi-chi, Chii. Sno

Chukusara Ig/BG also **Chisara,**
Chukwusara. God answered.
Chii, Chi-chi, Chisa, Sara. Sno

Chukusom Ig/BG also **Chisom,**
Chukwusom.
God is with me.
Chi-chi, Chii, Chiso, Som. Sno

Chukusom Ig/BG also **Chisom,**
Chukwusom. God is with me.
Chi-chi, Chii, Chiso. Sno

Chukuwetara Ig/BG also
Chiwetara, Chiwetelu,
Chukuwetelu, Chukwuwetara,
Chukwuwetelu.
God brought this ...
(child/baby).
God sent.
Chi-chi, Chii, Chiweta,
Chiwete, Weta, Wete, Wetara,
Wetelu. Sno

Chukuwetelu Ig/BG also
Chiwetara,
Chiwetelu, Chukuwetara,
Chukwuwetara,
Chukwuwetelu.
God brought this ... (child /
baby). God sent.
Chi-chi, Chii, Chiweta,
Chiwete, Weta, Wete, Wetara,
Wetelu. Sno

Chukuzitara Ig/BG also
Chizitara, Chizitere,
Chukuzitere, Chukwuzitara,
Chukwuzitere.
God sent.
Chi-chi, Chii, Chizita, Chizite,
Tara, Zitara, Zitere. Sno

Chukuzitere Ig/BG also
Chizitara,
Chizitere, Chukuzitara,
Chukwuzitara, Chukwuzitere.
God sent.
Chi-chi, Chii, Chizita, Chizite,
Tara, Zitara, Zitere. Sno

Chukuzo Ig/BG also **Chizo, Chukwuzo.**
May God save.
Chii, Chi-chi. Sno

Chukuzoba Ig/BG also **Chizoba, Chizobe, Chukuzobe, Chukwuzoba, Chukwuzobe.**
May God continue to save.
Chi, Chi-chi, Chizo, Zoba, Zobe. Sno

Chukuzobam Ig/BG also **Chizobam, Chizobem, Chukuzobem, Chukwuzobam, Chukwuzobem.**
May God continue to save me.
Chii, Chi-chi, Chizo, Chizoba, Chizobe, Chizom. Sno

Chukuzobe Ig/BG also **Chizoba, Chizobe, Chukuzoba, Chukwuzoba, Chukwuzobe.**
May God continue to save.
Chi, Chi-chi, Chizo, Zoba, Zobe. Sno

Chukuzobem Ig/BG also **Chizobam, Chizobem, Chukuzobam, Chukwuzobam, Chukwuzobem.**
May God continue to save me.
Chii, Chi-chi, Chizo, Chizoba, Chizobe, Chizom. Sno

Chukuzom Ig/BG **Chizom, Chukwuzom.**
God save me.
Chi-chi, Chii, Chizo. Sno

Chukuzoro Ig/BG also **Chizoro, Chukwuzoro.**
God saved.
Chi, Chi-chi, Zoro. Sno

Chukuzuluoke Ig/BG also **Chizuluoke, Chizuruoke, Chukuzuruoke, Chukwuzuluoke, Chukwuzuruoke.**
God is perfect.
God is complete.
Chi-chi, Chii, Chizuru, Oke. Sno

Chukuzuru Ig/BG also **Chizuru, Chukwuzuru.**
God is complete.
Chi-chi, Chii, Chizu. Sno

Chukuzuruoke Ig/BG also **Chizuluoke, Chizuruoke, Chukuzuluoke, Chukwuzuluoke, Chukwuzuruoke.**
God is perfect. God is complete.
Chi-chi, Chii, Chizuru, Oke. Sno

Chukuzuruoke Ig/BG also **Chizuruoke, Chukwuzuruoke.**

God is complete.
*Chi-chi, Chii, Chizuo,
Chizuru.* Sno

Chukwuabuotu Ig/B Chiabuotu,
Chiawuotu, Chukuabuotu,
Chukuawuotu, Chukwuawuotu.
Gods are not the same.
Awuotu, Chi-chi, Chii. Sno

Chukwuagha Ig/B also Chiagha,
Chukuagha.
God of war.
Agha, Chi-chi, Chii. Sno

Chukwuagoziem Ig/BG also
Chiagoziem, Chiagoziemu,
Chiagozim, Chiagozimu,
Chukuagoziem,
Chukuagoziemu,
Chukuagozim, Chukuagozimu,
Chukwuagoziemu,
Chukwuagozim,
Chukwuagozimu.
God has blessed me.
*Ago, Chiago, Chi-chi, Chii,
Chigoo, Goziem.* Sno

Chukwuagoziemu Ig/BG also
Chiagoziem, Chiagoziemu,
Chiagozim, Chiagozimu,
Chukuagoziem,
Chukuagoziemu,
Chukuagozim, Chukuagozimu,
Chukwuagoziem,
Chukwuagozim,
Chukwuagozimu.
God has blessed me.
*Ago, Chiago, Chi-chi, Chii,
Chigoo, Goziem.* Sno

Chukwuagozim Ig/BG also
Chiagoziem, Chiagoziemu,
Chiagozim, Chiagozimu,
Chukuagoziem,
Chukuagoziemu,
Chukuagozim, Chukuagozimu,
Chukwuagoziem,
Chukwuagoziemu,
Chukwuagozimu.
God has blessed me.
*Ago, Chiago, Chi-chi, Chii,
Chigoo, Goziem.* Sno

Chukwuagozimu Ig/BG also
Chiagoziem, Chiagoziemu,
Chiagozim, Chiagozimu,
Chukuagoziem,
Chukuagoziemu,
Chukuagozim, Chukuagozimu,
Chukwuagoziem,
Chukwuagoziemu,
Chukwuagozim.
God has blessed me.
*Ago, Chiago, Chi-chi, Chii,
Chigoo,
Goziem.* Sno

Chukwuahalam Ig/BG also
Chiahalam, Chukuahalam.
May God forsake me not. May
God never leave me.
Ahalam, Chi-chi, Chii. Sno

Chukwuahuka Ig/BG also
Chiahuka, Chukuahuka. The

Lord has witnessed. The Lord has seen.
Ahuka, Chi-chi, Chii, Chiahu, Uka. Sno

Chukwuajulam Ig/BG also **Chiajulam, Chukuajulam.**
God, reject me not.
Ajulam, Chi-chi, Chii, Chiaju. Sno

Chukwuaku Ig/BG also **Chiaku, Chukuaku.**
God of riches. God of wealth.
Chi-chi, Chii, Aku. Sno

Chukwualuka Ig/B also **Chialuka, Chukualuka.**
God has performed wonders. God has done great.
Aluka, Chialu, Chi-chi, Chii. Sno

Chukwualuka Ig/BG also **Chialuka, Chukualuka.**
God has performed wonders. God has done wonders.
Aluka, Chi-chi, Chii. Sno

Chukwuamaka Ig/BG also **Chiamaka, Chukuamaka.**
God is really good. God is very good. God is beautiful.
Amaka, Chiama, Chiamaka. Sno

Chukwuamaka Ig/G also **Chiamaka, Chukuamaka.**
God is good.
Amaka, Chi-chi, Chii. Sno

Chukwuamakaobi Ig/BG also **Chiamakaobi, Chukuamakaobi**.
God really knows the heart.
Amaka, Amakaobi, Chi-chi, Chii, Chiama, Chiamaka, Obi. Sno

Chukwuawulamngozi Ig/B also
Chiawulamngozi, Chiawulamungozi, Chiawunamngozi, Chiawunamungozi, Chukuawulamngozi, Chukuawulamungozi, Chukuawunamngozi, Chukuawunamungozi, Chukwuawulamungozi, Chukwuawunamngozi, Chukwuawunamungozi.
God, deny not my blessing.
Chi-chi, Chii, Chiawulam, Chiawunam, Okee. Sno

Chukwuawulamoke Ig/B also
Chiawulamoke, Chiawulamuoke, Chiawunamoke, Chiawunamuoke, Chukuawulamoke, Chukuawulamuoke, Chukuawunamoke, Chukuawunamuoke,

Chukwuawulamuoke,
Chukwuawunamoke,
Chukwuawunamuoke.
God, deny not my share. Lord, deny not my portion.
Chi-chi, Chii, Chiawulam, Chiawunam, Okee. Sno

Chukwuawulamungozi Ig/B also
Chiawulamngozi,
Chiawulamungozi,
Chiawunamngozi,
Chiawunamungozi,
Chukuawulamngozi,
Chukuawulamungozi,
Chukuawunamngozi,
Chukuawunamungozi,
Chukwuawulamngozi,
Chukwuawunamngozi,
Chukwuawunamungozi.
God, deny not my blessing.
Chi-chi, Chii, Chiawulam, Chiawunam, Okee. Sno

Chukwuawulamuoke Ig/B also
Chiawulamoke,
Chiawulamuoke,
Chiawunamoke,
Chiawunamuoke,
Chukuawulamoke,
Chukuawulamuoke,
Chukuawunamoke,
Chukuawunamuoke,
Chukwuawulamoke,
Chukwuawunamoke,
Chukwuawunamuoke.
God, deny not my share. Lord, deny not my portion.
Chi-chi, Chii, Chiawulam, Chiawunam, Okee. Sno

Chukwuawunamngozi Ig/B also
Chiawulamngozi,
Chiawulamungozi,
Chiawunamngozi,
Chiawunamungozi,
Chukuawulamngozi,
Chukuawulamungozi,
Chukuawunamngozi,
Chukuawunamungozi,
Chukwuawulamngozi,
Chukwuawulamungozi,
Chukwuawunamungozi.
God, deny not my blessing.
Chi-chi, Chii, Chiawulam, Chiawunam, Okee. Sno

Chukwuawunamoke Ig/B also
Chiawulamoke,
Chiawulamuoke,
Chiawunamoke,
Chiawunamuoke,
Chukuawulamoke,
Chukuawulamuoke,
Chukuawunamoke,
Chukuawunamuoke,
Chukwuawulamoke,
Chukwuawulamuoke,
Chukwuawunamuoke.
God, deny not my share. Lord, deny not my portion.
Chi-chi, Chii, Chiawulam, Chiawunam, Okee. Sno

Chukwuawunamungozi Ig/B also
Chiawulamngozi,
Chiawulamungozi,
Chiawunamngozi,
Chiawunamungozi,
Chukuawulamngozi,
Chukuawulamungozi,
Chukuawunamngozi,
Chukuawunamungozi,
Chukwuawulamngozi,
Chukwuawulamungozi,
Chukwuawunamngozi.
 God, deny not my blessing.
 Chi-chi, Chii, Chiawulam,
 Chiawunam, Okee. Sno

Chukwuawunamuoke Ig/B also
Chiawulamoke,
Chiawulamuoke,
Chiawunamoke,
Chiawunamuoke,
Chukuawulamoke,
Chukuawulamuoke,
Chukuawunamoke,
Chukuawunamuoke,
Chukwuawulamoke,
Chukwuawulamuoke,
Chukwuawunamoke.
 God, deny not my share. Lord,
 deny not my portion.
 Chi-chi, Chii, Chiawulam,
 Chiawunam, Okee. Sno

Chukwuawuotu Ig/B Chiabuotu,
Chiawuotu, Chukuabuotu,
Chukwuabuotu, Chukuawuotu.
 Gods are not the same.
 Awuotu, Chi-chi, Chii. Sno

Chukwuazagomekpele Ig/BG
also
Chiazagomekele,
Chiazagomekpere,
Chiazalamekpere,
Chukuazagomekpele,
Chukuazagomekpere,
Chukuazalamekere,
Chukwuazagomekere,
Chukwuazalamekere.
 God has answered my prayers.
 Chi-chi, Chiaza, Chiazago,
 Chiazagom, Chii. Sno

Chukwuazagomekpere Ig/BG
also
Chiazagomekele,
Chiazagomekpere,
Chiazalamekpere,
Chukuazagomekpele,
Chukuazagomekpere,
Chukuazalamekere,
Chukwuazagomekpele,
Chukwuazalamekere.
 God has answered my prayers.
 Chi-chi, Chiaza, Chiazago,
 Chiazagom, Chii. Sno

Chukwuazalamekpele Ig/BG
also
Chiazagomekpere,
Chiazagomekpere,
Chiazalamekpere,
Chukuazagomekpele,
Chukuazagomekpere,
Chukuazalamekere,
Chukwuazagomekpele,

Chukwuazagomekere.
God has answered my prayers.
Chi-chi, Chiaza, Chiazago, Chiazagom, Chii. Sno

Chukwubia Ig/BG also **Chibia, Chukubia.**
May the Lord come.
Chi-chi, Chii. Sno

Chukwubike Ig/B also **Chibike, Chibuike, Chukubike, Chukubuike, Chukwubuike.**
God is power and strength. Godspower.
Chibu, Chibike, Chibuike, Chii, Ike. Sno

Chukwubikeanyi Ig/B also **Chibikeanyi, Chibuikeanyi, Chukubikeanyi, Chukubuikeanyi, Chukwubuikeanyi.**
God is our power.
God is our strength.
Chibike, Chibu, Chibuike, Chii, Ike. Sno

Chukwubikegi Ig/B also **Chibikegi, Chibuikegi, Chukubikegi, Chukubuikegi, Chukwubuikegi.**
God is your power.
God is your strength.
Chibike, Chibu, Chibuike, Chii, Ike. Sno

Chukwubikem Ig/B also **Chibikem, Chibuikem, Chukubikem, Chukubuikem, Chukwubuikem.**
God is my power.
God is my strength.
Chibike, Chibikem, Chibu, Chibuike, Chibuikem, Chii, Ikem. Sno

Chukwubikenna Ig/B also **Chibikenna, Chibuikenna, Chukubikenna, Chukubuikenna, Chukwubuikenna.**
God is the fathers' power. God is the fathers' strength.
Chibike, Chibu, Chibuike, Chii, Ike, Ikenna. Sno

Chukwubikennaya Ig/B also **Chibikennaya, Chibuikennaya, Chukubikennaya, Chukubuikennaya, Chukwubuikennaya.**
God is his fathers' power. God is his fathers' strength.
Chibike, Chibuike, Chibu, Chii, Chike, Chikenna, Ike, Ikenna. Sno

Chukwubuaku Ig/BG also **Chibuaku, Chukubuaku.**
God is wealth.
Chi-chi, Chii, Chibu, Aku. Sno

Chukwubuenyi IgBG also

Chibuenyi, Chukubuenyi.
God is a friend.
Chi-chi, Chii, Chibu. Sno

Chukwubuenyim Ig/BG also
Chibuenyim, Chukubuenyim.
God is my friend.
Chi-chi, Chii, Chibu. Sno

Chukwubueze Ig/B also
Chibueze, Chukubueze.
God is King. *Chii, Chibu, Chibueze.* Sno

Chukwubuezeanyi Ig/B also
Chibuezeanyi, Chukubuezeanyi.
God is our King.
Chii, Chi-chi, Chibu. Sno

Chukwubuezegi Ig/B also
Chibuezegi, Chukubuezegi.
God is your King.
Chii, Chi-chi, Chibu. Sno

Chukwubuezem Ig/B also
Chibuezem, Chukubuezem.
God is my King.
Chii, Chi-chi, Chibu. Sno

Chukwubugo Ig/BG also
Chibugo, Chukubugo.
God is beautiful, gentle, innocent and eminent.
Chibu, Chi-chi, Chii, Ugo. Sno

Chukwubuike Ig/B also **Chibike, Chibuike, Chukubike, Chukubuike, Chukwubike.**
God is power and strength. Godspower.
Chibu, Chibike, Chibuike, Chii, Ike. Sno

Chukwubuikeanyi Ig/B also
Chibikeanyi, Chibuikeanyi,
Chukubikeanyi,
Chukubuikeanyi,
Chukwubikeanyi.
God is our power.
God is our strength.
Chibike, Chibu, Chibuike, Chii, Ike. Sno

Chukwubuikegi Ig/B also
Chibikegi, Chibuikegi,
Chukubikegi, Chukubuikegi,
Chukwubikegi.
God is your power. God is your strength.
Chibike, Chibu, Chibuike, Chii, Ike. Sno

Chukwubuikem Ig/B also
**Chibikem,
Chibuikem, Chukubikem,
Chukubuikem, Chukwubikem.**
God is my power. God is my strength.
Chibike, Chibikem, Chibu, Chibuike, Chibuikem, Chii, Ikem. Sno

Chukwubuikenna Ig/B also
Chibikenna, Chibuikenna,

Chukubikenna, Chukubuikenna, Chukwubikenna.
God is the fathers' power. God is the fathers' strength.
Chibike, Chibu, Chibuike, Chii, Ike, Ikenna. Sno

Chukwubuikennaya Ig/B also **Chibikennaya, Chibuikennaya, Chukubikennaya, Chukubuikennaya, Chukwubikennaya.**
God is his fathers' power. God is his fathers' strength.
Chibike, Chibuike, Chibu, Chii, Chike, Chikenna, Ike, Ikenna. Sno

Chukwubundu Ig/B also **Chibundu, Chukubundu.**
God is life.
*Chibu, C*first.
Chibu, Chii, Chubu. Sno

Chukwubunna Ig/B also **Chibunna, Chukubunna.**
God is father.
Chi-chi, Chii, Chibu. Sno

Chukwubunnam Ig/B also **Chibunnam, Chukubunnam.**
God is my father.
Chi-chi, Chii, Chibu. Sno

Chukwubuzo Ig/BG also **Chibuzo, Chukubuzo.**
God is the way.
Chibu, Chii, Uzo. Sno

Chukwubuzo Ig/BG also **Chibuzo, Chukubuzo.**
God is the way.
Chi-chi, Chii, Chibu, Uzo. Sno

Chukwubuzo Ig/BG also **Chibuzo, Chukubuzo.**
God is
hi-chi, Chii, Uzo. Sno

Chukwubuzoanyi Ig/BG also **Chibuzoanyi, Chukubuzoanyi.**
God is our way.
Anyi, Chibu, Chibuzo, Chii, Uzo. Sno

Chukwubuzom Ig/BG **Chibuzom, Chukubuzom.**
God is the way.
Chibu, Chii, Uzo, Uzom. Sno

Chukwuchebem Ig/BG also **Chichebem, Chukuchebem.**
God, protect me.
Chebem, Chi-chi, Chii. Sno

Chukwuchetam Ig/BG also **Chichetam, Chukuchetam.**
God, remember me.
Chi-chi, Chii, Cheta, Chetam. Sno

Chukwuchetaram Ig/BG also

Chichetaram, Chukuchetaram.
God has remembered me.
Cheta, Chi-chi, Chii, Chicheta. Sno

Chukwudalu Ig/BG also **Chidalu, Chukudalu.**
Thank God. Thanks to God.
Chi-chi, Chii, Dalu. Sno

Chukwudere Ig/BG also **Chidere, Chukudere.**
God has written …
Chi-chi, Chii, Chide, Chiede. Sno

Chukwuderenma Ig/BG also **Chiderenma, Chiedegonma, Chiedewonma, Chukuderenma, Chukuedegonma, Chukuedewonma, Chukwuedegonma, Chukwuedewonma.**
God has written perfection.
Chi-chi, Chii, Chide, Chidere, Edegonma, Edewonma, Nma. Sno

Chukwudi Ig/BG also **Chidi, Chukudi.**
There is God.
Chi-chi, Chii, Chidi. Sno

Chukwudiebele Ig/BG also **Chidiebele, Chukudiebele, Chidiebere, Chukudiebere, Chukwudiebere.**
God is merciful.
Chidi, Chuhudi, Chukwudi, Ebele, Ebere. Sno

Chukwudiebere Ig/BG also **Chidiebele, Chukudiebele, Chukwudiebele, Chidiebere, Chukudiebere,**
God is merciful.
Chidi, Chukudi, Chukwudi, Ebele, Ebere. Sno

Chukwudiegwu Ig/BG also **Chidiegwu, Chukudiegwu.**
God is wonderful.
Chi-chi, Chidi, Chiegwu, Chii, Egwu. Sno

Chukwudilianyi Ig/BG also **Chidilianyi, Chidirianyi, Chukudilianyi, Chukudirianyi, Chukwudirianyi.**
God be with us.
Chii, Chidi, Chukudi, Chukwudi. Sno

Chukwudiligi Ig/BG also **Chidiligi, Chidirigi, Chukudiligi, Chukudirigi, Chukwudirigi.**
God be with you.
Chidi, Chidili, Chidiri, Chudi. Sno

Chukwudilim Ig/BG also **Chukudilim, Chukudirim, Chukwudirim.**

God be with me.
Chidi, Chidilim, Chidirim, Chukudi, Chukwudi. Sno

Chukwudinam Ig/BG also
Chidinma, Chukudinma.
God is good.
Chii, Chi-chi, Chidi. Sno

Chukwudinma Ig/BG also
Chidinma, Chukudinma.
God is good.
Chi-chi, Chii, Chidi, Chinma, Manma. Sno

Chukwudirianyi Ig/BG also
Chidilianyi, Chidirianyi, Chukudilianyi, Chukudirianyi, Chukwudilianyi.
God be with us.
Chii, Chidi, Chukudi, Chukwudi. Sno

Chukwudirigi Ig/BG also
Chidiligi, Chidirigi, Chukudiligi, Chukudirigi, Chukwudiligi.
God be with you.
Chidi, Chidili, Chidiri, Chudi. Sno

Chukwudirim Ig/BG also
Chukudilim, Chukudirim, Chukwudilim.
God be with me.
Chidi, Chidilim, Chidirim, Chukudi, Chukwudi. Sno

Chukwudobe Ig/BG also
Chidobe, Chidowa, Chukudobe, Chukudowa, Chukwudowa.
May God safely keep the child.
May God keep the child alife and protect the child from all danger.
Chi-chi, Chii, Chido, Dobe. Sno

Chukwudowa Ig/BG also
Chidobe, Chidowa, Chukudobe, Chukudowa, Chukwudobe.
May God safely keep the child.
May God keep the child alife and protect the child from all danger.
Chi-chi, Chii, Chido, Dobe. Sno

Chukwudozie Ig/BG also
Chidozie, Chukudozie.
May God preserve.
May God protect.
Chi-chi, Chii, Chido, Dozie. Sno

Chukwudubeanyi Ig/B also
Chukudubeanyi, Chukudubeanyi.
May God continue to lead us.
Chi, Chidube. Sno

Chukwudubegi Ig/B also
Chidubegi,

Chukudubegi.
 May God continue to lead you.
 Chi, Chidube, Dube. Sno

Chukwudubem Ig/B also
Chidubem, Chukudubem.
 May God continue to lead me.
 Chi, Chidube. Sno

Chukwudumaga Ig/BG also
**Chidumaga, Chidumeje,
Chukudumaga, Chukudumeje,
Chukwudumeje.**
 God is my Guide.
 God is my leader.
 Chi-chi, Chii, Chinedu, Nedu.
 Sno

Chukwudumeje Ig/BG also
**Chidumaga, Chidumeje,
Chukudumaga, Chukudumeje,
Chukwudumaga.**
 God is my Guide.
 God is my leader.
 Chi-chi, Chii, Chinedu, Nedu.
 Sno

Chukwuebere Ig/BG also
Chiebere, Chukuebere.
 God of mercy.
 Chii, Chi-chi, Ebere. Sno

Chukwuebuka Ig/BG also
Chiebuka, Chukuebuka.
 God is great, omnipotent and
 omnipresent. God is Almighty.
 Chi-chi, Chii, Ebuka, Uka. Sno

Chukwueche Ig/BG also
**Chieche,
Chukueche.**
 God of thought.
 Chi-chi, Chii, Eche. Sno

Chukwuechefula Ig/B also
Chiechefula, Chukuechefula.
 God, forsake not.
 Lord, forsake not.
 *Chi-chi, Chii, Chieche, Eche,
 Echefula.* Sno

Chukwuechefulam Ig/B also
**Chiechefulam,
Chukuechefulam.**
 Lord, forsake me not.
 God, forget me not.
 *Chi-chi, Chii, Chieche, Eche,
 Echefula, Echefulam.* Sno

Chukwuedegonma Ig/BG also
**Chiderenma, Chiedegonma,
Chiedewonma,
Chukuderenma,
Chukuedegonma,
Chukuedewonma,
Chukwuderenma,
Chukwuedewonma.**
 God has written perfection.
 *Chi-chi, Chii, Chide, Chidere,
 Edegonma, Edewonma, Nma.*
 Sno

Chukwuedewonma Ig/BG also
**Chiderenma, Chiedegonma,
Chiedewonma, Chukuderenma,**

Chukuedegonma,
Chukuedewonma,
Chukwuderenma,
Chukwuedegonma.
God has written perfection.
Chi-chi, Chii, Chide, Chidere,
Edegonma, Edewonma, Nma.
Sno

Chukwuedozie Ig/BG also
Chiedozie, Chukuedozie.
God has preserved.
Chi-chi, Chii, Chido, Chiedo,
Dozie. Sno

Chukwuekwugo Ig/BG also
Chiekwugo, Chiekwuwo,
Chukuekwugo, Chukuekwuwo,
Chukwuekwuwo.
God has spoken.
Chi-chi, Chii, Chiekwu, Ekwu.
Sno

Chukwuekwuwo Ig/BG also
Chiekwugo, Chiekwuwo,
Chukuekwugo, Chukuekwuwo,
Chukwuekwugo.
God has spoken.
Chi-chi, Chii, Chiekwu, Ekwu.
Sno

Chukwuelezie Ig/BG also
Chielezie, Chukuelezie.
God has taken care of favorably.
God has taken care of very well.
God has very well looked after ...
Chi-chi, Chii, Elele,
Elezie. Sno

Chukwueloka Ig/B also
Chieloka,
Chukueloka.
The in-depth of God's thought.
God is philosophical.
God is thoughtful.
Chi-chi, Chii, Chielo,
Eloka. Sno

Chukwuemeka Ig/B also
Chiemeka, Chukuemeka.
God has done great.
Chieme, Chii, Emeka. Sno

Chukwuemela Ig/BG also
Chiemela, Chiemena,
Chukuemela, Chukuemena,
Chukwuemena.
Thanks to God.
I am grateful to God.
Chii, Chi-chi, Chieme. Sno

Chukwuemelam Ig/BG also
Chiemelam, Chiemenam,
Chukuemelam, Chukuemenam,
Chukwuemenam.
If my enemies despise me, may
my God not despise me.
Chi-chi, Chii, Chieme, Eme,
Emelam, Emenam, Emelam.
Sno

Chukwuemenam Ig/BG also
Chiemelam, Chiemenam ,
Chukuemelam, Chukuemenam,

Chukwuemelam.
If my enemies despise me, may my God not espise me.
Chi-chi, Chii, Chieme, Eme, Emelam, Emenam, Emelam. Sno

Chukwuenye Ig/BG also
Chienye, Chinaenye, Chinenye, Chukuenye, Chukunaenye, Chukunenye, Chukwunaenye, Chukwunenye.
God has given. God is the giver.
Chi, Chi-chi, Chienye, Chinaenye, Chinenye. Sno

Chukwuenyem Ig/BG also
Chienyem, Chinaenyem, Chinenyem, Chukuenyem, Chukunaenyem, Chukunenyem, Chukwunaenyem, Chukwunenyem.
God has given to me.
God is my giver.
Chii, Chi-chi, Chi-chim, Chienye, Chienyem, Chinaenye, Chinaenyem, Chinenye, Chinenyem. Sno

Chukwufulumunanya Ig/B also
Chifulumunanya, Chihurumunanya, Chukufurumunanya, Chukuhurumunanya, Chukwuhurumunanya.
God loves me.
Chi-chi, Ifu, Ifulu, Nanya. Sno

Chukwugaemezu Ig/BG also
Chigaemezu, Chukugaemezu.
God will complete... God will accomplish ....
Chi-chi, Chii, Chieme, Chigaeme. Sno

Chukwuganu Ig/BG also
Chiganu, Chukuganu.
God will hear ... prayer. God will hear my ... supplication.
Anu, Chi-chi, Chii. Sno

Chukwugbochie Ig/B also
Chigbochie, Chukugbochie.
May God Intervene.
May God prevent.
Chi, Chi-chi, Chigboe. Sno

Chukwugbogu Ig/B also
Chigbogu, Chukugbogu.
God intervene and stop the war/ fight/ disagreement.
Chi-chi, Chii, Chigo, Ogu. Sno

Chukwugbuzo Ig/BG also
Chigbuzo, Chukwugbuzo.
God clear the way.
Chi-chi, Chii, Chigbu, Chigbuo, Uzo. Sno

Chukwugbuzom Ig/BG also
Chigbuzom, Chukugbuzom.
God clear my way.

Chi-chi, Chii, Chigbu, Chigbuo,
Uzo, Uzom. Sno

Chukwughara Ig/B also
Chighara,
Chukughara.
May God forgive.
Chi-chi, Chii, Chigha. Sno

Chukwughara Ig/BG also
Chighara,
Chukwughara.
May God forgive.
Chii, Chigha. Sno

Chukwugharam Ig/B also
Chigharam, Chukugharam.
May God forgive me.
Chi-chi, Chii, Chigha,
Chigham. Sno

Chukwugolum Ig/BG also
Chigolum, Chigorom,
Chukugolum, Chukugorom,
Chukwugorom.
God plead my case. May The
Lord plead my case.
Chi-chi, Chii, Chigo. Sno

Chukwugorom Ig/BG also
Chigolum, Chigorom,
Chukugolum, Chukugorom,
Chukwugolum.
God plead my case. May The
Lord plead my case.
Chi-chi, Chii, Chigo. Sno

Chukwugozie IgBG also
Chigozie, Chukugozie.
God bless.
Chii, Chigo, Gozie. Sno

Chukwugozieanyi Ig/BG also
Chigozieanyi, Chukugozieanyi.
God bless us.
Chii, Chi-chi, Chigo. Sno

Chukwugoziem Ig/BG also
Chigoziem, Chukugoziem.
God bless me.
Chii, Chigo, Goziem. Sno

Chukwugoziri Ig/BG
Chigoziri,
Chukugoziri.
God blessed. God has blessed.
Chii, Chi-chi, Chigo,
Goziri. Sno

Chukwugwam Ig/BG also
Chigwam, Chukugwam.
God tell me. Tell me Lord.
Chi-chi, Chii, Gwam. Sno

Chukwuhara Ig/B also
Chihara,
Chukuhara.
May God forgive.
Chi-chi, Chii, Chiha. Sno

Chukwuharam Ig/B also
Chiharam, Chukuharam.
May God forgive me.
Chi-chi, Chii, Chiha,

Chiham. Sno

Chukwuhu Ig/BG also **Chihu, Chukuhu.**
God be my witness.
Lord see what is happening.
Chi-chi, Chii. Sno

Chukwuhurumunanya Ig/B also **Chifulumunanya, Chihurumunanya, Chukufurumunanya, Chukuhurumunanya, Chukwufulumunanya.**
God loves me.
Chi-chi, Ifu, Ifulu, Nanya. Sno

Chukwuike Ig/B also **Chike, Chukuike.**
God's power.
Chi-chi, Chii, Chike, Ike. Sno

Chukwuikpe Ig/B also **Chi-ikpe, Chukuikpe.** God of judgement.
Chii, Chi-chi, Ikpe. Sno

Chukwujamike Ig/B also **Chijamike Chijamuike, Chukujamike, Chukujamuike, Chukwujamuike.**
God bestow power on me.
God give me strength.
Chi-chi, Chii, Ike, Jamike, Jamuike. Sno

Chukwujamuike Ig/B also

Chijamike, Chijamuike, Chukujamike, Chukujamuike, Chukwujamike.
God bestow power on me.
God give me strength.
Chi-chi, Chii, Ike, Jamike, Jamuike. Sno

Chukwujiaku Ig/BG also **Chijiaku, Chukujiaku.**
God has wealth.
Chi-chi, Chii, Chiji. Sno

Chukwujiakum Ig/BG also **Chijiakum, Chukujiakum.**
God has my wealth.
Chi-chi, Chii, Chiji. Sno

Chukwujike Ig/B also **Chijike, Chinjike, Chukujike, Chukunjike, Chukwunjike.**
God has the power.
Chi-chi, Chii, Chiji, Chinji, Ike, Njike. Sno

Chukwujindu Ig/BG also **Chijindu, Chukujindu.**
God has life.
God is the giver of life.
Chi-chi, Chii, Chiji, Ndu. Sno

Chukwujindum Ig/BG also **Chijindum, Chukujindum.**
God has my life.
Chi-chi, Chii, Ndu, Ndum. Sno

Chukwujioke Ig/B also **Chijioke, Chukujioke.**
God apportions. God has the share. God gives blessings as He wishes.
Chii, Chijioke. Sno

Chukwujiokeanyi Ig/B also **Chijiokeanyi, Chukujiokeanyi.**
God has our share. God has our Portion. God has our blessing.
Chii, Chijioke. Sno

Chukwujiokegi Ig/B also **Chijiokegi, Chukujiokegi.**
God has your share. God has you portion. God has your blessing.
Chii, Chijioke. Sno

Chukwujiokem Ig/B also **Chijiokem, Chukujiokem.**
God has my share. God has my portion. God has my blessing.
Chii, Chijioke. Sno

Chukwujiokwu Ig/B also **Chijiokwu, Chukujiokwu.**
God has the word. God is the judge. God has the decision.
Chi-chi, Chii, Okwu. Sno

Chukwuka Ig/BG also **Chika, Chuka, Chukuka.**
God is greater.
Chi-chi, Chii, Chuka. Sno

Chukwukadibia Ig/B also **Chikadibia, Chukukadibia.**
God is greater than a medical doctor.
Chi-chi, Chii, Chika, Chu, Chuka. Sno

Chukwukadibia Ig/BG also **Chikadibia, Chukukadibia.**
God is greater than medical doctors.
Chi-chi, Chii, Chika, Dibia. Sno

Chukwukaenyi Ig/BG also **Chikaenyi, Chukukaenyi.**
God is more than a friend.
Chi-chi, Chii, Chika, Chuka. Sno

Chukwukaku Ig/BG also **Chikaku, Chukukaku.**
God is greater than wealth. God is more than wealth.
Chi-chi, Chii, Chika, Aku. Sno

Chukwukandu Ig/B also **Chikandu, Chukukandu.**
God is greater than life.
Chi-chi, Chii, Chika, Chuka. Sno

Chukwukanma Ig/BG also **Chikanma, Chukukanma.**
God is better.

Chii, Chi-chi, Chika, Chinka, Chuka, Kanma. Sno

Chukwukauwa Ig/BG also **Chikauwa, Chukukauwa.**
God is bigger than the world.
Chi-chi, Chii, Chika. Sno

Chukwukelu Ig/B also **Chikelu, Chikere, Chikeru, Chinkere, Chukukelu, Chukukere, Chukukeru, Chukunkere, Chukwukere, Chukwukeru, Chukwunkere.**
God created.
Chii, Chike, Keke. Sno

Chukwukelu Ig/BG also **Chikelu, Chikere, Chinkelu, Chinkere, Chukukelu, Chukukere, Chukunkelu, Chukunkere, Chukwukere, Chukwunkelu, Chukwunkere.**
God created. Gods' creation.
Chi-chi, Chii, Chike, Nkere. Sno

Chukwukere Ig/B also **Chikelu, Chikeru, Chinkere, Chukukelu, Chukukere, Chukukeru, Chukunkere, Chukwukelu, Chukwukere, Chukwukeru, Chukwunkere.**
God created.
Chii, Chike, Keke. Sno

Chukwukere Ig/BG also **Chikelu, Chikere, Chinkelu, Chinkere, Chukukelu, Chukukere, Chukunkelu, Chukunkere, Chukwukelu, Chukwunkelu, Chukwunkere.**
God created. Gods' creation.
Chi-chi, Chii, Chike, Nkere. Sno

Chukwukereuba Ig/BG also **Chikereuba, Chukukereuba.**
God created wealth.
Chi-chi, Chii, Chike Chikere, Uba. Sno

Chukwukeru Ig/B also **Chikelu, Chikere, Chikeru, Chinkere, Chukukelu, Chukukere, Chukukeru, Chukunkere, Chukwukelu, Chukwukere, Chukwunkere.**
God created.
Chii, Chike, Keke. Sno

Chukwukezie Ig/B also **Chikezie, Chukukezie.**
God perfect creation.
Chi-chi, Chii, Chike, Kezie. Sno

Chukwukeziri Ig/B also **Chikeziri, Chukukeziri.**
Properly created by God.
Chi-chi, Chii, Chike, Kezie. Sno

AFRICAN BABY NAME DICTIONARY "IGBO & YORUBA NIGERIA"
Sno = Short name of or Nickname. Gender: BG = both gender; B = boy; G = girl;
ML = Married lady, Ig = Igbo, Yo = Yoruba, Ha = Hausa.

Chukwukosi Ig/BG also **Chikaosi, Chukukaosi.**
This is from God.
Chi-chi, Chii, Kosi, Osi. Sno

Chukwukpe Ig/B also **Chikpe, Chukukpe.**
God be the Judge.
Chii, Chi-chi, Ikpe. Sno

Chukwukwam IgBG also **Chikwam, Chukukwam.**
Lord, here I am.
Chi-chi, Chii, Kwam. Sno

Chukwukwendu Ig/BG also **Chikwendu, Chukukwendu.**
May God let it live.
Chi-chi, Chikwe, Ndu Sno

Chukwulebe Ig/BG also **Chilebe, Chukulebe.**
May God be my witness.
Chi-chi, Chii, Chile. Sno

Chukwulee Ig/BG also **Chilee, Chukulee.**
God be the wittness.
Chi-chi, Chii. Sno

Chukwuma Ig/B also **Chima, Chuma, Chukuma.**
God knows.
Chii. Sno

Chukwuma Ig/B **Chukuma.**
God Knows. God is aware.
Chii, Chima, Chuma. Sno

Chukwumaechi Ig/B also **Chimaechi, Chukumaechi.**
God knows tomorrow.
Chii, Chi-chi, Chima, Chukuma, Chukwuma, Chuma. Sno

Chukwumaenyi Ig/BG **Chimaenyi, Chukumaenyi.**
God knows a friend.
Chi-chi, Chii, Chima. Sno

Chukwumaife Ig/B **Chimaife, Chimaihe, Chukumaife, Chukumaihe, Chukwumaihe.**
God has wisdom.
God is Knowledgeable
God is intelligent.
Chii, Chima, Chukuma, Chukwuma. Sno

Chukwumaifedum Ig/B also **Chimaifedum, Chimaihedum, Chukumaifedum, Chukumaihedum, Chukwumaihedum, Chimaifenile, Chimaihenile, Chukumaifenile, Chukumaihenile, Chukwumaifenile, Chukwumaihenile.**
God know all things.
God Know everything.
Chii, Chima, Chimaife,

Chimaihe, Chinma, Chukuma,
Chukwuma, Chuma. Sno

Chukwumaifenile Ig/B also
**Chimaifedum, Chimaihedum,
Chukumaifedum,
Chukumaihedum,
Chukwumaifedum,
Chukwumaihedum,
Chimaifenile, Chimaihenile,
Chukumaifenile,
Chukumaihenile,
Chukwumaihenile.**
God know all things.
God Know everything.
*Chii, Chima, Chimaife,
Chimaihe,
Chinma, Chukuma,
Chukwuma,
Chuma.* Sno

Chukwumaihe Ig/B also
**Chimaife,
Chimaihe, Chukumaife,
Chukumaihe, Chukwumaife.**
God has wisdom.
God is Knowledgeable.
God is intelligent.
*Chii, Chima, Chukuma,
Chukwuma.* Sno

Chukwumaihedum Ig/B also
**Chimaifedum, Chimaihedum,
Chukumaifedum,
Chukumaihedum,
Chukwumaifedum, Chimaifenile,
Chimaihenile, Chukumaifenile,
Chukumaihenile,
Chukwumaifenile,
Chukwumaihenile.**
God know all things.
God Know everything.
*Chii, Chima, Chimaife,
Chimaihe,
Chinma, Chukuma,
Chukwuma,
Chuma.* Sno

Chukwumaihenile Ig/B also
**Chimaifedum, Chimaihedum,
Chukumaifedum,
Chukumaihedum,
Chukwumaifedum,
Chukwumaihedum,
Chimaifenile,
Chimaihenile, Chukumaifenile,
Chukumaihenile,
Chukwumaifenile.**
God know all things.
God Know everything.
*Chii, Chima, Chimaife,
Chimaihe, Chinma, Chukuma,
Chukwuma, Chuma.* Sno

Chukwumaijem Ig/BG also
Chimaijem, Chukumaijem.
God knows my steps, behavior, ways.
*Chi-chi, Chii, Chima,
Ijem.* Sno

Chukwumankpam Ig/B also
**Chimankpam,
Chukumankpam.**
God knows my need.
Chi-chi, Chii, Chima. Sno

Chukwumaobi Ig/B also
Chimaobi, Chukumaobi.
God knows the heart.
Chii, Chima. Sno

Chukwumaobi Ig/BG also
Chimaobi, Chukumaobi.
God knows the heart.
Chi-chi, Chii, Chima. Sno

Chukwumaobim Ig/BG also
Chimaobim, Chukumaobim.
God knows my heart.
God is aware of my intentions.
*Chi-chi, Chii, Chima,
Chimaobi,
Chuma, Obi, Obim.* Sno

Chukwumaoge Ig/BG also
Chimaoge, Chukumaoge.
God knows the right/best time.
Chi-chi, Chii, Chima, Oge.
Sno

Chukwumaoke Ig/B also
**Chimaoke,
Chukumaoke.**
God knows how to share…
Chi-chi, Chii, Chima, Okee.
Sno

Chukwumaokem Ig/B also
Chimaokem, Chukumaokem.
God knows my share. God knows what is due to me.
*Chi-chi, Chii, Chima, Okee,
Okem.* Sno

Chukwumaonye Ig/B also
Chimaonye, Chukumaonye.
God knows each person.
*Chii, Chima, Chukuma,
Chuma,
Chukwuma* Sno

Chukwumaraoke Ig/B also
Chimaraoke, Chukumaraoke.
God knows exactly how to share…
*Chi-chi, Chii, Chima, Chimara,
Mara, Maraoke, Okee.* Sno

Chukwumaraokem Ig/B also
**Chimaraokem,
Chukumaraokem**.
God knows exactly my share.
*Chi-chi, Chii, Chima, Mara,
Maraoke, Okee, Okem.* Sno

Chukwumauche Ig/BG also
Chimauche, Chukumauche.
God knows ones thought. God knows ones intension.
*Chi-chi, Chima, Chii, Chuma,
Uche.* Sno

Chukwumaucheanyi Ig/BG also
**Chimaucheanyi,
Chukumaucheanyi.**
God knows our thought.
Anyi, Chi-chi, Chii, Chima,

Chimauche, Chukuma, Chuma, Chukwuma. Sno

Chukwumauchegi Ig/BG also **Chimauchegi, Chukumauchegi.** God knows your thought. God knows what you are thinking. *Chi-chi, Chii, Chima, Chimauche, Chukuma, Chukwuma, Chuma, Chimauche.* Sno

Chukwumaucheha Ig/BG also **Chimaucheha, Chukumaucheha.** God knows their thought. God knows what they are thinking. *Chi-chi, Chii, Chima, Chimauche, Chuma.* Sno

Chukwumauchem Ig/BG also **Chimauchem, Chukumauchem.** God knows my thought. God knows my faculty. *Chi-chi, Chii, Chima, Chukuma, Chukwuma, Chuma.* Sno

Chukwumauzo Ig/BG also **Chimauzo, Chukumauzo.** God knows the way. *Chima, Chii, Chukuma, Chukwuma, Uzo.* Sno

Chukwumauzoanyi Ig/BG also **Chimauzoanyi, Chukumauzoanyi.** God knows our way. *Chii, Chima, Chuma, Chukuma, Chukwuma.* Sno

Chukwumauzogi Ig/BG also **Chimauzogi, Chukumauzogi.** God knows your way. *Chii, Chima, Chimauzo, Chuma, Chukuma, Chukwuma.* Sno

Chukwumauzom Ig/BG also **Chimauzom, Chukumauzom.** God knows my way. *Chii, Chima, Chimauzo, Uzo.* Sno

Chukwumdindu Ig/B also **Chimdindu, Chimudindu, Chukumdindu, Chukumudindu, Chukwumudindu.** My God is alife. *Chii, Chim, Ndu.* Sno

Chukwumechefulam Ig/B also **Chimechefulam, Chimuechefulam, Chukumechefulam, Chukumuechefulam, Chukwumuechefulam.** My God, forget me not. My Lord, forsake me not. *Chi-chi, Chii, Chimeche, Eche, Echefulam.* Sno

Chukwumemeka Ig/B also

Chimuemeka, Chukumemeka, Chukumuemeka, Chukwumuemeka.
My God has done great.
Chieme, Emeka, Emii. Sno

Chukwumenma Ig/BG also
Chimenma, Chukumenma.
God show me your favor.
Chi-chi, Chii, Chime. Sno

Chukwumere Ig/BG also
Chimere, Chinmere, Chukumere, Chukunmere, Chukwunmere.
God has done it. God did it.
Chii, Chime, Chimere, Chinmere, Nmere. Sno

Chukwumeremueze Ig/B also
Chimeremueze, Chukumeremueze.
God made me a king.
Chi-chi, Chii, Chim, Chime, Chimere, Chimerem Eze. Sno

Chukwumerenyi Ig/BG also
Chimerenyi, Chukumerenyi.
God made a friend.
Chi-chi, Chii, Chime, Chimere. Sno

Chukwumereucheya Ig/BG also
Chimereucheya, Chukumereucheya.
God has done his wish.
Chi-chi, Chii, Chime, Chimere. Sno

Chukwumeucheya Ig/BG also
Chimeucheya, Chukumeucheya.
God, may thou will be done.
Chi-chi, Chii, Chime, Meucheya, Ucheya, Uche. Sno

Chukwumeucheya Ig/BG also
Chimeucheya, Chukumeucheya.
May Gods' wish be done.
Chi-chi, Chii, Chime, Uche, Ucheya. Sno

Chukwumezie Ig/BG also
Chimezie, Chukumezie.
May God take control.
God, take charge
and correct.
Chi-chi, Chii, Chime, Mezie. Sno

Chukwumjike Ig/B also
Chimjike, Chimnjike, Chimunjike, Chukumjike, Chukumnjike, Chukumunjike, Chukwumnjike, Chukwumunjike.
My God has the power.
Chi-chi, Chii, Chimji, Chimnji, Ike, Njike. Sno

Chukwumnagorom Ig/BG also
Chimnagorom, Chimunagorom,
Chukumnagorom,
Chukumunagorom,
Chukwumunagorom.
 My God is my defence.
 Chi-chi, Chii, Chinago. Sno

Chukwumnjike Ig/B also
Chimjike, Chimnjike,
Chimunjike, Chukumjike,
Chukumnjike, Chukumunjike,
Chukwumjike,
Chukwumunjike.
 My God has the power.
 Chi-chi, Chii, Chimji, Chimnji,
 Ike, Njike. Sno

Chukwumnonso Ig/BG also
Chimnonso, Chimunonso,
Chukumnonso, Chukumunonso,
Chukwumunonso.
 My God is on my side.
 My God is near.
 My God is ominipresence.
 Chi-chi, Chii, Chimno, Chino,
 Chinoo, Nonso. Sno

Chukwumnweije Ig/BG also
Chimnweije, Chimunweije,
Chukumnweije,
Chukumunweije,
Chukwumunweije.
 My Gods' journey.
 My Gods' trip.
 Chi-chi, Chii, Chinwe,
 Nweije. Sno

Chukwumsom Ig/BG also
Chimsom, Chukumsom.
 My God is with me.
 Chi-chi, Chii, Chiso. Sno

Chukwumuahula Ig/BG also
Chimuahula, Chukumuahula.
 My God has wittnessed. My
 God has seen it.
 Chi-chi, Chii, Chim. Sno

Chukwumuamaka Ig/G also
Chimuamaka,
Chukumuamaka.
 My God is very good.
 Amaka, Chi-chi, Chii. Sno

Chukwumudindu Ig/B also
Chimudindu, Chukumdindu,
Chukumudindu,
Chukwumdindu,
Chukwumudindu.
 My God is alife.
 Chii, Chim, Ndu. Sno

Chukwumuechefulam Ig/B
also
Chimechefulam,
Chimuechefulam,
Chukumechefulam,
Chukumuechefulam,
Chukwumechefulam,
 My God, forget me not. My
 Lord, forsake me not.
 Chi-chi, Chii, Chimeche, Eche,
 Echefulam. Sno

Chukwumuemeka Ig/B also
**Chimuemeka, Chukumemeka,
Chukumuemeka,
Chukwumemeka.**
My God has done great.
Chieme, Emeka, Emii. Sno

Chukwumumaobi Ig/BG also
Chimumaobi, Chukumumaobi.
My God knows the heart.
*Chi-chi, Chii, chima,
Chimuma.* Sno

Chukwumumaobim Ig/BG also
**Chimumaobim,
Chukumumaobim.**
My God knows my heart.
*Chi-chi, Chii, Chima,
Chimuma.* Sno

Chukwumunagorom Ig/BG also
**Chimnagorom, Chimunagorom,
Chukumnagorom,
Chukumunagorom,
Chukwumnagorom.**
My God is my defence.
Chi-chi, Chii, Chinago. Sno

Chukwumunjike Ig/B also
**Chimjike, Chimnjike,
Chimunjike, Chukumjike,
Chukumnjike, Chukumunjike,
Chukwumjike, Chukwumnjike.**
My God has the power.
*Chi-chi, Chii, Chimji, Chimnji,
Ike, Njike.* Sno

Chukwumunonso Ig/BG also
**Chimnonso, Chimunonso,
Chukumnonso,
Chukumunonso,
Chukwumnonso.**
My God is on my side.
My God is near.
My God is ominipresence.
*Chi-chi, Chii, Chimno, Chino,
Chinoo, Nonso.* Sno

Chukwumunweije Ig/BG also
**Chimnweije, Chimunweije,
Chukumnweije,
Chukumunweije,
Chukwumnweije.**
My Gods' journey. My Gods'
trip. *Chi-chi, Chii, Chinwe,
Nweije.* Sno

Chukwumzuruoke Ig/BG also
**Chimzuruoke,
Chukumzuruoke.**
My God is complete.
Chi-chi, Chii, Chim. Sno

Chukwunaecherem Ig/BG also
**Chinaecherem, Chinecherem,
Chukunaecherem,
Chukunecherem,
Chukwunecherem.**
God thinks for me.
God provides my wisdom.
*Chi-chi, Chii, Chineche, Eche,
Neche.* Sno

Chukwunaenye Ig/BG also

AFRICAN BABY NAME DICTIONARY "IGBO & YORUBA NIGERIA"
Sno = Short name of or Nickname. Gender: BG = both gender; B = boy; G = girl;
ML = Married lady, Ig = Igbo, Yo = Yoruba, Ha = Hausa.

Chienye, Chinaenye, Chinenye, Chukuenye, Chukunaenye, Chukunenye, Chukwuenye, Chukwunenye.
God has given. God is the giver.
Chi, Chi-chi, Chienye, Chinaenye, Chinenye. Sno

Chukwunaenyem Ig/BG also **Chienyem, Chinaenyem, Chinenyem, Chukuenyem, Chukunaenyem, Chukunenyem, Chukwuenyem, Chukwunenyem.**
God has given to me.
God is my giver.
Chii, Chi-chi, Chi-chim, Chienye, Chienyem, Chinaenye, Chinaenyem, Chinenye, Chinenyem. Sno

Chukwunagorom Ig/BG also **Chinagorom, Chukunagorom.**
God is my defence.
Chi-chi, Chii, Chigo, Chinago, Chinagoro. Sno

Chukwunagozi Ig/BG **Chinagozi, Chukunagozi.**
God blesses.
Chii, Chiago, Chinago. Sno

Chukwunagozianyi Ig/BG also **Chinagozianyi, Chukunagozianyi.**
God is blessing us.
Chii, Chi-chi, Chinago. Sno

Chukwunagozim Ig/BG also **Chinagozim, Chukunagozim.**
God is blessing me.
Chii, Chi-chi, Chinago. Sno

Chukwunahu Ig/BG also **Chinahu, Chukunahu.**
God is witnessing.
Chi-chi, Chii, China. Sno

Chukwunanu Ig/BG also **Chinanu, Chukunanu.**
God hears.
Anu, Chi-chi, Chii, Chinaa, Nanu. Sno

Chukwunasaekpele Ig/G also **Chinasaekpele, Chinasaekpere, Chinazaekpele, Chinazaekpere, Chukunasaekpele, Chukunasaekpere, Chukunazaekpele, Chukunazaekpere, Chukwunasaekpere, Chukwunazaekpele, Chukwunazaekpere.**
God answers prayers.
Chi-chi, Chii, Chinasa, Chinaza, Nasa, Naza. Sno

Chukwunasaekpere Ig/G also **Chinasaekpele, Chinasaekpere, Chinazaekpele, Chinazaekpere, Chukunasaekpele, Chukunasaekpere, Chukunazaekpele, Chukunazaekpere,**

Chukwunasaekpele,
Chukwunazaekpele,
Chukwunazaekpere.
  God answers prayers.
  Chi-chi, Chii, Chinasa, Chinaza,
  Nasa, Naza. Sno

Chukwunatu Ig/BG also Chinatu,
Chukunatu.
  God is the Judge.
  Chi-chi, Chii, Natu. Sno

Chukwunaza Ig/BG also Chinaza,
Chukunaza.
  God answers.
  Aza, Naza, Chi-chi, Chii. Sno

Chukwunazaekpele Ig/G also
Chinasaekpele, Chinasaekpere,
Chinazaekpele, Chinazaekpere,
Chukunasaekpele,
Chukunasaekpere,
Chukunazaekpele,
Chukunazaekpere,
Chukwunasaekpele,
Chukwunasaekpere,
Chukwunazaekpere.
  God answers prayers.
  Chi-chi, Chii, Chinasa,
  Chinaza,
  Nasa, Naza. Sno

Chukwunazaekpere Ig/G also
Chinasaekpele, Chinasaekpere,
Chinazaekpele, Chinazaekpere,
Chukunasaekpele,
Chukunasaekpere,
Chukunazaekpele,

Chukunazaekpere,
Chukwunasaekpele,
Chukwunasaekpere,
Chukwunazaekpele.
  God answers prayers.
  Chi-chi, Chii, Chinasa,
  Chinaza,
  Nasa, Naza. Sno

Chukwunazaoku Ig/BG also
Chinazaoku, Chukunazaoku.
  God answer calls.
  God answer prayers.
  Aza, Azaoku, Chiaza, Chi-chi,
  Chii, China, Chinaza. Sno

Chukwunecherem Ig/BG also
Chinaecherem, Chinecherem,
Chukunaecherem,
Chukunecherem,
Chukwunaecherem.
  God thinks for me.
  God provides my wisdom
  Chi-chi, Chii,
  Chineche, Eche,
  Neche. Sno

Chukwunedum Ig/B also
Chinedum, Chukunedum,
Chukwunedum.
  God is my leader.
  Chi, Chiedu, Chinedu, Nedu,
  Nedum. Sno

Chukwunege Ig/BG also
Chinege,
Chukunege.
  God listens.

Chi-chi, Chii, Chinee, Ege,
Nege. Sno

Chukwunele Ig/BG also **Chinele, Chukunele.**
God is watching.
Chi-chi, Chii, Chine, Nele. Sno

Chukwuneme Ig/BG also **Chineme, Chukuneme.**
God does it. God made it.
Made by God.
Chi-chi, Chii, Chieme, Eme. Sno

Chukwunemerem Ig/BG also **Chinemerem, Chukunemerem.**
God does it for me.
God made it for me.
Chi-chi, Chii, Chieme, Chineme, Chine, Emerem. Sno

Chukwunemeremnma Ig/G also **Chinemeremnma, Chukunemeremnma**.
God does great and wonderful things for me.
Chi-chi, Chii, Emere, Manma, Nma. Sno

Chukwunemeudo Ig/B also **Chinemeudo, Chukunemeudo.**
God is a peacemaker.
God makes peace.
Chii, Chieme, Chineme, Udo. Sno

Chukwunenye Ig/BG also **Chienye, Chinaenye, Chinenye, Chukuenye, Chukunaenye, Chukunenye, Chukwuenye, Chukwunaenye.**
God has given. God is the giver.
Chi, Chi-chi, Chienye, Chinaenye, Chinenye. Sno

Chukwunenyeanyi Ig/BG also **Chinenyeanyi, Chukunenyeanyi.**
God is our giver.
God giveth to us.
Anyi, Chii, Chi-chi, Chienye, Chinaenye, Chinenye. Sno

Chukwunenyem Ig/BG also **Chienyem, Chinaenyem, Chinenyem, Chukuenyem, Chukunaenyem, Chukunenyem, Chukwuenyem, Chukwunaenyem**.
God has given to me.
God is my giver.
Chii, Chi-chi, Chi-chim, Chienye, Chienyem, Chinaenye, Chinaenyem, Chinenye, Chinenyem. Sno

Chukwunenyeuba Ig/BG also **Chinenyeuba, Chukunenyeuba.**
God gives wealth.
God is the giver of wealth.
Chi-chi, Chii, Chine, Chinenye, Uba. Sno

Chukwuneze Ig/BG also **Chineze, Chukuneze.**
God protects.
Chi-chi, Chii, Eze, Neze. Sno

Chukwunezerem Ig/BG also **Chinezerem, Chukunezerem.**
God is my protector.
Chi-chi, Chii, Chineze, Ezerem. Sno

Chukwunjike Ig/B also **Chijike, Chinjike, Chukujike, Ckukunjike, Chukwujike.**
God has the power.
Chi-chi, Chii, Chiji, Chinji, Ike, Njike. Sno

Chukwunkata Ig/BG also **Chinkata, Chukunkata.**
God will decide…;
God be the judge.
Ata, Chi-chi, Chii, Nkata. Sno

Chukwunkelu Ig/BG also **Chikelu, Chikere, Chinkelu, Chinkere, Chukukelu, Chukukere, Chukunkelu, Chukunkere, Chukwukelu, Chukwukere, Chukwunkere.**
God created. Gods' creation.
Chi-chi, Chii, Chike, Nkere. Sno

Chukwunkere Ig/B also **Chikelu, Chikere, Chikeru, Chinkere, Chukukelu, Chukukere, Chukukeru, Chukunkere, Chukwukelu, Chukwukere, Chukwukeru.**
God created.
Chii, Chike, Keke. Sno

Chukwunkere Ig/BG also **Chikelu, Chikere, Chinkelu, Chinkere, Chukukelu, Chukukere, Chukunkelu, Chukunkere, Chukwukelu, Chukwukere, Chukwunkelu.**
God created. Gods' creation.
Chi-chi, Chii, Chike, Nkere. Sno

Chukwunmere Ig/BG also **Chimere, Chinmere, Chukumere, Chukunmere, Chukwumere, Chukwunmere.**
God has done it. God did it.
Chii, Chime, Chimere, Chinmere, Nmere. Sno

Chukwunonso Ig/BG also **Chinonso, Chukunonso.**
God is near. God is on my side.
Chi-chi, Chii, Chino, Chinoo, Nonso. Sno

Chukwunonyelegi Ig/BG also **Chinonyelegi, Chinonyeregi, Chukunonyelegi, Chukunonyeregi,**

Chukwunonyeregi.
God be with you.
Chi, Chino, Chukuno, Chukwuno, Nonye. Sno

Chukwunonyelem Ig/BG also
Chinonyelem, Chinonyerem,
Chukunonyelem,
Chukunonyerem,
Chukwunonyerem.
May God be with me.
Chi, Chino, Chinonye. Sno

Chukwunonyereanyi Ig/BG also
Chinonyereanyi,
Chukunonyereanyi.
God be with us.
Chi, Chino, Chinonye. Sno

Chukwunonyeregi Ig/BG also
Chinonyelegi, Chinonyeregi,
Chukunonyelegi, Chukunonyeregi,
Chukwunonyelegi.
God be with you.
Chi, Chino, Chukuno, Chukwuno, Nonye. Sno

Chukwunonyerem Ig/BG also
Chinonyelem, Chinonyerem,
Chukunonyelem, Chukunonyerem,
Chukwunonyelem.
May God be with me.
Chi, Chino, Chinonye. Sno

Chukwunuaekpere Ig/G also
Chinuaekpere,
Chukunuaekpere.
May God answer prayers.
Chi-chi, Chii, Chinua. Sno

Chukwunuaekperem Ig/G also
Chinuaekperem,
Chukunuaekperem.
May God answer my prayers.
Chi-chi, Chii, Chinua. Sno

Chukwunweaku Ig/BG also
Chinweaku, Chukunweaku.
God owns riches.
God owns wealth.
Chi-chi, Chii, Chinwe. Sno

Chukwunweanyi Ig/BG
Chinweanyi, Chukunweanyi.
God owns us.
We belong to God.
Anyi, Chi-chi, Chii, Chinwe. Sno

Chukwunwechi Ig/BG also
Chinwechi, Chukunwechi.
God owns tomorrow and
beyond. God owns the future.
Chi-chi, Chii, Chinwe, Echi. Sno

Chukwunweije Ig/BG also
Chinweije, Chukunweije.
Gods' trip. Gods' journey.
Chi-chi, Chii, Chinwe, Nweije. Sno

Chukwunweike Ig/B also
Chinweike,

Chukunweike.
God has the power.
Chi-chi, Chii, Chinwe, Ike. Sno

Chukwunweikpe Ig/BG also
Chinweikpe, Chukunweikpe.
God is the Judge.
God owns the judgement.
Chi-chi, Chii, Chinwe, Ikpe. Sno

Chukwunwem Ig/BG also
Chinwem,
Chukwunwem.
God owns me. God is my owner.
Chi-chi, Chii, Chinwe. Sno

Chukwunwemadu Ig/B also
Chinwemadu, Chukunwemadu.
God owns human.
Chi-chi, Chii, Chinwe. Sno

Chukwunwemma Ig/BG also
Chinwemma, Chinwenma,
Chukunwemma, Chukunwenma,
Chukwunwenma.
Beauty belongs to God.
God owns beauty.
Chi-chi, Chii, Chinwe, Manma, Nma. Sno

Chukwunwendu Ig/BG also
Chinwendu, Chukunwendu.
God owns life.
God is the owner of life.
Chi-chi, Chii, Chinwe. Sno

Chukwunwenma Ig/BG also
Chinwemma, Chinwenma,
Chukunwemma,
Chukunwenma,
Chukwunwemma.
Beauty belongs to God.
God owns beauty.
Chi-chi, Chii, Chinwe, Manma, Nma. Sno

Chukwunwenyi Ig/BG also
Chinwenyi, Chukunwenyi.
God has a friend.
Chi-chi, Chii, Chinwe. Sno

Chukwunweuba Ig/BG also
Chinweuba, Chukunweuba.
God owns wealth.
Chi-chi, Chii, Chinwe, Uba. Sno

Chukwunweuche Ig/BG also
Chinweuche, Chukunweuche.
God owns ones thought.
God owns ones faculty.
Chi-chi, Chii, Chinwe, Uche. Sno

Chukwunweuchegi Ig/BG also
Chinweuchegi,
Chukunweuchegi.
God owns your thought. Your thinking belongs to God.
Chi-chi, Chii, Chinwe, Chinweuche, Uche, Uchegi. Sno

Chukwunweuchem Ig/BG also

Chinweuchem, Chukunweuchem.
God owns my thought. My
Thinking belongs to God.
Chi-chi, Chii, Chinwe,
Chinweuche,
Uche, Uchem. Sno

Chukwunweudo Ig/BG also
Chinweudo, Chukunweudo.
God owns peace.
Chi-chi, Chii, Chinwe, Udo. Sno

Chukwunweuwa Ig/B also
Chinweuwa, Chukunweuwa.
God owns the World.
Chi-chi, Chii, Chinwe, Uwa. Sno

Chukwunyeaka Ig/BG also
Chinyeaka, Chukunyeaka.
May God help.
Chi-chi, Chienye, Chii,
Chinye. Sno

Chukwunyele Ig/BG also
Chinyele,
Chinyelu, Chinyere, Chinyeru,
Chukunyele, Chukunyelu,
Chukunyere, Chukunyeru,
Chukwunyelu, Chukwunyere,
Chukwunyeru.
God's gift. The gift of God.
Chi, Chienye, Chinyelu,
Chinyere,
Chinyeru. Sno

Chukwunyelem Ig/BG also

Chinyelem, Chinyelum,
Chinyerem,
Chinyerum, Chukunyelem,
Chukunyelum, Chukunyerem,
Chukunyerum,
Chukwunyelum,
Chukwunyerem,
Chukwunyerum.
God's gift to me.
My gift from God.
Chi, Chim, Chienye, Chienyem,
Chinyelu, Chinyelum,
Chinyere,
Chinyerem, Chinyeru,
Chinyerum. Sno

Chukwunyelu Ig/BG also
Chinyele, Chinyelu, Chinyere,
Chinyeru, Chukunyele,
Chukunyelu, Chukunyere,
Chukunyeru, Chukwunyele,
Chukwunyere, Chukwunyeru.
God's gift. The gift of God.
Chi, Chienye, Chinyelu,
Chinyere, Chinyeru. Sno

Chukwunyelum Ig/BG also
Chinyerem, Chinyelum,
Chinyerem, Chinyerum,
Chukunyelem, Chukunyelum,
Chukunyerem, Chukunyerum,
Chukwunyelem,
Chukwunyerem,
Chukwunyerum.
God's gift to me.
My gift from God.
Chi, Chim, Chienye, Chienyem,

Chinyelu, Chinyelum, Chinyere,
Chinyerem, Chinyeru,
Chinyerum. Sno

Chukwunyere Ig/BG also
Chinyele,
Chinyelu, Chinyere, Chinyeru,
Chukunyele, Chukunyelu,
Chukunyere, Chukunyeru,
Chukwunyele, Chukwunyelu,
Chukwunyeru.
God's gift. The gift of God.
Chi, Chienye, Chinyelu, Chinyere,
Chinyeru. Sno

Chukwunyereanyi Ig/BG also
Chukunyereanyi,
Chukwunyereanyi.
God has given to us.
Chii, Chi-chi, Chinyere. Sno

Chukwunyerem Ig/BG also
Chinyelem, Chinyelum,
Chinyerem, Chinyerum,
Chukunyelem, Chukunyelum,
Chukunyerem, Chukunyerum,
Chukwunyelem, Chukwunyelum,
Chukwunyerum.
God's gift to me.
My gift from God.
Chi, Chim, Chienye,
Chienyem, Chinyelu,
Chinyelum, Chinyere,
Chinyerem, Chinyeru,
Chinyerum. Sno

Chukwunyeremaka Ig/BG also
Chinyeremaka, Chinyeremuaka,

Chukunyeremaka,
Chukunyeremuaka,
Chukwunyeremuaka.
God help me.
Chi, Chi-chi, Chinyere,
Chinyerem. Sno

Chukwunyeremuaka Ig/BG
also
Chinyeremaka,
Chinyeremuaka,
Chukunyeremaka,
Chukunyeremuaka,
Chukwunyeremaka.
God help me.
Chi, Chi-chi, Chinyere,
Chinyerem. Sno

Chukwunyereuba Ig/BG also
Chinyereuba, Chukunyereuba.
God gave wealth.
Chi-chi, Chii, Chinyere,
Uba. Sno

Chukwunyeru Ig/BG also
Chinyele, Chinyelu, Chinyere,
Chinyeru, Chukunyele,
Chukunyelu, Chukunyere,
Chukunyeru, Chukwunyele,
Chukwunyelu, Chukwunyere.
God's gift. The gift of God.
Chi, Chienye, Chinyelu,
Chinyere, Chinyeru. Sno

Chukwunyerum Ig/BG also
Chinyelem, Chinyelum,
Chinyerem, Chinyerum,
Chukunyelem, Chukunyelum,

Chukunyerem, Chukunyerum, Chukwunyelem, Chukwunyelum, Chukwunyerem.
God's gift to me.
My gift from God.
Chi, Chim, Chienye, Chienyem, Chinyelu, Chinyelum, Chinyere, Chinyerem, Chinyeru, Chinyerum. Sno

Chukwuoma Ig/BG also **Chioma, Chukuoma.**
Good God.
Chi-chi, Chii. Sno

Chukwusara Ig/BG also **Chisara, Chukusara.**
God answered.
Chii, Chi-chi, Chisa, Sara. Sno

Chukwusom Ig/BG also **Chisom, Chukusom.**
God is with me.
Chi-chi, Chii, Chiso, Som. Sno

Chukwusom Ig/BG also **Chisom, Chukusom.**
God is with me.
Chi-chi, Chii, Chiso. Sno

Chukwuwetara Ig/BG also **Chiwetara, Chiwetelu, Chukuwetara, Chukuwetelu, Chukwuwetelu.**
God brought this ... (child / baby). God sent.
Chi-chi, Chii, Chiweta, Chiwete, Weta, Wete, Wetara, Wetelu. Sno

Chukwuwetelu Ig/BG also **Chiwetara, Chiwetelu, Chukuwetara, Chukuwetelu, Chukwuwetara.**
God brought this... (child/baby).
God sent.
Chi-chi, Chii, Chiweta, Chiwete, Weta, Wete, Wetara, Wetelu. Sno

Chukwuzitara Ig/BG also **Chizitara, Chizitere, Chukuzitara, Chukuzitere, Chukwuzitere.**
God sent.
Chi-chi, Chii, Chizita, Chizite, Tara, Zitara, Zitere. Sno

Chukwuzitere Ig/BG also **Chizitara, Chizitere, Chukuzitara, Chukuzitere, Chukwuzitara.**
God sent.
Chi-chi, Chii, Chizita, Chizite, Tara, Zitara, Zitere. Sno

Chukwuzo Ig/BG also **Chizo, Chukuzo.**
May God save.
Chii, Chi-chi. Sno

Chukwuzoba Ig/BG also **Chizoba, Chizobe, Chukuzoba,**

Chukuzobe, Chukwuzobe.
May God continue to save.
Chi, Chi-chi, Chizo,
Zoba, Zobe. Sno

Chukwuzobam Ig/BG also
Chizobam, Chizobem,
Chukuzobam, Chukuzobem,
Chukwuzobem.
May God continue to save me.
Chii, Chi-chi, Chizo, Chizoba,
Chizobe, Chizom. Sno

Chukwuzobe IgBG also **Chizoba,**
Chizobe, Chukuzoba, Chukuzobe,
Chukwuzoba.
May God continue to save.
Chi, Chi-chi, Chizo,
Zoba, Zobe. Sno

Chukwuzobem Ig/BG also
Chizobam, Chizobem,
Chukuzobam, Chukuzobem,
Chukwuzobam.
May God continue to save me.
Chii, Chi-chi, Chizo, Chizoba,
Chizobe, Chizom. Sno

Chukwuzom Ig/BG **Chizom,**
Chukuzom.
God save me.
Chi-chi, Chii, Chizo. Sno

Chukwuzoro Ig/BG also **Chizoro,**
Chukuzoro.
God saved.
Chi, Chi-chi, Zoro. Sno

Chukwuzuluoke Ig/BG also
Chizuluoke, Chizuruoke,
Chukuzuluoke, Chukuzuruoke,
Chukwuzuruoke.
God is perfect.
God is complete.
Chi-chi, Chii, Chizuru, Oke.
Sno

Chukwuzuru Ig/BG also
Chizuru, Chukuzuru.
God is complete.
Chi-chi, Chii, Chizu. Sno

Chukwuzuruoke Ig/BG also
Chizuluoke, Chizuruoke,
Chukuzuluoke, Chukuzuruoke,
Chukwuzuluoke.
God is perfect. God is
complete. *Chi-chi, Chii,*
Chizuru, Oke. Sno

Chukwuzuruoke Ig/BG also
Chizuruoke, Chukuzuruoke.
God is complete.
Chi-chi, Chii, Chizuo,
Chizuru. Sno

Chuma Ig/B also **Chima,**
Chukuma, Chukwuma.
God knows. *Chii.* Sno

D

Daa Ig/G Is an honor name that is used in acknowledging seniority of a female member of a family by the younger members of that family, including the extended family members.

Daberechi Ig/BG also **Daberechuku, Daberechukwu.**
  Depend on God. Trust in God. Rely on God. Have faith in God.
  Dabe. Sno

Daberechuku Ig/BG also **Daberechi, Daberechukwu.**
  Depend on God. Trust in God. Rely on God. Have faith in God.
  Dabe. Sno

Daberechukwu Ig/BG also **Daberechi, Daberechuku.**
  Depend on God. Trust in God. Rely on God. Have faith in God.
  Dabe. Sno

DaDa Ig/B Curly hair child.

Daluchi Ig/BG also **Daluchuku, Daluchukwu.**
  Thanks to God.
  Dalu. Sno

Daluchuku Ig/BG also **Daluchi, Daluchukwu.**
  Thanks to God.
  Dalu. Sno

Daluchukwu Ig/BG also **Daluchi, Daluchuku.**
  Thanks to God.
  Dalu. Sno

Dayo Yo/BG Joy arrives. A child of happiness.

Debare Ig/B One born during Good time. *Debi* Sno

Debechi Ig/BG also **Debechuku, Debechukwu.**
  Write to God.
  Communicate to God.
  Dee, Debe. Sno

Debechuku Ig/BG also **Debechi, Debechukwu.**
  Write to God.
  Communicate to God.

Dee, Debe. [Sno]

Debechukwu [Ig/BG] also **Debechi, Debechuku.**
Write to God.
Communicate to God.
Dee, Debe. [Sno]

Diarachukwundu [Ig/BG] also **Dirichukwundu, Dirichindu.**
Stay alife for God. Live for God.
Diara, Diri, Diarachi, Dirichi, Dirichukwu, Dirichuku. [Sno]

Dibia [Ig/B] Medical Doctor (Herbal / Traditional doctor.)

Digiola [Yo] Reflection of Abundant wealth.

Diji [Yo/BG] A Farmer.

Dike [Ig/B] A brave / powerful man.

Dilibe [Ig/B] also Diribe.
Man of the people, must be available, reachable, approachable and accessible to his peers.
Dii, Dili, Diri, Ibe. [Sno]

Dinkpa [Ig/B] A person (male) who can always take care himself physically under any circumstance.
Dii [Sno]

Dinnaya [Ig/B] A young man whose destiny is to be successful and care for his father at old age (Financial and otherwise). He is responsible to make his fathers' old age a happy one.
Dii, Dinna, Nnaa, Nnaya. [Sno]

Dinneya [Ig/B] A young man whose destiny is to be successful and care for his mother at old age (Financial and otherwise). He is responsible to make his mothers' old age a happy one.
Dii, Dinne. [Sno]

Dobechi [Ig/BG] also **Dobechuku, Dobechukwu, Dotachi, Dotachuku, Dotachukwu, Dotechi, Dotechuku, Dotechukwu.**
Keep God. Have God in you.
Never depart from God.
Dobe, Doo, Dota, Dote. [Sno]

Dobechuku [Ig/BG] also **Dobechi, Dobechukwu, Dotachi, Dotachuku, Dotachukwu, Dotechi, Dotechuku, Dotechukwu.**
Keep God. Have God in you.
Never depart from God.
Dobe, Doo, Dota, Dote. [Sno]

Dobechukwu Ig/BG also **Dobechi, Dobechuku, Dotachi, Dotachuku, Dotachukwu, Dotechi, Dotechuku, Dotechukwu.**
Keep God. Have God in you. Never depart from God.
Dobe, Doo, Dota, Dote. Sno

Dola Yo/BG means a crown of wealth.

Dotachi Ig/BG also **Dobechi, Dobechuku, Dobechukwu, Dotachuku, Dotachukwu, Dotechi, Dotechuku, Dotechukwu.**
Keep God. Have God in you. Never depart from God.
Dobe, Doo, Dota, Dote. Sno

Dotachuku Ig/BG also **Dobechi, Dobechuku, Dobechukwu, Dotachi, Dotachukwu, Dotechi, Dotechuku, Dotechukwu.**
Keep God. Have God in you. Never depart from God.
Dobe, Doo, Dota, Dote. Sno

Dotachukwu Ig/BG also **Dobechi, Dobechuku, Dobechukwu, Dotachi, Dotachuku, Dotechi, Dotechuku, Dotechukwu.**
Keep God. Have God in you. Never depart from God.
Dobe, Doo, Dota, Dote. Sno

Dotechi Ig/BG also **Dobechi, Dobechuku, Dobechukwu, Dotachi, Dotachuku, Dotachukwu, Dotechi, Dotechuku, Dotechukwu.**
Keep God. Have God in you. Never depart from God.
Dobe, Doo, Dota, Dote. Sno

Dotechuku Ig/BG also **Dobechi, Dobechuku, Dobechukwu, Dotachi, Dotachuku, Dotachukwu, Dotechi, Dotechukwu.**
Keep God. Have God in you. Never depart from God.
Dobe, Doo, Dota, Dote. Sno

Dotechukwu Ig/BG also **Dobechi, Dobechuku, Dobechukwu, Dotachi, Dotachuku, Dotachukwu, Dotechi, Dotechuku.**
Keep God. Have God in you. Never depart from God.
Dobe, Doo, Dota, Dote. Sno

Dumtochi Ig/BG also **Dumtochuku, Dumtochukwu, Dumtolisa, Durumtochi, Durumtochuku, Dobechukwu** Ig/BG

Follow me to praise God. Join with me to praise God. *Dum, Dumto, Durum, Durumto.* Sno

Dumtochuku Ig/BG also **Dumtochi, Dumtochukwu, Dumtolisa, Durumtochi, Durumtochuku, Durumtochukwu.**
Follow me to praise God. Join with me to praise God. *Dum, Dumto, Durum, Durumto.* Sno

Dumtochukwu Ig/BG also **Dumtochi, Dumtochuku, Dumtolisa, Durumtochi, Durumtochuku, Durumtochukwu.**
Follow me to praise God. Join with me to praise God. *Dum, Dumto, Durum, Durumto.* Sno

Dumtolisa Ig/BG also **Dumtochi, Dumtochuku, Dumtochukwu, Durumtochi, Durumtochuku, Durumtochukwu.**
Follow me to praise God. Join with me to praise God. *Dum, Dumto, Durum, Durumto.* Sno

Duruibe Ig/IB Lead your peers. Be the leader among your peers. *Duru, Ibe.* Sno

Durumtochi Ig/BG also **Dumtochi, Dumtoch uku, Dumtochukwu, Dumtolisa, Durumtochuku, Durumtochukwu.**
Follow me to praise God. Join with me to praise God. *Dum, Dumto, Durum, Durumto.* Sno

Durumtochuku Ig/BG also **Dumtochi, Dumtochuku, Dumtochukwu, Dumtolisa, Durumtochi, Durumtochukwu.**
Follow me to praise God. Join with me to praise God. *Dum, Dumto, Durum, Durumto.* Sno

Durumtochukwu Ig/BG also **Dumtochi, Dumtochuku, Dumtochukwu, Dumtolisa, Durumtochi, Durumtochuku.**
Follow me to praise God. Join with me to praise God. *Dum, Dumto, Durum, Durumto.* Sno

Durojaiye Yo/B One who wants for the joy of life. *Duro, Jaiye.* Sno

E

Ebele Ig/BG also **Ebere**.
Mercy, meaning Kindness.
Ebi (Ebi in Igbo is pronounced Ab) Sno

Ebelechi Ig/BG also **Ebelechuku, Ebelechukwu, Eberechi Eberechuku, Eberechukwu.**
Mercy of God.
The Kindness of God.
Ebi (Ebi in Igbo is pronounced Ab), Ebele, Ebere. Sno

Ebelechuku Ig/BG also **Ebelechi, Ebelechukwu, Eberechi, Eberechuku, Eberechukwu.**
Mercy of God.
The Kindness of God.
Ebi (Ebi in Igbo is pronounced Ab), Ebele, Ebere. Sno

Ebelechukwu Ig/BG also **Ebelechi, Ebelechuku, Eberechi, Eberechuku.**
Mercy of God.
The Kindness of God.
Ebi (Ebi in Igbo is pronounced Ab), Ebele, Ebere. Sno

Ebelegbulam IgBG also **Eberegbulam.**
May I not be killed by kindness.
Ebele, Ebere, Egbulam. Sno

Ebelemegbulam Ig/BG also **Eberemegbulam.**
May I not be killed by my kindness.
Ebele, Ebelem, Ebere, Eberem, Egbulam. Sno

Ebere Ig/BG also **Ebele.**
Mercy, meaning Kindness.
Ebi (Ebi in Igbo is pronounced Ab) Sno

Eberechi Ig/BG also **Ebelechi, Ebelechuku, Ebelechukwu, Eberechuku, Eberechukwu.**
Mercy of God.
The Kindness of God.
Ebi (Ebi in Igbo is pronounced Ab), Ebele, Ebere. Sno

Eberechuku Ig/BG also **Ebelechi, Ebelechuku, Ebelechukwu, Eberechi, Eberechukwu.**
Mercy of God.
The Kindness of God.
Ebi (Ebi in Igbo is pronounced Ab), Ebele, Ebere. Sno

Eberechukwu Ig/BG also **Ebelechi, Ebelechuku, Ebelechukwu, Eberechi,**

AFRICAN BABY NAME DICTIONARY "IGBO & YORUBA NIGERIA"
Sno = Short name of or Nickname. Gender: BG = both gender; B = boy; G = girl;
ML = Married lady, Ig = Igbo, Yo = Yoruba, Ha = Hausa.

Eberechuku, Eberechukwu.
Mercy of God.
The Kindness of God.
Ebi (Ebi in Igbo is pronounced Ab),
Ebele, Ebere. Sno

Eberegbulam Ig/BG also
Ebelegbulam.
May I not be killed by kindness.
Ebele, Ebere, Egbulam. Sno

Eberemegbulam Ig/BG also
Ebelemegbulam.
May I not be killed by my kindness.
Ebele, Ebelem, Ebere, Eberem,
Egbulam. Sno

Eberenne Ig/BG By the mercy of
the mother.
Ebi, Ebere. Sno

(*The two differs by pronunciation.)

Eberenne Ig/BG Person that cry
often for the mothers' care.
Abi, Ebere. Sno

Ebhalelem Yo/B You will not
follow my lead. You will not follow
my ways.
Ebhale, Ebha, Alelem. Sno

Ebubechi Ig/BG also
Ebubechuku,
Ebubechukwu.
Fear of God / god.
Chi-chi, Chii, Ebube. Sno

Ebubechi Ig/BG also
Ebubechuku,
Ebubechukwu.
Fear of God.
Chi-chi, Chii, Ebu, Ebube. Sno

Ebubechuku Ig/BG also
Ebubechi,
Ebubechukwu.
Fear of God / god.
Chi-chi, Chii, Ebube. Sno

Ebubechuku Ig/BG also
Ebubechi, Ebubechukwu.
Fear of God.
Chi-chi, Chii, Ebu, Ebube. Sno

Ebubechukwu Ig/BG also
Ebubechi, Ebubechuku.
Fear of God /god.
Chi-chi, Chii, Ebube. Sno

Ebubechukwu Ig/BG
Ebubechi,
Ebubechuku.
Fear of God.
Chi-chi, Chii, Ebu, Ebube. Sno

Ebunoluwa Yo/G God's gift.
Ebunolu, Ebuno, Ebu. Sno

Echebeozo Ig/B also
Echewaodo,

Echewaozo, Erowaodo.
Thinking indifferent and unfocused.
Eche, Echebe, Echewa, Ozo. Sno

Echefulachi Ig/BG also
Echefulachuku, Echefulachukwu, Echefunachi, Echefunachuku, Echefunachukwu, Echezolachi, Echezolachuku, Echezolachukwu, Echezonachi, Echezonachuku, Echezonachukwu.
Never forget God/god.
Chi-chi, Chii, Eche, Echefu, Echefula, Echezo, Echezola. Sno

Echefulachuku Ig/BG also
Echefulachi, Echefulachukwu, Echefunachi, Echefunachuku, Echefunachukwu, Echezolachi, Echezolachuku, Echezolachukwu, Echezonachi, Echezonachuku, Echezonachukwu.
Never forget God/god.
Chi-chi, Chii, Eche, Echefu, Echefula, Echezo, Echezola. Sno

Echefulachukwu Ig/BG also
Echefulachi, Echefulachukwu, Echefunachi, Echefunachuku, Echefunachukwu, Echezolachi, Echezolachuku, Echezolachukwu, Echezonachi, Echezonachuku, Echezonachukwu.
Never forget God/god.
Chi-chi, Chii, Eche Echefu, Echefula, Echezo, Echezola. Sno

Echefunachi Ig/BG also
Echefulachi, Echefulachuku, Echefulachukwu, Echefunachuku, Echefunachukwu, Echezolachi, Echezolachuku, Echezolachukwu, Echezonachi, Echezonachuku, Echezonachukwu.
Never forget God/god.
Chi-chi, Chii, Eche, Echefu, Echefula, Echezo, Echezola. Sno

Echefunachuku Ig/BG also
Echefulachi, Echefulachuku, Echefulachukwu, Echefunachi, Echefunachukwu, Echezolachi, Echezolachuku, Echezolachukwu, Echezonachi, Echezonachuku, Echezonachukwu.
Never forget God/god.
Chi-chi, Chii, Eche, Echefu, Echefula, Echezo, Echezola. Sno

Echefunachukwu Ig/BG also
Echefulachi, Echefulachuku, Echefulachukwu, Echefunachi, Echefunachuku, Echezolachi, Echezolachuku, Echezolachukwu,

Echezonachi, Echezonachuku, Echezonachuk wu.
Never forget God/god.
Chi-chi, Chii, Eche, Echefu, Echefula, Echezo, Echezola. Sno

Echelaozo Ig/B also **Echenaozo.**
Don't think again.
Think on more.
Eche, Echela, Ozo. Sno

Echenaozo Ig/B also **Echelaozo.**
Don't think again.
Think on more.
Eche, Echela, Ozo. Sno

Echendu Ig/B Thinking of life as it should be.
Echee, Ndu. Sno

Echenna Ig/BG One that has his father at heart. One that care so much about his father.
Eche, Nana, Nna. Sno

Echenne Ig/G One that has her mother at heart. One that care so much about her mother.
Eche, Nene, Nne. Sno

Echewaodo Ig/B also **Echebeozo, Echewaozo, Erowaodo.**
Thinking indifferent and unfocused.
Eche, Echebe, Echewa, Ozo. Sno

Echewaozo Ig/B also **Echebeozo,**

Echewaodo, Erowaodo.
Thinking indifferent and unfocused.
Eche, Echebe, Echewa, Ozo. Sno

Echezolachi Ig/BG also
**Echefulachi,
Echefulachuku,
Echefulachukwu,
Echefunachi, Echefunachuku,
Echefunachukwu,
Echezolachuku,
Echezolachukwu, Echezonachi,
Echezonachuku,
Echezonachukwu.**
Never forget God/god.
Chi-chi, Chii, Eche, Echefu, Echefula, Echezo, Echezola. Sno

Echezolachuku Ig/BG also
**Echefulachi, Echefulachuku,
Echefulachukwu, Echefunachi,
Echefunachuku,
Echefunachukwu,
Echezolachi, Echezolachukwu,
Echezonachi, Echezonachuku,
Echezonachukwu.**
Never forget God/god.
Chi-chi, Chii, Eche, Echefu, Echefula, Echezo, Echezola. Sno

Echezolachukwu Ig/BG also
**Echefulachi, Echefulachuku,
Echefulachukwu, Echefunachi,
Echefunachuku,**

Echefunachukwu, Echezolachi, Echezolachuku, Echezonachi, Echezonachuku, Echezonachukwu.
 Never forget God/god.
 Chi-chi, Chii, Eche, Echefu, Echefula, Echezo, Echezola. Sno

Echezonachi Ig/BG also
Echefulachi, Echefulachuku, Echefulachukwu, Echefunachi, Echefunachuku, Echefunachukwu, Echezolachi, Echezolachuku, Echezolachukwu, Echezonachuku, Echezonachukwu.
 Never forget God/god.
 Chi-chi, Chii, Eche, Echefu, Echefula, Echezo, Echezola. Sno

Echezonachuku Ig/BG also
Echefulachi, Echefulachuku, Echefulachukwu, Echefunachi, Echefunachuku, Echefunachukwu, Echezolachi, Echezolachuku, Echezolachukwu, Echezonachi, Echezonachukwu.
 Never forget God/god.
 Chi-chi, Chii, Eche, Echefu, Echefula, Echezo, Echezola. Sno

Echezonachukwu Ig/BG also
Echefulachi, Echefulachuku,
Echefulachukwu, Echefunachi, Echefunachuku, Echefunachukwu, Echezolachi, Echezolachuku, Echezolachukwu, Echezonachi, Echezonachuku.
 Never forget God/god.
 Chi-chi, Chii, Eche, Echefu, Echefula, Echezo, Echezola. Sno

Echezonanna Ig/B also,
Echezolanna. Don,t forget your God and your father.
 Eche, Echezo, Echezola, Echezola. Sno

Edaferierhi Yo/B The rich has Good destiny. *Eda, Edaferi.* Sno

Edafetanure Yo/B The wealthy has spoken.
 Eda, Edafeta, Edafe. Sno

Edemirukaye Yo/B The day I Did them a favour.
 Ede, Edemi, Edemiru. Sno

Edewor Yo/B Sacred day of worship in traditional religion

Edosio Yo/B Rainy day.
 Edo. Sno

Efe Yo Wealth

Efemena Yo/BG Here is my wealth. *Efe, Mena.* Sno

Efemuaye Yo/B Those intoxicated with riches. *Efe, Muaye.* Sno

Efetobo Yo/BG Wealth is achieved. *Efe, Tobo.* Sno

Efetobore Yo/B Wealth has now been achieved. *Efe, Efeto, Tobore.* Sno

Egbe Ig/B means Gun. When it goes off, it does not return.

Egbo Yo/B Forest

Egbu Ig/B Killer. One that kills ...

Egharevba Yo/B One who is not bothered by enemies.

Egobudike Ig/B Money is the significant of a strong man. Money makes a strong man. *Dike, Ego.* Sno

Egoyibo Ig/G English money. This name is an idiomatic expression which means: A child with High Value. *Ego, Egoyi, Oyibo.* Sno

Egwuatu Ig/B Fearless. Without fear. *Atu, Egwu.* Sno

Egwuchi Ig/BG also **Egwuchuku, Egwuchukwu.** Fear of God /god. *Chi-chi, Chii, Egwu.* Sno

Egwuoma Ig/BG Good music. This name is based on idiomatic expression which means: A child that brings happiness to the family. *Egwu, Oma.* Sno

Ejighikeme Ig/B also **Ejigikeme.** Not to be forceful. Not to use force. *Ejii, Ejighike, Ejike.* Sno

Ejighikemeifeuwa Ig/B also **Ejighikemeiheuwa, Ejigikemeifeuwa, Ejigikemeiheuwa.** Don't force your luck. *Eji, Ejighike, Ejigike, Ejike, Ejikeme.* Sno

Ejighikemeiheuwa Ig/B also **Ejighikemeifeuwa, Ejigikemeifeuwa, Ejigikemeiheuwa.** Don't force your luck. *Eji, Ejighike, Ejigike, Ejike, Ejikeme.* Sno

Ejigikeme Ig/B also **Ejighikeme**.
Not to be forceful.
Not to use force.
Ejii, Ejighike, Ejike. Sno

Ejigikemeifeuwa Ig/B also
Ejighikemeifeuwa,
Ejigikemeifeuwa,
Ejigikemeiheuwa.
Don't force your luck.
Eji, Ejighike, Ejigike, Ejike, Ejikeme. Sno

Ejigikemeiheuwa Ig/B also
Ejighikemeifeuwa,
Ejighikemeiheuwa,
Ejigikemeifeuwa.
Don't force your luck.
Eji, Ejighike, Ejigike, Ejike, Ejikeme. Sno

Ejigini Ig/B also **Ejigiri**.
What do you have?
Eji. Sno

Ejiginiekwu Ig/B also **Ejigiriekwu**
Why do have to talk?
Ejigini, Ejigiri, Ekwu. Sno

Ejigiri Ig/B also **Ejigini**.
What do you have?
Eji. Sno

Ejigiriekwu Ig/B also **Ejiginiekwu**
Why do have to talk?
Ejigini, Ejigiri, Ekwu. Sno

Ejike Ig/B One that has power..
He will achieve his
ambishions by his
strength.
Ejii, Ike. Sno

Ejikem Ig/B One with whom I
derive my strength and power.
Ejii, Ike, Ikem. Sno

Ejikeme Ig/B One that does
things by his power
and strength.
Ejii, Eme, Ike, Ikem. Sno

Ejilaike Ig/B Don't use force.
Don't be forceful.
Ejii, Ejila, Ike. Sno

Ejimofo Ig/B I have the godly
staff of honesty, which MUST
NOT be lied to due to the
fierce anger of the gods on
a dishonest person.
Ejii, Ejim, Ofo. Sno

Ejiofo Ig/B Having godly Staff
of honesty, which MUST NOT
be lied to due to the fierce
anger of the gods on a
dishonest person.
Ejii, Ofo. Sno

Ekechi Ig/B also **Ekechuku,**
Ekechukwu.
God's / god's creation. Creation

of God /god.
Chi-chi, Chii, Eke. Sno

Ekechuku Ig/B also **Ekechi, Ekechukwu.** God's/god's creation. Creation of God/god.
Chi-chi, Chii, Eke. Sno

Ekechukwu Ig/B also **Ekechi, Ekechuku.**
God's/god's creation.
Creation of God/god.
Chi-chi, Chii, Eke. Sno

Ekechukwu Ig/B Creation of God/god.
Chi-chi, Chii, Eke. Sno

Ekele Ig/BG also **Ekene.**
Graciousness/Greetings.

Ekelechi Ig/BG also **Ekelechuku, Ekelechukwu, Ekenechi, Ekenechuku, Ekenechukwu.**
Thanks given to God.
A praise to God.
Chi-chi, Chii, Eke, Ekele, Ekene. Sno

Ekelechi Ig/BG also **Ekelechuku, Ekelechukwu, Ekenechi, Ekenechuku, Ekenechukwu.**
Thank you God. Thanks to God.
Chi-chi, Chii, Ekele, Ekene. Sno

Ekelechuku Ig/BG also **Ekelechi, Ekelechukwu, Ekenechi, Ekenechuku, Ekenechukwu.**
Thanks given to God.
A praise to God.
Chi-chi, Chii, Eke,
Ekele, Ekene. Sno

Ekelechuku Ig/BG also **Ekelechi, Ekelechukwu, Ekenechi, Ekenechuku, Ekenechukwu.**
Thank you God. Thanks to God.
Chi-chi, Chii, Eke,
Ekele, Ekene. Sno

Ekelechukwu Ig/BG also **Ekelechi, Ekelechuku, Ekenechi, Ekenechuku, Ekenechukwu.**
Thanks given to God.
A praise to God.
Chi-chi, Chii, Eke, Ekele, Ekene. Sno

Ekelechukwu Ig/BG also **Ekelechi, Ekelechuku, Ekenechi, Ekenechuku, Ekenechukwu.**
Thank you God. Thanks to God.
Chi-chi, Chii, Ekele, Ekene. Sno

Ekeledilichi Ig/BG also **Ekeledilichuku, Ekeledilichukwu, Ekeledirichi, Ekeledirichuku, Ekeledirichukwu, Ekenedilichi, Ekenedilichuku, Ekenedilichukwu,**

Ekenedirichi, Ekenedirichuku, Ekenedinichukwu.
  Thanks to God /god.
  Praise be to God./god.
  Chi-chi, Chii, Ekele, Ekelechi, Ekelediri, Ekene. Ekenechi, Ekenediri. Sno

Ekeledilichuku Ig/BG also
Ekeledilichi, Ekeledilichukwu, Ekeledirichi, Ekeledirichuku, Ekeledirichukwu, Ekenedilichi, Ekenedilichuku, Ekenedilichukwu, Ekenedirichi, Ekenedirichuku, Ekenedinichukwu.
  Thanks to God/god.
  Praise be to God./god.
  Chi-chi, Chii, Ekele, Ekelechi, Ekelediri, Ekene. Ekenechi, Ekenediri. Sno

Ekeledilichukwu Ig/BG also
Ekeledilichi, Ekeledilichuku, Ekeledirichi, Ekeledirichuku, Ekeledirichukwu, Ekenedilichi, Ekenedilichuku, Ekenedilichukwu, Ekenedirichi, Ekenedirichuku, Ekenedinichukwu.
  Thanks to God/god.
  Praise be to God/god.
  Chi-chi, Chii, Ekele, Ekelechi, Ekelediri, Ekene. Ekenechi, Ekenediri. Sno

Ekeledirichi Ig/BG also
Ekeledilichi, Ekeledilichuku, Ekeledilichukwu, Ekeledirichuku, Ekeledirichukwu, Ekenedilichi, Ekenedilichuku, Ekenedilichukwu, Ekenedirichi, Ekenedirichuku, Ekenedinichukwu.
  Thanks to God/god. Praise be to God./god. *Chi-chi, Chii, Ekele, Ekelechi, Ekelediri, Ekene, Ekenechi, Ekenediri.* Sno

Ekeledirichuku Ig/BG also
Ekeledilichi, Ekeledilichuku, Ekeledilichukwu, Ekeledirichi, Ekeledirichukwu, Ekenedilichi, Ekenedilichuku, Ekenedilichukwu Ekenedirichi, Ekenedirichuku, Ekedinichukwu.
  Thanks to God/god.
  Praise be to God/god.
  Chi-chi, Chii, Ekele, Ekelechi, Ekelediri, Ekene. Ekenechi, Ekenediri. Sno

Ekeledirichukwu Ig/BG also
Ekeledilichi, Ekeledilichuku, Ekeledilichukwu, Ekeledirichi, Ekeledirichuku, Ekenedilichi, Ekenedilichuku, Ekenedilichukwu, Ekenedirichi, Ekenedirichuku, Ekedinichukwu.
  Thanks to God/god.
  Praise be to God./god.
  Chi-chi, Chii, Ekele, Ekelechi, Ekelediri, Ekene. Ekenechi,

Ekenediri. Sno

Ekeledirinna Ig/B also **Ekenedilinna**.
Thanks to our Father (Heavenly Father – God.) This name is also used by the father of the new born to thank his own Biological Father for what he has done for him.
Eke, Ekele, Ekene, Kelechi, Kelenna, Nnaa, Nnanna. Sno

Ekelemchi Ig/BG also **Ekelemchuku, Ekelemchukwu, Ekelemuchi, Ekelemuchuku, Ekelemuchukwu, Ekenemchi, Ekenemchuku, Ekenemchukwu, Ekenemuchi, Ekenemuchuku, Ekenemuchukwu.**
I thank God.
Chi-chi, Chii, Eke, Ekele, Ekelem, Ekene, Ekenem. Sno

Ekelemchuku Ig/BG also **Ekelemchi, Ekelemchukwu, Ekelemuchi, Ekelemuchuku, Ekelemuchukwu, Ekenemchi, Ekenemchuku, Ekenemchukwu, Ekenemuchi, Ekenemuchuku, Ekenemuchukwu.**
I thank God.
Chi-chi, Chii, Eke, Ekele, Ekelem, Ekene, Ekenem. Sno

Ekelemchukwu Ig/BG also **Ekelemchi, Ekelemchuku, Ekelemuchi, Ekelemuchuku, Ekelemuchukwu, Ekenemchi, Ekenemchuku, Ekenemchukwu, Ekenemuchi, Ekenemuchuku, Ekenemuchukwu.**
I thank God.
Chi-chi, Chii, Eke, Ekele, Ekelem, Ekene Ekenem. Sno

Ekelemuchi Ig/BG also **Ekelemchi, Ekelemchuku, Ekelemchukwu, Ekelemuchuku, Ekelemuchukwu, Ekenemchi, Ekenemchuku, Ekenemchukwu, Ekenemuchi, Ekenemuchuku, Ekenemuchukwu.**
I thank God.
Chi-chi, Chii, Eke, Ekele, Ekelem, Ekene, Ekenem. Sno

Ekelemuchuku Ig/BG also **Ekelemchi, Ekelemchuku, Ekelemchukwu, Ekelemuchi, Ekelemuchukwu, Ekenemchi, Ekenemchuku, Ekenemchukwu, Ekenemuchi, Ekenemuchuku, Ekenemuchukwu.** I thank God.
Chi-chi, Chii, Eke, Ekele, Ekelem, Ekene, Ekenem. Sno

Ekelemuchukwu Ig/BG also **Ekelemchi, Ekelemchuku, Ekelemchukwu, Ekelemuchi, Ekelemuchuku, Ekenemchi,**

Ekenemchuku, Ekenemchukwu,
Ekenemuchi, Ekenemuchuku,
Ekenemuchukwu.
  I thank God.
  Chi-chi, Chii, Eke, Ekele,
  Ekelem, Ekene, Ekenem. Sno

Ekene Ig/BG also **Ekele.**
  Graciousness/Greetings.

Ekenechi Ig/BG also **Ekelechi,**
Ekelechuku, Ekelechukwu,
Ekenechuku, Ekenechukwu.
  Thank you God. Thanks to God.
  Chi-chi, Chii, Ekele,
  Ekene. Sno

Ekenechi Ig/BG also **Ekelechi,**
Ekelechuku, Ekelechukwu,
Ekenechuku, Ekenechukwu.
  Thanks given to God.
  A praise to God.
  Chi-chi, Chii, Eke,
  Ekele, Ekene. Sno

Ekenechuku Ig/BG also Ekelechi,
  Ekelechuku, Ekelechukwu,
  Ekenechi, Ekenechukwu.
  Thanks given to God.
  A praise to God.
  Chi-chi, Chii, Eke,
  Ekele, Ekene. Sno

Ekenechuku Ig/BG also **Ekelechi,**
Ekelechuku, Ekelechukwu,
Ekenechi, Ekenechukwu.
  Thank you God. Thanks to God.
  Chi-chi, Chii, Ekele, Ekene.
  Sno

Ekenechukwu Ig/BG also
Ekelechi,
Ekelechuku, Ekelechukwu,
Ekenechi, Ekenechuku.
  Thank you God. Thanks to God.
  Chi-chi, Chii, Ekele, Ekene.
  Sno

Ekenechukwu Ig/BG also
Ekelechi,
Ekelechuku, Ekelechukwu,
Ekenechi, Ekenechuku.
  Thanks given to God.
  A praise to God
  Chi-chi, Chii, Eke,
  Ekele,
  Ekene. Sno

Ekenedilichi Ig/BG also
Ekeledilichi,
Ekeledilichuku,
Ekeledilichukwu,
Ekeledirichi, Ekeledirichuku,
Ekeledirichukwu,
Ekenedilichuku,
Ekenedilichukwu,
Ekenedirichi,
Ekenedirichuku,
Ekenedinichukwu.
  Thanks to God/god.
  Praise be to God/god.
  Chi-chi, Chii, Ekele, Ekelechi,
  Ekelediri, Ekene. Ekenechi,
  Ekenediri. Sno

Ekenedilichuku Ig/BG also
Ekeledilichi, Ekeledilichuku,
Ekeledilichukwu, Ekeledirichi,
Ekeledirichuku,
Ekeledirichukwu, Ekenedilichi,
Ekenedilichukwu, Ekenedirichi,
Ekenedirichuku,
Ekenedinichukwu.
 Thanks to God /god.
 Praise be to God/god.
 Chi-chi, Chii, Ekele, Ekelechi,
 Ekelediri, Ekene. Ekenechi,
 Ekenediri. Sno

Ekenedilichukwu Ig/BG also
Ekeledilichi, Ekeledilichuku,
Ekeledilichukwu, Ekeledirichi,
Ekeledirichuku,
Ekeledirichukwu, Ekenedilichi,
Ekenedilichuku, Ekenedirichi,
Ekenedirichuku,
Ekenedinichukwu.
 Thanks to God /god.
 Praise be to God/god.
 Chi-chi, Chii, Ekele, Ekelechi,
 Ekelediri, Ekene. Ekenechi,
 Ekenediri. Sno

Ekenedilinna Ig/B also
Ekeledirinna.
 Thanks to our Father (Heavenly
 Father – God.) This name is also
 Used by the father of the new born
 to thank his own Biological father
 for what he has done for him.
 Eke, Ekele, Ekene, Kelechi,
 Kelenna, Nnaa, **Nnanna.** Sno

Ekenedirichi Ig/ BG also
Ekeledilichi, Ekeledilichuku,
Ekeledilichukwu Ekeledirichi,
Ekeledirichuku,
Ekeledirichukwu,
Ekenedilichi, Ekenedilichuku,
Ekenedilichukwu,
Ekenedirichuku,
Ekenedinichukwu.
 Thanks to God/god.
 Praise be to God/god.
 Chi-chi, Chii, Ekele, Ekelechi,
 Ekelediri, Ekene. Ekenechi,
 Ekenediri. Sno

Ekenedirichuku Ig/BG also
Ekeledilichi, Ekeledilichuku,
Ekeledilichukwu, Ekeledirichi,
Ekeledirichuku,
Ekeledirichukwu,
Ekenedilichi, Ekenedilichuku,
Ekenedilichukwu,
Ekenedirichi,
Ekedinichukwu.
 Thanks to God /god.
 Praise be to God/god.
 Chi-chi, Chii, Ekele, Ekelechi,
 Ekelediri, Ekene. Ekenechi,
 Ekenediri. Sno

Ekenedirichukwu Ig/BG also
Ekeledilichi, Ekeledilichuku,
Ekeledilichukwu, Ekeledirichi,
Ekeledirichuku,
Ekeledirichukwu, Ekenedilichi,
Ekenedilichuku,
Ekenedilichukwu,
Ekenedirichi,

AFRICAN BABY NAME DICTIONARY "IGBO & YORUBA NIGERIA"
Sno = Short name of or Nickname. Gender: BG = both gender; B = boy; G = girl;
ML = Married lady, Ig = Igbo, Yo = Yoruba, Ha = Hausa.

Ekenedirichuku.
Thanks to God/god.
Praise be to God/god.
Chi-chi, Chii, Ekele, Ekelechi, Ekelediri, Ekene. Ekenechi, Ekenediri. Sno

Ekenemuchi Ig/BG also
Ekelemchi, Ekelemchuku,
Ekelemchukwu, Ekelemuchi,
Ekelemuchuku,
Ekelemuchukwu, Ekenemchi,
Ekenemchuku, Ekenemchukwu,
Ekenemuchuku,
Ekenemuchukwu.
I thank God.
Chi-chi, Chii, Eke, Ekele, Ekelem, Ekene, Ekenem. Sno

Ekenemuchuku Ig/BG also
Ekelemchi, Ekelemchuku,
Ekelemchukwu, Ekelemuchi,
Ekelemuchuku, Ekelemuchukwu,
Ekenemchi,
Ekenemchuku, Ekenemchukwu,
Ekenemuchi, Ekenemuchukwu.
I thank God.
Chi-chi, Chii, Eke, Ekele, Ekelem, Ekene, Ekenem. Sno

Ekenemuchukwu Ig/BG also
Ekelemchi, Ekelemchuku,
Ekelemchukwu, Ekelemuchi,
Ekelemuchuku, Ekelemuchukwu,
Ekenemchi, Ekenemchuku,
Ekenemchukwu, Ekenemuchi,
Ekenemuchuku.
I thank God.
Chi-chi, Chii, Eke, Ekele, Ekelem, Ekene, Ekenem. Sno

Ekpelechim Ig/BG also
Ekpelechukum,
Ekpelechukwum,
Ekperechim, Ekperechukum,
Ekperechukwum.
A prayer to my God.
Chi-chi, Chii, Ekpe, Ekpele, Ekpere. Sno

Ekpelechukum Ig/BG also
Ekpelechim, Ekpelechukwum,
Ekperechim, Ekperechukum,
Ekperechukwum.
A prayer to my God.
Chi-chi, Chii, Ekpe, Ekpele, Ekpere. Sno

Ekpelechukwum Ig/BG also
Ekpelechim, Ekpelechukum,
Ekperechim, Ekperechukum,
Ekperechukwum.
A prayer to my God.
Chi-chi, Chii, Ekpe, Ekpele, Ekpere. Sno

Ekpendu Ig/B Praying/pleading for life.
Ekpe, Ndu. Sno

Ekperechi Ig/BG also
Ekperechuku, Ekperechukwu.
God's prayer. Prayer to God.
Chi-chi, Chii, Ekpe, Ekpere. Sno

Ekperechim Ig/BG also
**Ekpelechim, Ekpelechukum,
Ekpelechukwum,
Ekperechukum,
Ekperechukwum**.
A prayer to my God.
*Chi-chi, Chii, Ekpe, Ekpele,
Ekpere.* Sno

Ekperechuku Ig/BG also
Ekperechi, Ekperechukwu.
God's prayer. Prayer to God.
*Chi-chi, Chii, Ekpe,
Ekpere.* Sno

Ekperechukum Ig/BG also
**Ekpelechim, Ekpelechukum,
Ekpelechukwum, Ekperechim,
Ekperechukwum**.
A prayer to my God.
*Chi-chi, Chii, Ekpe, Ekpele,
Ekpere.* Sno

Ekperechukwu Ig/BG also
Ekperechi, Ekperechuku.
God's prayer. Prayer to God.
*Chi-chi, Chii, Ekpe,
Ekpere.* Sno

Ekperechukwum Ig/BG also
**Ekpelechim, Ekpelechukum,
Ekpelechukwum, Ekperechim,
Ekperechukum**.
A prayer to my God.
*Chi-chi, Chii, Ekpe, Ekpele,
Ekpere.* Sno

Ekperenna Ig/B Father's
prayer.

Ekperenne Ig/G Mother's
prayer.

Ekundayo Yo/G Sadness has
become joy.

Ekwenye Ig/BG also **Ekweta**.
Agree. *Ekwe.* Sno

Ekweta Ig/BG also **Ekwenye**.
Agree. *Ekwe.* Sno

Ekwueme Ig/B Do as you say.
Ekwu, Eme. Sno

Ekwuluo Ig/B One that
destroys by
his words.
Ekwu. Sno

Ekwutosila Ig/G Do not
criticize.
Ekwu, Ekwutosi. Sno

Ekwutosilachi Ig/G also
**Ekwutosilachuku,
Ekwutosilachukwu**.
Do not criticize God/god.
*Chi-chi, Chii, Ekwu,
Ekwutosi.* Sno

Ekwutosilachim Ig/G also
Ekwutosilachukum,

Ekwutosilachukwum.
Do not criticize my God/god.
Chi-chi, Chii, Ekwu, Ekwutosi. Sno

Ekwutosilachuku Ig/G also
Ekwutosilachi,
Ekwutosilachukwu.
Do not criticize God/god.
Chi-chi, Chii, Ekwu, Ekwutosi. Sno

Ekwutosilachukum Ig/G also
Ekwutosilachim,
Ekwutosilachukwum.
Do not criticize my God/god.
Chi-chi, Chii, Ekwu, Ekwutosi. Sno

Ekwutosilachukwu Ig/G also
Ekwutosilachi,
Ekwutosilachuku.
Do not criticize God/god.
Chi-chi, Chii, Ekwu, Ekwutosi. Sno

Ekwutosilachukwum Ig/G also
Ekwutosilachim,
Ekwutosilachukum.
Do not criticize my God /god.
Chi-chi, Chii, Ekwu, Ekwutosi. Sno

Ekwutosilam Ig/G Do not criticize me.
Ekwu, Ekwutosi. Sno

Ekwuzie Ig/BG Agreement.

Elechi Ig/BG also **Elechuku, Elechukwu, Elewachi, Elewachuku, Elewachukwu, Elewechi, Elewechuku, Elewechukwu.**
Leave it to God. Leave all things to God.
Chi-chi, Chii, Ele, Elewa, Elewe. Sno

Elechuku Ig/BG also **Elechi, Elechukwu, Elewachi, Elewachuku, Elewachukwu, Elewechi, Elewechuku, Elewechukwu.**
Leave it to God. Leave all things to God.
Chi-chi, Chii, Ele, Elewa, Elewe. Sno

Elechukwu Ig/BG also **Elechi, Elechuku, Elewachi, Elewachuku, Elewachukwu, Elewechi, Elewechuku, Elewechukwu.**
Leave it to God. Leave all things to God.
Chi-chi, Chii, Ele, Elewa, Elewe. Sno

Elele Ig/B A name given to a baby/child based on the circumstance surrounding the birth or the appearance of the baby. Elele is an invitation for people to come and see something good, bad or surprise. *Ele.* |Sno|

Elewachi |Ig/BG| also **Elechi, Elechuku, Elechukwu, Elewachuku, Elewachukwu, Elewechi, Elewechuku, Elewechukwu.**
Leave it to God. Leave all things to God.
Chi-chi, Chii, Ele, Elewa, Elewe. |Sno|

Elewachuku |Ig/BG| also **Elechi, Elechuku, Elechukwu, Elewachi, Elewachukwu, Elewechi, Elewechuku, Elewechukwu.**
Leave it to God. Leave all things to God.
Chi-chi, Chii, Ele, Elewa, Elewe. |Sno|

Elewachukwu |Ig/BG| also **Elechi, Elechuku, Elechukwu, Elewachi, Elewachuku, Elewechi, Elewechuku, Elewechukwu.**
Leave it to God. Leave all things to God.
Chi-chi, Chii, Ele, Elewa, Elewe. |Sno|

Elewechi |Ig/BG| also **Elechi, Elechuku, Elechukwu, Elewachi, Elewachuku, Elewachukwu, Elewechuku, Elewechukwu.**
Leave it to God. Leave all things to God.
Chi-chi, Chii, Ele, Elewa, Elewe. |Sno|

Elewechuku |Ig/BG| also **Elechi, Elechuku, Elechukwu, Elewachi, Elewachuku, Elewachukwu, Elewechi, Elewechukwu.**
Leave it to God. Leave all things to God.
Chi-chi, Chii, Ele, Elewa, Elewe. |Sno|

Elewechukwu |Ig/BG| also **Elechi, Elechuku, Elechukwu, Elewachi, Elewachuku, Elewachukwu, Elewechi, Elewechuku,**
Leave it to God. Leave all things to God.
Chi-chi, Chii, Ele, Elewa, Elewe. |Sno|

Elondu |Ig/B| also **Erondu.**
Remembering/reflecting on what life is suppose to be.
Ndu. |Sno|

Eluemuno |Ig/BG| also **Elumuno, Eruemulo, Erumulo.**
I am home. I am comfortable.
Elu, Eluem, Ulo, Uno. |Sno|

Elumuno Ig/BG also **Eluemuno, Eruemulo, Erumulo.**
I am home. I am comfortable.
Elu, Eluem, Ulo, Uno. Sno

Eluwa Ig/B On top of the world. Parents give this name to their child signifying/meaning that things are going well for the family.
Elu, Uwaa. Sno

Emeka Ig/B God has done great. It is a short name for **Chiemeka, Chukuemeka, Chukwuemeka and Nnaemeka.**

Emelike Ig/B also **Emeniike.**
Be gentle. Don't be forceful. This name is given to a baby based on the situation of things in the family before or during the time of birth. To this effect, the family is taking a precaution not to be forceful, rather to be curious, gentle and careful in their approach towards future issues.
Eme, Ike. Sno

Emem Ibibio/BG This name means peace.

Emenike Ig/B also **Emelike**.
Be gentle. Don't be forceful. This name is given to a baby based on the situation of things in the family before or during the time of birth. To this effect, the family is taking a precaution not to be forceful, rather to be curious, gentle and careful in their approach towards future issues.
Eme, Ike. Sno

Emerenini Ig/B also **Emeregini.**
What was done.
Eme, Emere. Sno

Emereole Ig/B How many is done.
Eme, Emere, Ole. Sno

Enemuo Ig/B also **Eneogwe.**
Avoiding the sight of evil spirit.
Ene. Sno

Enitan Yo/BG Person with a story. *Enit* Sno

Enwelemadu Ig/B also **Enweremadu**.
Having somebody. Having relative.
Enwele, Enwelem, Enwere, Enwerem, Madu. Sno

Enwelemmadu Ig/B also **Enweremmadu.**
I have somebody.
I have relatives.
Enwele, Enwelem, Enwere, Enwerem, Madu. Sno

Enwelemndu Ig/B also
Enweremndu.
I have life.
Enwe, Enwele, Enwere, Ndu. Sno

Enwelendu Ig/B also **Enwerendu.**
Having life.
Enwe, Enwele, Enwere, Ndu. Sno

Enwelumokwu Ig/F I have to speak.
I have a comment.
Enwelum, Okwu. Sno

Enwerechi Ig/BG also
Enwerechuku,
Enwerechukwu.
Having God.
Being devoted to God.
Chi-chi, Chii, Enwere. Sno

Enwerechuku Ig/BG also
Enwerechi, Enwerechukwu.
Having God.
Being devoted to God.
Chi-chi, Chii, Enwere. Sno

Enwerechukwu Ig/BG also
Enwerechi, Enwerechuku.
Having God.
Being devoted to God.
Chi-chi, Chii, Enwere. Sno

Enweremadu Ig/B also
Enwelemadu.
Having somebody. Having relative.
Enwele, Enwelem, Enwere, Enwerem, Madu. Sno

Enweremchi Ig/BG also
Enweremchuku,
Enweremchukwu,
Enweremuchi,
Enweremuchuku,
Enweremuchukwu.
I have God/god.
I'm devoted to God/god.
Chi-chi, Chii, Enwere, Enwerem, Enweremu. Sno

Enweremchuku Ig/BG also
Enweremchi, Enweremchukwu,
Enweremuchi,
Enweremuchuku,
Enweremuchukwu.
I have God/god.
I'm devoted to God/god.
Chi-chi, Chii, Enwere, Enwerem, Enweremu. Sno

Enweremchukwu Ig/BG also
Enweremchi, Enweremchuku,
Enweremuchi,
Enweremuchuku,
Enweremuchukwu.
I have God/god.
I'm devoted to God/god.
Chi-chi, Chii, Enwere, Enwerem, Enweremu. Sno

Enweremmadu Ig/B also

Enwelemmadu.
I have somebody.
I have relatives.
Enwele, Enwelem, Enwere, Enwerem, Madu. Sno

Enweremndu Ig/B also **Enwelemndu.**
I have life.
Enwe, Enwele, Enwere, Ndu. Sno

Enweremuchi Ig/BG also **Enweremchi, Enweremchuku, Enweremchukwu, Enweremuchuku, Enweremuchukwu.**
I have God/god.
I'm devoped to God/god.
Chi-chi, Chii, Enwere, Enwerem, Enweremu. Sno

Enweremuchuku Ig/BG also **Enweremchi, Enweremchuku, Enweremchukwu, Enweremuchi, Enweremuchukwu.**
I have God/god.
I'm devoped to God/god.
Chi-chi, Chii, Enwere, Enwerem, Enweremu. Sno

Enweremuchukwu Ig/BG also **Enweremchi, Enweremchuku, Enweremchukwu, Enweremuchi, Enweremuchuku.**
I have God/god. I'm devoped to God/god.
Chi-chi, Chii, Enwere, Enwerem, Enweremu. Sno

Enwerendu Ig/B also **Enwelendu.**
Having life.
Enwe, Enwele, Enwere, Ndu. Sno

Enyi Ig/B This means Friend. It also mean Elephant, Big and Fat depending on the pronuciation.

Enyidiya Ig/ML This means, The best friend of her husband who cannot be replaced. This name is given to a Lady traditionally by her husband as an honor to her and the family.

Enyinba Ig/B A friend to a foreign place. It has another meaning which is an idiomatic expression. This means: A place with power, strength and energy. *Enyi, Nba.* Sno

Enyinnaya Ig/B His fathers' friend.
Enyi, Nnaa, Nnaya. Sno

Enyinneya Ig/G Her mothers' friend.
Enyi, Nne, Nneya. Sno

Enyioma Ig/BG A good friend.
Enyi, Oma. Sno

Erondu Ig/B also **Elondu**.
Remembering /reflecting on what life is suppose to be. Thinking of life.
Ndu. Sno

Eronini Ig/B Thinking of nothing.

Erowaodo Ig/B also **Echebeozo, Echewaodo, Echewaozo**.
Thinking indifferent and unfocused.
Eche, Echebe, Echewa, Ozo. Sno

Eruemulo Ig/BG also **Eluemuno, Elumuno, Erumulo**.
I am home. I am comfortable.
Elu, Eluem, Ulo, Uno. Sno

Erumulo Ig/BG also **Eluemuno, Elumuno, Eruemulo**.
I am home. I am comfortable.
Elu, Eluem, Ulo, Uno. Sno

Esomchi Ig/BG also **Esomchuku Esomchukwu, Esomuchi, Esomuchuku, Esomuchukwu**.
I am with God/god. I have followed God/god.
Chi-chi, Chii, Eso, Esom, Esomu. Sno

Esomchim Ig/BG also **Esomchukum, Esomchukwum, Esomuchim, Esomuchukum, Esomuchukwum**.
I am with my God/god. I have followed my God/god.
Chi-chi, Chii, Eso, Esom, Esomu. Sno

Esomchuku Ig/BG also **Esomchi Esomchukwu, Esomuchi, Esomuchuku, Esomuchukwu**.
I am with God/god.
I have followed God/god.
Chi-chi, Chii, Eso, Esom, Esomu. Sno

Esomchukum Ig/BG also **Esomchim, Esomchukwum, Esomuchim, Esomuchukum, Esomuchukwum**.
I am with my God/god. I have followed my God/god.
Chi-chi, Chii, Eso, Esom, Esomu. Sno

Esomchukwu Ig/BG also **Esomchi, Esomchuku, Esomuchi, Esomuchuku, Esomuchukwu**.
I am with God/god. I have followed God/god.
Chi-chi, Chii, Eso, Esom, Esomu. Sno

Esomchukwum Ig/BG also
**Esomchim, Esomchukum,
Esomuchim, Esomuchukum,
Esomuchukwum**.
I am with my God/god. I have
followed my God/god.
*Chi-chi, Chii, Eso, Esom,
Esomu.* Sno

Esomuchi Ig/BG also **Esomchi,
Esomchuku, Esomchukwu,
Esomuchuku, Esomuchukwu**.
I am with God/god.
I have followed God/god.
*Chi-chi, Chii, Eso, Esom,
Esomu.* Sno

Esomuchim Ig/BG also
**Esomchim,
Esomchukum, Esomchukwum,
Esomuchukum, Esomuchukwum**.
I am with my God/god.
I have followed my God/god.
*Chi-chi, Chii, Eso, Esom,
Esomu.* Sno

Esomuchuku Ig/BG also **Esomchi,
Esomchuku, Esomchukwu,
Esomuchi, Esomuchukwu**.
I am with God/god. I have
followed God/god.
*Chi-chi, Chii, Eso, Esom,
Esomu.* Sno

Esomuchukum Ig/BG also
**Esomchi, Esomchukum,
Esomchukwum, Esomuchim,
Esomuchukwum**.
I am with my God/god. I have
followed my God/god.
*Chi-chi, Chii, Eso, Esom,
Esomu.* Sno

Esomuchukwu Ig/BG also
**Esomchi, Esomchuku,
Esomchukwu, Esomuchi,
Esomuchuku**.
I am with God/god. I have
followed God/god.
*Chi-chi, Chii, Eso, Esom,
Esomu.* Sno

Esomuchukwum Ig/BG also
**Esomchi, Esomchukum,
Esomchukwum, Esomuchim,
Esomuchukum**.
I am with my God/god. I have
followed my God/god.
*Chi-chi, Chii, Eso, Esom,
Esomu.* Sno

Eze Ig/B King

Ezeaku Ig/B King of wealth.
Eze, Aku. Sno

Ezeala Ig/B also **Ezeani,
Ezeana**.
King of the Land.
Eze. Sno

Ezeana Ig/B also **Ezeala,
Ezeani**.
King of the Land.
Eze. Sno

Ezeani Ig/B also **Ezeala, Ezeana.**
King of the Land.
Eze. Sno

Ezebunwa Ig/B A King is a child.
This means that, a king is somebodys' child.
Eze. Sno

Ezedindu Ig/B King is alive.
Dindu, Eze, Ezedi, Ndu. Sno

Ezeihe Ig/B King of light.
Eze, Ihe. Sno

Ezemdi Ig/B also **Ezemndi.**
I have a King.
Eze, Ezem, Ndi. Sno

Ezemdindu Ig/B My King is alive.
Dindu, Eze, Ezem, Ezemdi, Ndu. Sno

Ezemforo Ig/B My King lives.
My King remains.
Eze, Ezem. Sno

Ezemgadi Ig/B My King lives.
My King remains.
Eze, Ezem, Mgadi. Sno

Ezemndi Ig/B also Ezemdi.
I have a King.
Eze, Ezem, Ndi. Sno

Ezemnoro Ig/B My King lives.
My king remains.
Eze, Ezem, Mnoro, Noro. Sno

Ezenwa Ig/B King child.
Eze. Sno

Ezenwanyi Ig/G Queen

Ezenwoke Ig/B also **Ezenwoko.**
King of man.
Eze, Nwoke, Nwoko. Sno

Ezenwoko Ig/B also **Ezenwoke.**
King of man.
Eze, Nwoke, Nwoko. Sno

Ezeoma Ig/B Good King.
Eze. Sno

Ezereuwa Ig/B Be careful and curious about the world/people.
Ezere, Uwa. Sno

Eziafa Ig/B also **Eziaha.**
Good name.
Afa, Ezi. Sno

Eziaha Ig/B also **Eziafa.**
Good name.
Afa, Ezi. Sno

Eziaku Ig/G Good and honest wealth.
Aku, Ezii. Sno

Ezife Ig/BG also **Ezihe**.
Good thing.
Ezi, Ife, Ihe. *Sno*

Ezihe Ig/BG also **Ezife**.
Good thing.
Ezi, Ife, Ihe. *Sno*

Ezimma Ig/G also Ezinma.
Good and Beautiful.
Ezi, Nma. *Sno*

Ezindu Ig/B Good life and character.
Ezi, Ndu. *Sno*

Ezinma Ig/G also Ezimma.
Good and Beautiful.
Ezi, Nma. *Sno*

Ezinna Ig/B Good father. A name given to a baby boy who is expected to be very loving, caring and Superb Father, not only to his own children but to everyother person around him.
Ezii, Nana, Nna. *Sno*

Ezinne Ig/G Good mother. A name given to a baby girl who is expected to be very loving, caring, and Superb Mother, not only to her own children but to everyother person around her; It is also given as a reminder of how wounderful and good the childs' mother is or was and howmuch she is cherished.
Ezii, Nene, Nne. *Sno*

Ezinwa Ig/BG Good child. A name given to a baby who is expected to be very loving, caring, loyal and respectful, not only to his/her own parents but to everyother person around him/her.
Ezii. *Sno*

Eziokwu Ig/BG Truth. Sincerity.
Conformity to fact.
Ezi, Okwu. *Sno*

Eziokwum Ig/BG My truth/ Sincerity.
Ezi, Okwu, Okwum. *Sno*

F

Fadekemi Yo/BG Grace me with the crown. **Fade, Fadeke, Kemi.** Sno

Fakuade Yo God brings good things.

Fatima Yo/GB Someone who abstains. **Fati.** Sno

Febachi Ig/BG also **Febachuku, Febachukwu, Febechi, Febechuku, Febechukwu, Fechi, Fechuku, Fechukwu.**
Worship God.
Fe, Feba, Febe, Fechi. Sno

Febachuku Ig/BG also **Febachi, Febachukwu, Febechi, Febechuku, Febechukwu, Fechi, Fechuku, Fechukwu.**
Worship God.
Fe, Feba, Febe, Fechi. Sno

Febachukwu Ig/BG also **Febachi, Febachuku, Febechi, Febechuku, Febechukwu, Fechi, Fechuku, Fechukwu.**
Worship God.
Fe, Feba, Febe, Fechi. Sno

Febechi Ig/BG also **Febachi, Febachuku, Febachukwu, Febechuku, Febechukwu, Fechi, Fechuku, Fechukwu.**
Worship God.
Fe, Feba, Febe, Fechi. Sno

Febechuku Ig/BG also **Febachi, Febachuku, Febachukwu, Febechi, Febechukwu, Fechi, Fechuku, Fechukwu.**
Worship God.
Fe, Feba, Febe, Fechi. Sno

Febechukwu Ig/BG also **Febachi, Febachuku, Febachukwu, Febechi, Febechuku, Fechi, Fechuku, Fechukwu.**
Worship God.
Fe, Feba, Febe, Fechi. Sno

Fechi Ig/BG also **Febachi, Febachuku, Febachukwu, Febechi, Febechuku, Febechukwu, Fechuku, Fechukwu.**
Worship God.
Fe, Feba, Febe, Fechi. Sno

Fechuku Ig/BG also **Febachi, Febachuku, Febachukwu, Febechi, Febechuku,**

AFRICAN BABY NAME DICTIONARY "IGBO & YORUBA NIGERIA"
Sno = Short name of or Nickname. Gender: BG = both gender; B = boy; G = girl;
ML = Married lady, Ig = Igbo, Yo = Yoruba, Ha = Hausa.

Febechukwu, Fechi, Fechukwu.
Worship God.
Fe, Feba, Febe, Fechi. Sno

Fechukwu Ig/BG also **Febachi, Febachuku, Febachukwu, Febechi, Febechuku, Febechukwu, Fechi, Fechuku,**
Worship God.
Fe, Feba, Febe, Fechi. Sno

Fehintola Yo Rest the back on Wealth. *Tola.* Sno

Feyisola Yo/G A girl who always Always has the blessing of her parents on her, my blessings.
Sola Sno

Fisayo Yo The promise of God. God has added you to my joy.
Ayo. Sno.

Foego Ig/G Reserve money.
Ego. Sno

Fokwu Ig/G also Fookwu.
Reserve comment.
Okwu. Sno

Folami Yo/BG Respect and Honor earns a crown.
Fola. Sno

Folashade Yo Honor earns a crown. *Shade.* Sno

Foyinsola Yo Add honey to the wealth. *Sola.* Sno

Fumma Yo/G also **Funma**.
See beauty.
Experience good things.
Fum, Mma, Nma. Sno

Fumnanya Ig/BG also **Fumunanya.**
Love me.
Anya, Fum, Fumu. Sno

Fumunanya Ig/BG also **Fumnanya.**
Love me.
Anya, Fum, Fumu. Sno

Funanya Ig/BG Love

Funmi Yo Wealth of God; God gives Joy.

Funma Ig/G also Fumma.
See beauty.
Experience good things.
Fum, Mma, Nma. Sno

Funmi Yo wealth of God; God gives joy.

Fuzo Ig/B Be wise.
Uzo. Sno

G

Gbemisola Yo Carry me to wealth. *Sola* Sno

Gbohunmi Yo God has heard my cry.

Ginikaenyi Ig/B What is greater than a friend. Nothing is greater than a friend.
Enyi, Gini, Ginika. Sno

Ginikanna Ig/B What is greater than a father. Nothing is greater than a father.
Gini, Ginika, Nanna. Sno

Ginikanne Ig/G What is greater than a mother. Nothing is greater than a mother.
Gini, Ginika, Nne, Nenne. Sno

Ginikanwa Ig/BG What is greater than a child. Nothing is greater than a child.
Gini, Ginika, Kanwa. Sno

Goziem Ig/BG Bless me.
Gozie. Sno

Gwachi Ig/G also **Gwachuku, Gwachukwu.**
Tell God.
Chi-chi, Chii, Gwachi. Sno

Gwachim Ig/G also **Gwachukum, Gwachukwum.**
Tell my God.
Chi-chi, Chii, Gwachim, Gwam Sno

Gwachuku Ig/G also **Gwachi, Gwachukwu.**
Tell God.
Chi-chi, Chii, Gwachi. Sno

Gwachukum Ig/G also **Gwachim, Gwachukwum.**
Tell my God.
Chi-chi, Chii, Gwachim, Gwam Sno

Gwachukwu Ig/G also **Gwachi, Gwachuku.**
Tell God.
Chi-chi, Chii, Gwachi. Sno

Gwachukwum Ig/G also Gwachim, Gwachukum.
Tell my God.
Chi-chi, Chii, Gwachim, Gwam Sno

Gwamniru Ig/BG Say it to my Face. *Gwam, Niru.* Sno

H

Hadiza Ha/BG Hausa name meaning the one who comes first.

Haiwe Ig/B also **Haraiwe**.
Leave anger. Don't be angry.
Iwe. Sno

Halim Ig/BG also **Haram, Hapum**.
Leave me alone.
Ham. Sno

Hanyechi Ig/BG also **Hanyechuku, Hanyechukwu**.
Let them give to God/god.
Chi-chi, Chii, Hanye. Sno

Hanyechuku Ig/BG **Hanyechi, Hanyechukwu**.
Let them give to God/god.
Chi-chi, Chii, Hanye. Sno

Hanyechukwu Ig/BG also **Hanyechi, Hanyechuku**.
Let them give to God/god.
Chi-chi, Chii, Hanye. Sno

Hanyeolisa Ig/BG Let them give to God.
Isa. Sno

Hapum Ig/BG also **Haram, Halim**.
Leave me alone.
Ham. Sno

Haraiwe Ig/B also **Haiwe**.
Leave anger. Don't be angry.
Iwe. Sno

Haram Ig/BG also **Halim, Hapum**.
Leave me alone.
Ham. Sno

Haraujo Ig/B also **Haujo**.
Leave out fear. Don't be afraid.
Ujo Sno

Haujo Ig/B also **Haraujo**.
Leave out fear. Don't be afraid.
Ujo Sno

AFRICAN BABY NAME DICTIONARY "IGBO & YORUBA NIGERIA"
Sno = Short name of or Nickname. Gender: BG = both gender; B = boy; G = girl;
ML = Married lady, Ig = Igbo, Yo = Yoruba, Ha = Hausa.

I

Ibe Ig/B Colleague.

Ibeabuchi Ig/B also **Ibeabuchuku, Ibeabuchukwu, Ibeabughichi, Ibeabughichuku, Ibeabughichukwu.**
Comrade or friends are not God.
Abuchi, Ibe, Ibeabu. Sno

Ibeabuchuku Ig/B also **Ibeabuchi, Ibeabuchukwu, Ibeabughichi, Ibeabughichuku, Ibeabughichukwu**.
Comrade or friends are not God.
Abuchi, Ibe, Ibeabu. Sno

Ibeabuchukwu Ig/B also **Ibeabuchi, Ibeabuchuku, Ibeabughichi, Ibeabughichuku, Ibeabughichukwu.**
Comrade or friends are not God.
Abuchi, Ibe, Ibeabu. Sno

Ibeabughichi Ig/B also **Ibeabuchi, Ibeabuchuku, Ibeabuchukwu, Ibeabughichuku, Ibeabughichukwu.**
Comrade or friends are not God.
Abuchi, Ibe, Ibeabu. Sno

Ibeabughichuku Ig/B also **Ibeabuchi, Ibeabuchuku, Ibeabuchukwu, Ibeabughichi, Ibeabughichukwu.**
Comrade or friends are not God.
Abuchi, Ibe, Ibeabu. Sno

Ibeabughichukwu Ig/B also **Ibeabuchi, Ibeabuchuku, Ibeabuchukwu, Ibeabughichi, Ibeabughichuku.**
Comrade or friends are not God.
Abuchi, Ibe, Ibeabu. Sno

Ibeamaka Ig/B Is great to have good colleagues/friends.
Ibe, Amaka. Sno

Ibekwe Ig/B A demand for colleagues/comrade to recognize, accept and agree to the existance.
Ibe Sno

Ibekwem Ig/B A demand for my collegues/comrade to recognize, accept and agree to my existence.
Ibe, Ibekwe. Sno

Ibem Ig/B My colleague.
Ibe. Sno

Ibenegbu Ig/B Somebody who can be betrayed / killed by his colleagues.
Ibe Sno

Ibeneme Ig/B Something Colleagues have done are doing. This name is based on good or bad things that happened to the family through friends or colleagues. This child is always used to remember those bad or good circumstances.
Ibe Sno

Ibezim Ig/B May collegues/comrade educate/tutor me.
Ibe Sno

Ibezimako Ig/B also **Ibezimuako, Ibezirimako, Ibezirimuako.** Collegues/comrade have thought me a leason and I have Learned.
Ako, Ibe, Ibezim. Sno

Ibezimuako Ig/B also **Ibezimako, Ibezirimako, Ibezirimuako.** Collegues/comrades have thought me a lesson and I have learned.
Ako, Ibe, Ibezim. Sno

Ibezirimako Ig/B also **Ibezimako, Ibezimuako, Ibezirimuako**. Collegues/comrade have thought me a lesson and I have learned.
Ako, Ibe, Ibezim. Sno

Ibezirimuako Ig/B also **Ibezimako, Ibezimuako, Ibezirimako.** Collegues/comrades have Thought me a lesson and I have Learned.
Ako, Ibe, Ibezim. Sno

Ibonaba Ig/B The Ibos are always getting rich.
Aba, Ibo, Naba. Sno

Ibonabia Ig/B The Igbos are coming.
Ibo, Nabia. Sno

Ibuchi Ig/B also **Ibuchuku, Ibuchukwu.**
You are a saviour. It also means: Are you God? It is a situational name. "You are a saviour" is given when a child is born after all hope has been lost to have a child. The second meaning "Are you God?" is also given when a child is born after the parents have been tomented by people for not having a child after a long time of being married. When at last God gives them a child, they give this name to the child by asking all that questioned their faith if they are God.
Chi-chi, chii, Ibu. Sno

Ibuchuku Ig/B also **Ibuchi, Ibuchukwu.**
You are a saviour. It also means: Are you God? It is a situational name. "You are a saviour" is given when a child is born after all hope has been lost to have a child. The second meaning "Are you God?" is also given when a child is born after the parents have been tormented by people for not having a child after a long time of being married. When at last God gives them a child, they give this name to the child by asking all that questioned their faith if they are God.
Chi-chi, chii, Ibu. Sno

Ibuchukwu Ig/B also **Ibuchi, Ibuchuku.**
You are a saviour. It also means: Are you God? It is a situational name. "You are a saviour" is given when a child is born after all hope has been lost to have a child. The second meaning "Are you God?" is also given when a child is born after the parents have been tormented by people for not having a child after a long time of being married. When at last God gives them a child, they give this name to the child by asking all that questioned their faith if they are God.
Chi-chi, chii, Ibu. Sno

Ibukun Yo/G Blessings

Idinachi Ig/BG also **Idinachuku, Idinachukwu.**
You are in God. You are godly.
Chi-chi, Chii, Idi, Idina. Sno

Idinachuku Ig/BG also **Idinachi, Idinachukwu.**
You are in God. You are godly.
Chi-chi, Chii, Idi, Idina. Sno

Idinachukwu Ig/BG also **Idinachi, Idinachuku.**
You are in God. You are godly.
Chi-chi, Chii, Idi, Idina. Sno

Idowu Yo/BG Born after twins.

Ife Yo Love

Ife Ig/BG also **Ihe.**
Light. It also means Thing.

Ifeajuna Ig/B An offer that cannot be refused.
Ife, Ajuna. Sno

Ifeaka Ig/BG also **Iheaka.**
This is my child. Personally owned/possession.
Ones ownership.
Aka, Ife, Ifii, Ihe, Kaka. Sno

AFRICAN BABY NAME DICTIONARY "IGBO & YORUBA NIGERIA"
Sno = Short name of or Nickname. Gender: BG = both gender; B = boy; G = girl;
ML = Married lady, Ig = Igbo, Yo = Yoruba, Ha = Hausa.

Ifeakachi Ig/BG also
Ifeakachuku,
Ifeakachukwu, Iheakachi,
Iheakachuku, Iheakachukwu.
 Gods' thing – Child of God.
 Chi-chi, Chii, Ife, Ifii, Ifeaka,
 Ihe, Iheaka. Sno

Ifeakachuku Ig/BG also
Ifeakachi, Ifeakachukwu,
Iheakachi, Iheakachuku,
Iheakachukwu.
 Gods' thing – Child of God.
 Chi-chi, Chii, Ife, Ifii, Ifeaka,
 Ihe, Iheaka. Sno

Ifeakachukwu Ig/BG also
Ifeakachi,
Ifeakachuku, Iheakachi,
Iheakachuku, Iheakachukwu.
 Gods' own – Child of God.
 Chi-chi, Chii, Ife, Ifii, Ifeaka,
 Ihe, Iheaka. Sno

Ifeakaghichi Ig/BG also
Ifeakaghichuku, Ifeakaghichukwu,
Iheakaghichi, Iheakaghichuku,
Iheakaghichukwu.
 Nothing is beyond God/god.
 Nothing is above God/god.
 Nothing is greater than God/god.
 Ife, Ifeaka, Ifii, Ihe, Iheaka. Sno

Ifeakaghichuku Ig/BG also
Ifeakaghichi, Ifeakaghichukwu,
Iheakaghichi, Iheakaghichuku,
Iheakaghichukwu.
 Nothing is beyond God/god.
 Nothing is above God/god.
 Nothing is greater than God/god.
 Ife, Ifeaka, Ifii, Ihe, Iheaka. Sno

Ifeakaghichukwu Ig/BG also
Ifeakaghichi, Ifeakaghichuku,
Iheakaghichi, Iheakaghichuku,
Iheakaghichukwu.
 Nothing is beyond God/god.
 Nothing is above God/god.
 Nothing is greater than God/god.
 Ife, Ifeaka, Ifii, Ihe,
 Iheaka. Sno

Ifeakam Ig/BG also **Iheakam**.
 This is my personal/biological
 Child. My possession.
 Akam, Ife, Ifem, Ifii,
 Ihe, Ihem. Sno

Ifeakankaire Ig/BG also
Ifeakankire, Iheakankaire,
Iheakankire.
 My biological child is more
 realistic. My personnal thing can
 be more acclaiming, counted on
 and relied on.
 Ife, Ifii, Ifeaka, Ihe, Iheaka,
 Nkaire, Nkire. Sno

Ifeakankire Ig/BG also
Ifeakankaire, Iheakankaire,
Iheakankire.
 My biological child is more
 realistic. My personal thing can
 be more acclaiming, counted on

AFRICAN BABY NAME DICTIONARY "IGBO & YORUBA NIGERIA"
Sno = Short name of or Nickname. Gender: BG = both gender; B = boy; G = girl;
ML = Married lady, Ig = Igbo, Yo = Yoruba, Ha = Hausa.

and relied on.
*Ife, Ifii, Ifeaka, Ihe, Iheaka,
Nkaire, Nkire.* Sno

Ifeanacho Ig/B also **Iheanacho**.
A search. Something you are
looking for, from God.
Anacho, Ihe, Nacho. Sno

Ifeanarochi Ig/B also
**Ifeanarochuku,
Ifeanarochukwu, Ifeanayochi,
Ifeanayochuku,
Ifeanayochukwu, Iheanarochi,
Iheanarochuku,
Iheanarochukwu, Iheanayochi,
Iheanayochuku,
Iheanayochukwu**.
That (A child) which we are
requesting from God/god.
*Ana, Anaro, Anayo, Chi-chi, Chii,
Ife, Ifii, Ifeanaro, Ifeanayo, Ihe,
Iheanaro, Iheanayo.* Sno

Ifeanarochi Ig/BG also
**Ifeanarochuku, Ifeanarochukwu,
Iheanarochi, Iheanarochuku,
Iheanarochukwu**.
A request from God.
*Chi-chi, Chii, Ife, Ifeanaro, Ihe,
Iheanaro.* Sno

Ifeanarochuku Ig/B also
**Ifeanarochi,
Ifeanarochukwu, Ifeanayochi,
Ifeanayochuku, Ifeanayochukwu,
Iheanarochi, Iheanarochuku,
Iheanarochukwu, Iheanayochi,

**Iheanayochuku,
Iheanayochukwu**.
That (A child) which we are
requesting from God/god.
*Ana, Anaro, Anayo, Chi-chi,
Chii, Ife, Ifii, Ifeanaro,
Ifeanayo, Ihe,
Iheanaro, Iheanayo.* Sno

Ifeanarochuku Ig/BG also
**Ifeanarochi, Ifeanarochukwu,
Iheanarochi, Iheanarochuku,
Iheanarochukwu**.
A request from God.
*Chi-chi, Chii, Ife, Ifeanaro,
Ihe, Iheanaro.* Sno

Ifeanarochukwu Ig/B also
**Ifeanarochi, Ifeanarochuku,
Ifeanayochi, Ifeanayochuku,
Ifeanayochukwu, Iheanarochi,
Iheanarochuku,
Iheanarochukwu, Iheanayochi,
Iheanayochuku,
Iheanayochukwu**.
That (A child) which we are
requesting from God/god.
*Ana, Anaro, Anayo, Chi-chi,
Chii, Ife, Ifii, Ifeanaro,
Ifeanayo, Ihe, Iheanaro,
Iheanayo.* Sno

Ifeanarochukwu Ig/BG also,
**Ifeanarochi, Ifeanarochuku,
Iheanarochi, Iheanarochuku,
Iheanarochukwu**.
A request from God.
Chi-chi, Chii, Ife, Ifeanaro,

169

Ihe, Iheanaro. Sno

Ifeanayochi Ig/B also **Ifeanarochi, Ifeanarochuku, Ifeanarochukwu, Ifeanayochuku, Ifeanayochukwu, Iheanarochi, Iheanarochuku, Iheanarochukwu, Iheanayochi, Iheanayochuku, Iheanayochukwu.**
That (A child) which we are requesting from God/god.
Ana, Anaro, Anayo, Chi-chi, Chii, Ife, Ifii, Ifeanaro, Ifeanayo, Ihe, Iheanaro, Iheanayo. Sno

Ifeanayochuku Ig/B also **Ifeanarochi, Ifeanarochuku, Ifeanarochukwu, Ifeanayochi, Ifeanayochukwu, Iheanarochi, Iheanarochuku, Iheanarochukwu, Iheanayochi, Iheanayochuku, Iheanayochukwu.**
That (A child) which we are requesting from God/god.
Ana, Anaro, Anayo, Chi-chi, Chii, Ife, Ifii, Ifeanaro, Ifeanayo, Ihe, Iheanaro, Iheanayo. Sno

Ifeanayochukwu Ig/B also **Ifeanarochi, Ifeanarochuku, Ifeanarochukwu, Ifeanayochi, Ifeanayochuku, Iheanarochi, Iheanarochuku, Iheanarochukwu, Iheanayochi, Iheanayochuku, Iheanayochukwu.**
That (A child) which we are requesting from God/god.
Ana, Anaro, Anayo, Chi-chi, Chii, Ife, Ifii, Ifeanaro, Ifeanayo, Ihe, Iheanaro, Iheanayo. Sno

Ifeanyi Ig/BG also **Iheanyi.**
Nothing is difficult.
Anyi, Ife, Ifii, Ihe. Sno

Ifeanyichi Ig/BG also **Ifeanyichuku, Ifeanyichukwu, Iheanyichi, Iheanyichuku, Iheanyichukwu.**
Nothing is difficult to God. Nothing is beyond God. Nothing is above God. Nothing is impossible to God. God is supreme. God is the ultimate.
Anyi, Chi-chi, Chii, Ife, Ifii, Ifeanyi, Ihe, Iheanyi. Sno

Ifeanyichim Ig/BG also **Ifeanyichukum, Ifeanyichukwum, Iheanyichim, Iheanyichukum, Iheanyichukwum.**
Nothing is difficult to my God. Nothing is beyond my God. Nothing is above my God. Nothing is impossible to my God. My God is supreme. My God is the ultimate.
Anyi, Chi-chi, Chii, Ife, Ifii, Ifeanyi, Ihe, Iheanyi, Anyim, Chi-chim, Chii, Ifem, Ifiim, Ifeanyim, Ihem, Iheanyim.
Sno

Ifeanyichuku Ig/BG also
Ifeanyichi, Ifeanyichukwu,
Iheanyichi, Iheanyichuku,
Iheanyichukwu.
  Nothing is difficult to God.
  Nothing is beyond God.
  Nothing is above God.
  Nothing is impossible to God.
  God is supreme.
  God is the ultimate.
  Anyi, Chi-chi, Chii, Ife, Ifii,
  Ifeanyi, Ihe, Iheanyi. Sno

Ifeanyichukum Ig/BG also
Ifeanyichim, Ifeanyichukwum,
Iheanyichim, Iheanyichukum,
Iheanyichukwum.
  Nothing is difficult to my God.
  Nothing is beyond my God.
  Nothing is above my God.
  Nothing is impossible to my God.
  My God is supreme.
  My God is the ultimate.
  Anyi, Chi-chi, Chii, Ife, Ifii,
  Ifeanyi, Ihe, Iheanyi, Anyim, Chi-
  chim, Chii, Ifem, Ifiim, Ifeanyim,
  Ihem, Iheanyim. Sno

Ifeanyichukwu Ig/BG also
Ifeanyichi, Ifeanyichuku,
Iheanyichi, Iheanyichuku,
Iheanyichukwu.
  Nothing is difficult to God.
  Nothing is beyond God.
  Nothing is above God.
  Nothing is impossible to God.
  God is supreme.
  God is the ultimate.
  Anyi, Chi-chi, Chii, Ife, Ifii,
  Ifeanyi, Ihe, Iheanyi. Sno

Ifeanyichukwum Ig/BG also
Ifeanyichim, Ifeanyichukum,
Iheanyichim, Iheanyichukum,
Iheanyichukwum.
  Nothing is difficult to my God.
  Nothing is beyond my God.
  Nothing is above my God.
  Nothing is impossible to my God.
  My God is supreme.
  My God is the ultimate.
  Anyi, Chi-chi, Chii, Ife, Ifii,
  Ifeanyi, Ihe, Iheanyi, Anyim,
  Chi-chim, Chii, Ifem, Ifiim,
  Ifeanyim, Ihem, Iheanyim. Sno

Ifeanyighi Ig/BG also
Iheanyighi.
  Absolutely nothing is
  impossible.
  Anyi, Ife, Ifii, Ihe. Sno

Ifeanyighichi Ig/BG also
Ifeanyighichuku,
Ifeanyighichukwu,
Iheanyighichi,
Iheanyighichuku,
Iheanyighichukwu.
  Absolutely nothing is difficult to God.
  Absolutely nothing is beyond God.
  Absolutely nothing is above God.
  Absolutely nothing is impossible
  to God.
  God is supreme.
  God is the ultimate.

*Anyi, Chi-chi, Chii, Ife, Ifii,
Ifeanyi, Ihe, Iheanyi.* Sno

Ifeanyighichim Ig/BG also
**Ifeanyighichukum,
Ifeanyighichukwum,
Iheanyighichim,
Iheanyighichukum,
Iheanyighichukwum.**
Absolutely nothing is difficult to My God. Absolutely nothing is beyond my God. Absolutely nothing is above my God. Absolutely nothing is impossible to my God. My God is supreme. My God is the ultimate.
Anyi, Chi-chi, Chii, Ife, Ifii, Ifeanyi, Ihe, Iheanyi, Anyim, Chi-chim, Chii, Ifem, Ifiim, Ifeanyim, Ihem, Iheanyim. Sno

Ifeanyighichuku Ig/BG also
**Ifeanyighichi,
Ifeanyighichukwu,
Iheanyighichi, Iheanyighichuku,
Iheanyighichukwu.**
Absolutely nothing is difficult to God. Absolutely nothing is beyond God. Absolutely nothing is above God. Absolutely nothing is impossible to God. God is supreme. God is the ultimate.
Anyi, Chi-chi, Chii, Ife, Ifii, Ifeanyi, Ihe, Iheanyi. Sno

Ifeanyighichukum Ig/BG also
**Ifeanyighichim,
Ifeanyighichukwum,
Iheanyighichim,
Iheanyighichukum,
Iheanyighichukwum.**
Absolutely nothing is difficult to My God. Absolutely nothing is beyond my God. Absolutely nothing is above my God. Absolutely nothing is impossible to my God. My God is supreme. My God is the ultimate.
Anyi, Chi-chi, Chii, Ife, Ifii, Ifeanyi, Ihe, Iheanyi, Anyim, Chi-chim, Chii, Ifem, Ifiim, Ifeanyim, Ihem, Iheanyim. Sno

Ifeanyighichukwu Ig/BG also
**Ifeanyighichi, Ifeanyighichuku,
Iheanyighichi,
Iheanyighichuku,
Iheanyighichukwu.**
Absolutely nothing is difficult to God. Absolutely nothing is beyond God. Absolutely nothing is above God. Absolutely nothing is impossible to God. God is supreme. God is the ultimate.
Anyi, Chi-chi, Chii, Ife, Ifii, Ifeanyi, Ihe, Iheanyi. Sno

Ifeanyighichukwum Ig/BG also
**Ifeanyighichim,
Ifeanyighichukum,
Iheanyighichim,**

**Iheanyighichukum,
Iheanyighichukwum.**
Absolutely nothing is difficult to my God. Absolutely nothing is beyond my God. Absolutely nothing is above my God. Absolutely nothing is impossible to my God. My God is supreme. My God is the ultimate.
Anyi, Anyichukwu, Anyighi, Anyighichukwu, Chi-chi, Chii, Ife, Ifii, Ifeanyi, Ihe, Iheanyi, Anyim, Chi-chim, Chii, Ifem, Ifiim, Ifeanyim, Ihem, Iheanyim. Sno

Ifeanyolunna Yo/B What I asked of the Lord.
Ife, Ifeanyo, Olunna. Sno

Ifearorochi Ig/BG also **Ifearorochuku, Ifearorochukwu, Ifeayorochi, Ifeayorochuku, Ifeayorochukwu, Ihearorochi, Ihearorochuku, Ihearorochukwu.**
A granted request from God/god. An answer to a prayer.
Chi-chi, Chii, Ife, Ifii, Ifearo, Ifearochi, Ifeayochi, Ihe, Ihearo, Ihearochi. Sno

Ifearorochuku Ig/BG also **Ifearorochi, Ifearorochukwu, Ifeayorochi, Ifeayorochuku, Ifeayorochukwu, Ihearorochi, Ihearorochuku, Ihearorochukwu.**
A granted request from God/god. An answer to a prayer.
Chi-chi, Chii, Ife, Ifii, Ifearo, Ifearochi, Ifeayochi, Ihe, Ihearo, Ihearochi. Sno

Ifearorochukwu Ig/BG also **Ifearorochi, Ifearorochuku, Ifeayorochi, Ifeayorochuku, Ifeayorochukwu, Ihearorochi, Ihearorochuku, Ihearorochukwu.**
A granted request from God/god. An answer to a prayer.
Chi-chi, Chii, Ife, Ifii, Ifearo, Ifearochi, Ifeayochi, Ihe, Ihearo, Ihearochi. Sno

Ifeatu Ig/B also **Iheatu.** (has two meanings, but differs in pronunciation) (1) Untouchable by ...[enemy]. Immune to hostile forces / danger. (2) An example / reference.
Ife, Ifii, Ihe. Sno

Ifeayorochi Ig/BG also **Ifearorochi, Ifearorochuku, Ifearorochukwu, Ifeayorochuku, Ifeayorochukwu, Ihearorochi, Ihearorochuku, Ihearorochukwu.**

A granted request from God/god.
An answer to a prayer.
Chi-chi, Chii, Ife, Ifii, Ifearo, Ifearochi, Ifeayochi, Ihe, Ihearo, Ihearochi. Sno

Ifeayorochuku Ig/BG also
Ifearorochi, Ifearorochuku,
Ifearorochukwu, Ifeayorochi,
Ifeayorochukwu, Ihearorochi,
Ihearorochuku,
Ihearorochukwu.
A granted request from God/god. An answer to a prayer.
Chi-chi, Chii, Ife, Ifii, Ifearo, Ifearochi, Ifeayochi, Ihe, Ihearo, Ihearochi. Sno

Ifeayorochukwu Ig/BG also
Ifearorochi, Ifearorochuku,
Ifearorochukwu, Ifeayorochi,
Ifeayorochuku, Ihearorochi,
Ihearorochuku, Ihearorochukwu.
A granted request from God/god. An answer to a prayer.
Chi-chi, Chii, Ife, Ifii, Ifearo, Ifearochi, Ifeayochi, Ihe, Ihearo, Ihearochi. Sno

Ifechi Ig/BG also **Ifechuku,**
Ifechukwu, Ihechi, Ihechuku,
Ihechukwu. (This name have two meanings based on pronunciation) (1.) Light of God. (2.) Belonging to God

/god. God's own. God's thing Child of God.
Chi-chi, Chii, Ife, Ifii, Ihe, Ifechi, Ihechi. Sno

Ifechimere Ig/B also
Ifechinmere,
Ifechukumere, Ifechukunmere,
Ifechukwumere,
Ifechukwunmere, Ihechimere,
Ihechinmere, Ihechukumere,
Ihechukunmere,
Ihechukwumere,
Ihechukwunmere.
What God has done.
Ife, Ifechi, Ihe, Ihechi, Nmere. Sno

Ifechinmere Ig/B also
Ifechimere,
Ifechukumere, Ifechukunmere,
Ifechukwumere,
Ifechukwunmere,
Ihechimere, Ihechinmere,
Ihechukumere,
Ihechukunmere,
Ihechukwumere,
Ihechukwunmere.
What God has done.
Ife, Ifechi, Ihe, Ihechi, Nmere. Sno

Ifechuku Ig/BG also **Ifechi,**
Ifechukwu, Ihechi, Ihechuku,
Ihechukwu. (This name have two meanings based on pronunciation)
(1.) Light of God.

(2.) Belonging
to God /god. God's own. God's
thing – Child of God.
*Chi-chi, Chii, Ife, Ifii, Ihe,
Ifechi, Ihechi.* Sno

Ifechukumere Ig/B also
Ifechimere,
Ifechinmere, Ifechukunmere,
Ifechukwumere, Ifechukwunmere,
Ihechimere, Ihechinmere,
Ihechukumere, Ihechukunmere,
Ihechukwumere,
Ihechukwunmere.
What God has done.
*Ife, Ifechi, Ihe, Ihechi,
Nmere.* Sno

Ifechukunmere Ig/B also
Ifechimere, Ifechinmere,
Ifechukumere, Ifechukwumere,
Ifechukwunmere, Ihechimere,
Ihechinmere, Ihechukumere,
Ihechukunmere,
Ihechukwumere,
Ihechukwunmere.
What God has done.
*Ife, Ifechi, Ihe, Ihechi,
Nmere.* Sno

Ifechukwu Ig/BG also **Ifechi,
Ifechuku, Ihechi, Ihechuku,
Ihechukwu.**
(This name have two meanings
based on pronunciation) (1.)
Light of God. (2.) Belonging to
God /god. God's own. God's
thing – Child of God.

*Chi-chi, Chii, Ife, Ifii, Ihe,
Ifechi, Ihechi.* Sno

Ifechukwumere Ig/B also
Ifechimere, Ifechinmere,
Ifechukumere,
Ifechukunmere,
Ifechukwunmere, Ihechimere,
Ihechinmere, Ihechukumere,
Ihechukunmere,
Ihechukwumere,
Ihechukwunmere.
What God has done.
*Ife, Ifechi, Ihe, Ihechi,
Nmere.* Sno

Ifechukwunmere Ig/B also
Ifechimere, Ifechinmere,
fechukumere, Ifechukunmere,
Ifechukwumere, Ihechimere,
Ihechinmere, Ihechukumere,
Ihechukunmere,
Ihechukwumere,
Ihechukwunmere.
What God has done.
*Ife, Ifechi, Ihe, Ihechi,
Nmere.* Sno

Ifedayo Yo Love has turned to joy.

Ifedinachi Ig/BG also
**Ifedinachuku,
Ifedinachukwu, Ihedinachi,
Ihedinachuku, Ihedinachukwu.**
There is something in God.
*Chi-chi, Chii, Dinachi, Ife, Ifii,
Ifedi, Ihe, Ihedi.* Sno

Ifedinachuku Ig/BG also
Ifedinachi,
Ifedinachukwu, Ihedinachi,
Ihedinachuku, Ihedinachukwu.
  There is something in God.
  Chi-chi, Chii, Dinachi, Ife, Ifii,
  Ifedi, Ihe, Ihedi. Sno

Ifedinachukwu Ig/BG also
Ifedinachi, Ifedinachuku,
Ihedinachi, Ihedinachuku.
  There is something in God.
  Chi-chi, Chii, Dinachi, Ife, Ifii,
  Ifedi, Ihe, Ihedi. Sno

Ifekristi Yo The light of Christ.
  Ife Sno

Ifenemeonye Ig/BG also
Ifenemonye,
Ihenemeonye, Ihenemonye.
  Something that can happen to
  anybody (good / bad).
  Ife, Ifeneme, Ihe, Iheneme. Sno

Ifenemonye Ig/BG Ifenemeonye,
Ihenemeonye, Ihenemonye.
  Something that can happen to
  anybody (good / bad).
  Ife, Ifeneme, Ihe, Iheneme. Sno

Ifeoluwapo Yo/G God's love is
  might. *Ife, Ifeolu, Wapo.* Sno

Ifeoma Ig/BG also **Iheoma.**
  Good/Great thing. (God has
  done a good/great thing by
  giving this child me.)
  Ife, Ifii, Ihe, Oma. Sno

Ifeomaemeka Ig/BG also
Iheomaemeka.
  A Good thing has happened.
  Emeka, Ife, Ihe, Ifeoma,
  Ifii. Sno

Ifesinachi Ig/BG also
Ifesinachuku, Ifesinachukwu,
Ihesinachi, Ihesinachuku,
Ihesinachukwu.
  Something from God. A child /
  gift from God.
  Chi-chi, Chii, Ife, Ifii, Ihe,
  Osinachi. Sno

Ifesinachuku Ig/BG also
Ifesinachi, Ifesinachukwu,
Ihesinachi, Ihesinachuku,
Ihesinachukwu.
  Something from God. A child /
  gift from God.
  Chi-chi, Chii, Ife, Ifii, Ihe,
  Osinachi. Sno

Ifesinachukwu Ig/BG also
Ifesinachi, Ifesinachuku,
Ihesinachi, Ihesinachuku,
Ihesinachukwu.
  Something from God.
  A child /gift
  from God.
  Chi-chi, Chii, Ife, Ifii, Ihe,
  Osinachi. Sno

Ifeukumere Ig/B also
**Ifeukwumere,
Iheukwumere, Iheukwunmere.**
A great thing has happened – the
birth of a child.
*Ife, Ifeuku, Ifeukwu, Ihe,
Iheukwu, Nmere.* Sno

Ifeukwumere Ig/B also
**Ifeukumere,
Iheukwumere,
Iheukwunmere.**
A great thing has happened –
the birth of a child.
*Ife, Ifeuku, Ifeukwu,
Ihe, Iheukwu,
Nmere.* Sno

Ifeyinwa Ig/G There is nothing like
a child. No gift is greater than a
child. *Ife, Ifeyi.* Sno

Ifiok Yo Wisdom

Ifunanya Ig/BG also **Ihunanya**.
Love.
Ifu, Nanya. Sno

Ifunanyachi Ig/BG also
**Ifunanyachuku,
Ifunanyachukwu, Ihunanyachi,
Ihunanyachuku,
Ihunanyachukwu.**
Love of God. God's love.
*Chi-chi, Chii, Ifunanya,
Ihunanya, Nanya.* Sno

Ifunanyachuku Ig/BG also
**Ifunanyachi, Ifunanyachukwu,
Ihunanyachi, Ihunanyachuku,
Ihunanyachukwu.**
Love of God. God's love.
*Chi-chi, Chii, Ifunanya,
Ihunanya, Nanya.* Sno

Ifunanyachukwu Ig/BG also
**Ifunanyachi, Ifunanyachuku,
Ihunanyachi, Ihunanyachuku,
Ihunanyachukwu.**
Love of God. God's love.
*Chi-chi, Chii, Ifunanya,
Ihunanya, Nanya.* Sno

Ifunanyaekwe Ig/B also
Ihunanyaekwe.
Seeing is believing.
*Ekwe, Ekwekwe, Ifunanya,
Ihunanya.* Sno

Ifuruchi Ig/BG also
**Ifuruchuku,
Ifuruchukwu.**
Have you seen God.
Chi-chi, chii, Ifu, Ifuru. Sno

Ifuruchuku Ig/BG also
**Ifuruchi,
Ifuruchukwu.**
Have you seen God.
Chi-chi, chii, Ifu, Ifuru. Sno

Ifuruchukwu Ig/BG also
**Ifuruchi,
Ifuruchuku.**

Have you seen God.
Chi-chi, chii, Ifu, Ifuru. Sno

Ifurumadu Ig/B also **Ihurumadu.**
Did you see anybody? (This is a
name of intimidation reflecting
that the family can do anything
it wants or that it so pleases
regardless of what others think.
The family can step on anybody
to get what it
wants or accomplish its goals
and objectives.)
Ifu, Ifuru, Madu. Sno

Igberahara Yo/B The poor takes
the blame.
Igbe, Igbera, Ahara. Sno

Igbokwe Ig/B Unanimous
agreement.
Being in complete harmony.
Igbo Sno

Ighomuedafe Yo/B Money
intoxicates the wealth.
Igho, Ighomu. Sno.

Ighovavwerhe Yo/B There is joy
in riches. *Igho, Ighovav.* Sno

Ige Yo/BG Born feet first,

Igitioluwotilaiye Yo/BG The tree
of God is rooted and strong.
Igitioluwo, Oluwo. Sno

Igwe Ig/B Sky.
The powerful god
of the Sky.

Igwebuike Ig/B Many is power/
strength.
Igwe, Ike. Sno

Ihe Ig/BG also **Ife.**
Light. It also means Thing.

Iheaka Ig/BG also **Ifeaka.**
This is my child.
Personally owned/possession
Ones ownership.
Aka, Ife, Ifii, Ihe, Kaka. Sno

Iheakachi Ig/BG also
Ifeakachi,
Ifeakachuku, Ifeakachukwu,
Iheakachuku, Iheakachukwu.
Gods' thing – Child of God.
*Chi-chi, Chii, Ife, Ifii, Ifeaka,
Ihe, Iheaka.* Sno

Iheakachuku Ig/BG also
Ifeakachi, Ifeakachuku,
Ifeakachukwu, Iheakachi,
Iheakachukwu.
Gods' thing – Child of God.
*Chi-chi, Chii, Ife, Ifii, Ifeaka,
Ihe, Iheaka.* Sno

Iheakachukwu Ig/BG also
Ifeakachi, Ifeakachuku,
Ifeakachukwu, Iheakachi,
Iheakachuku.

Gods' thing – Child of God.
Chi-chi, Chii, Ife, Ifii, Ifeaka, Ihe, Iheaka. Sno

Iheakaghichi Ig/BG also
Ifeakaghichi, Ifeakaghichuku, Ifeakaghichukwu, Iheakaghichuku, Iheakaghichukwu.
Nothing is beyond God/god.
Nothing is above God/god.
Nothing is greater than God/god.
Ife, Ifeaka, Ifii, Ihe, Iheaka. Sno

Iheakaghichuku Ig/BG also
Ifeakaghichi, Ifeakaghichuku, Ifeakaghichukwu, Iheakaghichi, Iheakaghichukwu.
Nothing is beyond God/god.
Nothing is above God/god.
Nothing is greater than God / god.
Ife, Ifeaka, Ifii, Ihe, Iheaka. Sno

Iheakaghichukwu Ig/BG also
Ifeakaghichi, Ifeakaghichuku, Ifeakaghichukwu, Iheakaghichi, Iheakaghichuku.
Nothing is beyond God /god.
Nothing is above God / god.
Nothing is greater than God / god.
Ife, Ifeaka, Ifii, Ihe, Iheaka. Sno

Iheakam Ig/BG also **Ifeakam.**
This is my personal / biological Child. My possession.
Akam, Ife, Ifem, Ifii, Ihe,

Ihem. Sno

Iheakankaire Ig/BG also
Ifeakankaire, Ifeakankire, Iheakankire.
My biological child is more realistic. My personnal thing can be more acclaiming, counted on and relied on.
Ife, Ifii, Ifeaka, Ihe, Iheaka, Nkaire, Nkire. Sno

Iheakankire Ig/BG also
Ifeakankaire, Ifeakankire, Iheakankaire.
My biological child is more realistic. My personnal thing can be more acclaiming, counted on and relied on.
Ife, Ifii, Ifeaka, Ihe, Iheaka, Nkaire, Nkire. Sno

Iheanacho Ig/B also
Ifeanacho.
A search. Something you are looking for, from God.
Anacho, Ihe, Nacho. Sno

Iheanarochi Ig/B also
Ifeanarochi, Ifeanarochuku, Ifeanarochukwu, Ifeanayochi, Ifeanayochuku, Ifeanayochukwu, Iheanarochuku, Iheanarochukwu, Iheanayochi, Iheanayochuku, Iheanayochukwu.

That (A child) which we are requesting from God/god.
Ana, Anaro, Anayo, Chi-chi, Chii, Ife, Ifii, Ifeanaro, Ifeanayo, Ihe, Iheanaro, Iheanayo. Sno

Iheanarochi Ig/BG also
Ifeanarochi, Ifeanarochuku, Ifeanarochukwu, Iheanarochuku, Iheanarochukwu.
A request from God.
Chi-chi, Chii, Ife, Ifeanaro, Ihe, Iheanaro. Sno

Iheanarochuku Ig/B also
Ifeanarochi, Ifeanarochuku, Ifeanarochukwu, Ifeanayochi, Ifeanayochuku, Ifeanayochukwu, Iheanarochi, Iheanarochukwu, Iheanayochi, Iheanayochuku, Iheanayochukwu.
That (A child) which we are requesting from God / god.
Ana, Anaro, Anayo, Chi-chi, Chii, Ife, Ifii, Ifeanaro, Ifeanayo, Ihe, Iheanaro, Iheanayo. Sno

Iheanarochuku Ig/BG also
Ifeanarochi, Ifeanarochuku, Ifeanarochukwu, Iheanarochi, Iheanarochukwu.
A request from God.
Chi-chi, Chii, Ife, Ifeanaro, Ihe, Iheanaro. Sno

Iheanarochukwu Ig/B also
Ifeanarochi, Ifeanarochuku, Ifeanarochukwu, Ifeanayochi, Ifeanayochuku, Ifeanayochukwu, Iheanarochi, Iheanarochuku, Iheanayochi, Iheanayochuku, Iheanayochukwu.
That (A child) which we are requesting from God/god.
Ana, Anaro, Anayo, Chi-chi, Chii, Ife, Ifii, Ifeanaro, Ifeanayo, Ihe, Iheanaro, Iheanayo. Sno

Iheanarochukwu Ig/BG also,
Ifeanarochi, Ifeanarochuku, Ifeanarochukwu, Iheanarochi, Iheanarochuku.
A request from God.
Chi-chi, Chii, Ife, Ifeanaro, Ihe, Iheanaro. Sno

Iheanayochi Ig/B also
Ifeanarochi, Ifeanarochuku, Ifeanarochukwu, Ifeanayochi, Ifeanayochuku, Ifeanayochukwu, Iheanarochi, Iheanarochuku, Iheanarochukwu, Iheanayochuku, Iheanayochukwu.
That (A child) which we are requesting from God / god.
Ana, Anaro, Anayo, Chi-chi, Chii, Ife, Ifii, Ifeanaro,

Ifeanayo, Ihe, Iheanaro,
Iheanayo. *Sno*

Iheanayochuku *Ig/B* also
Ifeanarochi, Ifeanarochuku,
Ifeanarochukwu, Ifeanayochi,
Ifeanayochuku,
Ifeanayochukwu, Iheanarochi,
Iheanarochuku,
Iheanarochukwu, Iheanayochi,
Iheanayochukwu.
That (A child) which we are
requesting from God/god.
*Ana, Anaro, Anayo, Chi-chi,
Chii, Ife, Ifii, Ifeanaro,
Ifeanayo, Ihe, Iheanaro,
Iheanayo.* *Sno*

Iheanayochukwu *Ig/B* also
Ifeanarochi, Ifeanarochuku,
Ifeanarochukwu, Ifeanayochi,
Ifeanayochuku,
Ifeanayochukwu, Iheanarochi,
Iheanarochuku,
Iheanarochukwu, Iheanayochi,
Iheanayochuku.
That (A child) which we are
requesting from God/god.
*Ana, Anaro, Anayo, Chi-chi,
Chii, Ife, Ifii, Ifeanaro, Ifeanayo,
Ihe, Iheanaro, Iheanayo.* *Sno*

Iheanyi *Ig/BG* also Ifeanyi.
Nothing is difficult.
Anyi, Ife, Ifii, Ihe. *Sno*

Iheanyichi *Ig/BG* also Ifeanyichi,
Ifeanyichuku, Ifeanyichukwu,

Iheanyichuku, Iheanyichukwu.
Nothing is difficult to God.
Nothing is beyond God. Nothing
is above God. Nothing is
impossible to God. God is
supreme. God is the ultimate.
*Anyi, Chi-chi, Chii,
Ife, Ifii, Ifeanyi,
Ihe, Iheanyi.* *Sno*

Iheanyichim *Ig/BG* also
Ifeanyichim,
Ifeanyichukum,
Ifeanyichukwum,
Iheanyichukum,
Iheanyichukwum.
Nothing is difficult to my God.
Nothing is beyond my God.
Nothing is above my God.
Nothing is impossible to my
God. My God is supreme.
My God is the ultimate.
*Anyi, Chi-chi, Chii,
Ife, Ifii, Ifeanyi,
Ihe, Iheanyi, Anyim,
Chi-chim, Chii
Ifem, Ifiim,
Ifeanyim, Ihem,
Iheanyim.* *Sno*

Iheanyichuku *Ig/BG* also
Ifeanyichi,
Ifeanyichuku, Ifeanyichukwu,
Iheanyichi, Iheanyichukwu.
Nothing is difficult to God.
Nothing is beyond God.
Nothing is above God. Nothing
is impossible to God. God is

supreme. God is the ultimate.
Anyi, Chi-chi, Chii, Ife, Ifii,
Ifeanyi, Ihe, Iheanyi. Sno

Iheanyichukum Ig/BG also
Ifeanyichim, Ifeanyichukum,
Ifeanyichukwum, Iheanyichim,
Iheanyichukwum.
Nothing is difficult to my God.
Nothing is beyond my God.
Nothing is above my God.
Nothing is impossible to my
God. My God is supreme.
My God is the ultimate.
Anyi, Chi-chi, Chii, Ife, Ifii,
Ifeanyi, Ihe, Iheanyi, Anyim,
Chi-chim, Chii, Ifem, Ifiim,
Ifeanyim, Ihem, Iheanyim.
Sno

Iheanyichukwu Ig/BG also
Ifeanyichi, Ifeanyichuku,
Ifeanyichukwu, Iheanyichi,
Iheanyichuku.
Nothing is difficult to God.
Nothing is beyond God.
Nothing is above God. Nothing
is impossible to God. God is
supreme. God is the ultimate.
Anyi, Chi-chi, Chii, Ife, Ifii,
Ifeanyi, Ihe, Iheanyi. Sno

Iheanyichukwum Ig/BG also
Ifeanyichim, Ifeanyichukum,
Ifeanyichukwum, Iheanyichim,
Iheanyichukum.
Nothing is difficult to my God.
Nothing is beyond my God.
Nothing is above my God.
Nothing is impossible to my
God. My God is supreme.
My God is the ultimate.
Anyi, Chi-chi, Chii, Ife, Ifii,
Ifeanyi, Ihe, Iheanyi, Anyim,
Chi-chim, Chii, Ifem, Ifiim,
Ifeanyim, Ihem, Iheanyim.
Sno

Iheanyighi Ig/BG also
Ifeanyighi.
Absolutely nothing is
impossible.
Anyi, Ife, Ifii, Ihe. Sno

Iheanyighichi Ig/BG also
Ifeanyighichi, Ifeanyighichuku,
Ifeanyighichukwu,
Iheanyighichuku,
Iheanyighichukwu.
Absolutely nothing is difficult to
God. Absolutely nothing is
beyond God. Absolutely nothing
is above God. Absolutely
nothing is impossible to God.
God is supreme. God is the
ultimate.
Anyi, Chi-chi, Chii,
Ife, Ifii, Ifeanyi,
Ihe, Iheanyi. Sno

Iheanyighichim Ig/BG also
Ifeanyighichim,
Ifeanyighichukum,
Ifeanyighichukwum,
Iheanyighichukum,
Iheanyighichukwum.

Absolutely nothing is difficult to My God. Absolutely nothing is beyond my God. Absolutely nothing is above my God. Absolutely nothing is impossible to my God. My God is supreme. My God is the ultimate.
Anyi, Chi-chi, Chii, Ife, Ifii, Ifeanyi, Ihe, Iheanyi, Anyim, Chi-chim, Chii, Ifem, Ifiim, Ifeanyim, Ihem, Iheanyim.
Sno

Iheanyighichuku Ig/BG also **Ifeanyighichi, Ifeanyighichuku, Ifeanyighichukwu, Iheanyighichi, Iheanyighichukwu.**
Absolutely nothing is difficult to God. Absolutely nothing is beyond God. Absolutely nothing is above God. Absolutely nothing is impossible to God. God is supreme. God is the ultimate.
Anyi, Chi-chi, Chii, Ife, Ifii, Ifeanyi, Ihe, Iheanyi. Sno

Iheanyighichukum Ig/BG also **Ifeanyighichim, Ifeanyighichukum, Ifeanyighichukwum, Iheanyighichim, Iheanyighichukwum.**
Absolutely nothing is difficult to my God. Absolutely nothing is beyond my God. Absolutely nothing is above my God. Absolutely nothing is impossible to my God. My God is supreme. My God is the ultimate.
Anyi, Chi-chi, Chii, Ife, Ifii, Ifeanyi, Ihe, Iheanyi, Anyim, Chi-chim, Chii, Ifem, Ifiim, Ifeanyim, Ihem, Iheanyim.
Sno

Iheanyighichukwu Ig/BG also **Ifeanyighichi, Ifeanyighichuku, Ifeanyighichukwu, Iheanyighichi, Iheanyighichuku.**
Absolutely nothing is difficult to God. Absolutely nothing is beyond God. Absolutely nothing is above God. Absolutely nothing is impossible to God. God is supreme. God is the ultimate.
Anyi, Chi-chi, Chii, Ife, Ifii, Ifeanyi, Ihe, Iheanyi. Sno

Iheanyighichukwum Ig/BG also **Ifeanyighichim, Ifeanyighichukum, Ifeanyighichukwum, Iheanyighichim, Iheanyighichukum.**
Absolutely nothing is difficult to my God. Absolutely nothing is beyond my God. Absolutely nothing is above my God. Absolutely nothing is

impossible to my God. My God is supreme.
My God is the ultimate.
Anyi, Chi-chi, Chii, Ife, Ifii, Ifeanyi, Ihe, Iheanyi, Anyim, Chi-chim, Chii, Ifem, Ifiim, Ifeanyim, Ihem, Iheanyim. Sno

Ihearorochi Ig/BG also Ifearorochi, Ifearorochuku, Ifearorochukwu, Ifeayorochi, Ifeayorochuku, Ifeayorochukwu, Ihearorochuku, Ihearorochukwu.
A granted request from God/god. An answer to a prayer.
Chi-chi, Chii, Ife, Ifii, Ifearo, Ifearochi, Ifeayochi, Ihe, Ihearo, Ihearochi. Sno

Ihearorochuku Ig/BG also Ifearorochi, Ifearorochuku, Ifearorochukwu, Ifeayorochi, Ifeayorochuku, Ifeayorochukwu, Ihearorochi, Ihearorochukwu.
A granted request from God/god. An answer to a prayer.
Chi-chi, Chii, Ife, Ifii, Ifearo, Ifearochi, Ifeayochi, Ihe, Ihearo, Ihearochi. Sno

Ihearorochukwu Ig/BG also Ifearorochi, Ifearorochuku, Ifearorochukwu, Ifeayorochi, Ifeayorochuku, Ifeayorochukwu, Ihearorochi, Ihearorochuku.
A granted request from God/god.
An answer to a prayer.
Chi-chi, Chii, Ife, Ifii, Ifearo, Ifearochi, Ifeayochi, Ihe, Ihearo, Ihearochi. Sno

Iheatu Ig/B also Ifeatu.
(has two meanings, but differs in pronunciation)
(1)Untouchable by ..[enemy]. Immune to hostile forces/danger.
(2) An example/reference.
Ife, Ifii, Ihe. Sno

Ihechi Ig/BG also Ifechi, Ifechuku, Ifechukwu, Ihechuku, Ihechukwu.
(This name have two meanings based on pronunciation)
(1.) Light of God.
(2.) Belonging to God /god. God's own. God's thing – Child of God.
Chi-chi, Chii, Ife, Ifii, Ihe, Ifechi, Ihechi. Sno

Ihechimere Ig/B also Ifechimere, Ifechinmere, Ifechukumere,

Ifechukunmere, Ifechukwumere, Ifechukwunmere, Ihechinmere, Ihechukumere, Ihechukunmere, Ihechukwumere, Ihechukwunmere.
What God has done.
Ife, Ifechi, Ihe, Ihechi, Nmere. Sno

Ihechinmere Ig/B also **Ifechimere, Ifechinmere, Ifechukumere, Ifechukunmere, Ifechukwumere, Ifechukwunmere, Ihechimere, Ihechukumere, Ihechukunmere, Ihechukwumere, Ihechukwunmere.**
What God has done.
Ife, Ifechi, Ihe, Ihechi, Nmere. Sno

Ihechuku Ig/BG also **Ifechi, Ifechuku, Ifechukwu, Ihechi, Ihechukwu.** (This name have two meanings based on pronunciation)
(1.) Light of God.
(2.) Belonging to God/god. God's own. God's thing Child of God.
Chi-chi, Chii, Ife, Ifii, Ihe, Ifechi, Ihechi. Sno

Ihechukumere Ig/B also **Ifechimere, Ifechinmere, Ifechukumere, Ifechukunmere, Ifechukwumere, Ifechukwunmere, Ihechimere, Ihechinmere, Ihechukunmere, Ihechukwumere,** **Ihechukwunmere.**
What God has done.
Ife, Ifechi, Ihe, Ihechi, Nmere. Sno

Ihechukunmere Ig/B also **Ifechimere, Ifechinmere, Ifechukumere, Ifechukunmere, Ifechukwumere, Ifechukwunmere, Ihechimere, Ihechinmere, Ihechukumere, Ihechukwumere, Ihechukwunmere.**
What God has done.
Ife, Ifechi, Ihe, Ihechi, Nmere. Sno

Ihechukwu Ig/BG also **Ifechi, Ifechuku, Ifechukwu, Ihechi, Ihechuku.** (This name have two meanings based on pronunciation)
(1.) Light of God.
(2.) Belonging to God /god. God's own. God's thing – Child of God.
Chi-chi, Chii, Ife, Ifii, Ihe, Ifechi, Ihechi. Sno

Ihechukwumere Ig/B also **Ifechimere, Ifechinmere, Ifechukumere, Ifechukunmere, Ifechukwumere, Ifechukwunmere, Ihechimere, Ihechinmere, Ihechukumere, Ihechukunmere,**

Ihechukwunmere.
What God has done.
Ife, Ifechi, Ihe, Ihechi, Nmere. Sno

Ihechukwunmere Ig/B also
Ifechimere, Ifechinmere, Ifechukumere, Ifechukunmere, Ifechukwumere, Ifechukwunmere, Ihechimere, Ihechinmere, Ihechukumere, Ihechukunmere, Ihechukwumere.
What God has done.
Ife, Ifechi, Ihe, Ihechi, Nmere. Sno

Ihedinachi Ig/BG also **Ifedinachi, Ifedinachuku, Ifedinachukwu, Ihedinachuku, Ihedinachukwu**.
There is something in God.
Chi-chi, Chii, Dinachi, Ife, Ifii, Ifedi, Ihe, Ihedi. Sno

Ihedinachuku Ig/BG also
Ifedinachi, Ifedinachuku, Ifedinachukwu, Ihedinachi, Ihedinachukwu.
There is something in God.
Chi-chi, Chii, Dinachi, Ife, Ifii, Ifedi, Ihe, Ihedi. Sno

Ihedinachukwu Ig/BG also
Ifedinachi, Ifedinachuku, Ifedinachukwu, Ihedinachi, Ihedinachuku.
There is something in God.
Chi-chi, Chii, Dinachi, Ife, Ifii, Ifedi, Ihe, Ihedi. Sno

Ihenemeonye Ig/BG also
Ifenemeonye, Ifenemonye, Ihenemonye.
Something that can happen to anybody (good / bad).
Ife, Ifeneme, Ihe, Iheneme. Sno

Ihenemonye Ig/BG also
Ifenemeonye, Ifenemonye, Ihenemeonye.
Something that can happen to anybody (good / bad).
Ife, Ifeneme, Ihe, Iheneme. Sno

Iheoma Ig/BG also **Ifeoma**.
Good/ Great thing. (God has done a good / great thing by giving this child to me.)
Ife, Ifii, Ihe, Oma. Sno

Iheomaemeka Ig/BG also **Ifeomaemeka**.
A Good thing has happened.
Emeka, Ife, Ihe, Ifeoma, Ifii. Sno

Ihesinachi Ig/BG also
Ifesinachi, Ifesinachuku, Ifesinachukwu, Ihesinachuku, Ihesinachukwu.
Something from God.
A child / gift from God.
Chi-chi, Chii, Ife, Ifii, Ihe, Osinachi. Sno

Ihesinachuku Ig/BG also
Ifesinachi,
Ifesinachuku, Ifesinachukwu,
Ihesinachi, Ihesinachukwu.
 Something from God.
 A child / gift from God.
 Chi-chi, Chii, Ife, Ifii, Ihe,
 Osinachi. Sno

Ihesinachukwu Ig/BG also
Ifesinachi, Ifesinachuku,
Ifesinachukwu, Ihesinachi,
Ihesinachuku.
 Something from God. A child /
 gift from God. *Chi-chi, Chii,*
 Ife, Ifii, Ihe, Osinachi. Sno

Iheukwumere Ig/B also
Ifeukumere,
Ifeukwumere, Iheukwunmere.
 A great thing has happened – the
 birth of a child.
 Ife, Ifeuku, Ifeukwu, Ihe,
 Iheukwu, Nmere. Sno

Iheukwunmere Ig/B also
Ifeukumere, Ifeukwumere,
Iheukwumere.
 A great thing has happened –
 the birth of a child.
 Ife, Ifeuku, Ifeukwu, Ihe,
 Iheukwu, Nmere. Sno

Ihunanya Ig/BG also **Ifunanya.**
 Love.
 Ifu, Nanya. Sno

Ihunanyachi Ig/BG also
Ifunanyachi, Ifunanyachuku,
Ifunanyachukwu,
Ihunanyachuku,
Ihunanyachukwu.
 Love of God. God's love.
 Chi-chi, Chii, Ifunanya,
 Ihunanya, Nanya. Sno

Ihunanyachuku Ig/BG also
Ifunayachi, Ifunanyachuku,
Ifunanyachukwu, Ihunanyachi,
Ihunanyachukwu.
 Love of God. God's love.
 Chi-chi, Chii, Ifunanya,
 Ihunanya, Nanya. Sno

Ihunanyachukwu Ig/BG also
Ifunanyachi, Ifunanyachuku,
Ifunanyachukwu, Ihunanyachi,
Ihunanyachuku.
 Love of God. God's love.
 Chi-chi, Chii, Ifunanya,
 Ihunanya, Nanya. Sno

Ihunanyaekwe Ig/B also
Ifunanyaekwe.
 Seeing is believing. *Ekwe,*
 Ekwekwe, Ifunanya,
 Ihunanya. Sno

Ihuoma Ig/BG also **Iruoma.**
 Has two meanings:
 (1.) Goodluck.
 (2.) Fineface.

Ihurumadu Ig/B also **Ifurumadu**.
Did you see anybody? (This is a name of intimidation reflecting that the family can do anything it wants or that it so pleases regardless of what others think. The family can step on anybody to get what it wants or accomplish its goals and objectives.)
Ifu, Ifuru, Madu. Sno

Ijeagha Ig/B The journey of war.
Ije, Agha. Sno

Ijeawele Ig/BG A successful journey. Smooth ride. Smooth sailing.
Awele, Ije. Sno

Ijebusonma Ig/G The journey is good.
Ije, Nma. Sno

Ijechi Ig/BG also **Ijechuku, Ijechukwu**.
God's walk. The footsteps of God/god. Following the ways of Jesus Christ.
Chi-chi, Chii, Ije. Sno

Ijechuku Ig/BG also **Ijechi, Ijechukwu**.
God's walk. The footsteps of God/god. Following the ways of Jesus Christ.
Chi-chi, Chii, Ije. Sno

Ijechukwu Ig/BG also **Ijechi, Ijechuku**.
God's walk. The footsteps of God/god. Following the ways of Jesus Christ.
Chi-chi, Chii, Ije. Sno

Ijedike Ig/B A trip / journey made by a man who has no fear of danger. A trip made by a fearless man.
Dike, Ije. Sno

Ijele Ig/B also Ijeli, Ijere. Army ant. Many and countless.
Ije. Sno

Ijeli Ig/B also **Ijele, Ijere**. Army ant. Many and countless.
Ije. Sno

Ijendu Ig/B Journey of life.
Ije, Ndu. Sno

Ijenwa Ig/BG A journey for a child.
Ije. Sno

Ijenwanne Ig/BG A journey for a brother or sister (this include extended family members.)
Ije, Nwanne. Sno

Ijenwoke Ig/B Ijenwoko, Ijewoko.

A trip / journey made by a man with a big heart or determination to accomplish a certain objective.
Ije, Nwoke, Nwoko, Woko. Sno

Ijenwoko Ig/B **Ijenwoke, Ijewoko.**
A trip/journey made by a man with a big heart or determination to accomplish a certain objective.
Ije, Nwoke, Nwoko, Woko. Sno

Ijeoma Ig/BG Good journey/trip. Success.
Ije. Sno

Ijere Ig/B also **Ijele, Ijeli**.
Army ant. Many and countless.
Ije. Sno

Ijeuwa Ig/B The journey in the world.
The difficulties in the world.
Ije, Uwa. Sno

Ijewoko Ig/B also **Ijenwoke, Ijenwoko.**
A trip/journey made by a man with a big heart or determination to accomplish a certain bjective.
Ije, Nwoke, Nwoko, Woko.
Sno

Ike Ig/B Power.
Ik. Sno

Ikeabughinkem Ig/B also **Ikeabunkem.**
The power is not mine. Is not my power. Is not by my power.
Abu, Ik, Ike, Ikeabu, Nkem. Sno

Ikeabunkem Ig/B also **Ikeabughinkem**.
The power is not mine. Is not my power. Is not by my power.
Abu, Ik, Ike, Ikeabu, Nkem. Sno

Ikeamaka Ig/BG It is good to be powerful.
Amaka, Ik, Ike. Sno

Ikechi Ig/B also **Ikechuku, Ikechukwu.**
Godspower (Gods' power.)
Chi-chi, Chii, Ik, Ike. Sno

Ikechuku Ig/B also **Ikechi, Ikechukwu.**
Godspower (Gods' power.)
Chi-chi, Chii, Ik, Ike. Sno

Ikechukwu Ig/B also **Ikechi, Ikechuku.**
Godspower (Gods' power.)
Chi-chi, Chii, Ik, Ike. Sno

Ikedi Ig/B There is power.
Ik, Ike. Sno

Ikedinachi Ig/B **Ikedinachuku, Ikedinachukwu, Ikendinachi,**

AFRICAN BABY NAME DICTIONARY "IGBO & YORUBA NIGERIA"
Sno = Short name of or Nickname. Gender: BG = both gender; B = boy; G = girl;
ML = Married lady, Ig = Igbo, Yo = Yoruba, Ha = Hausa.

Ikendinachuku, Ikendinachukwu.
There is power in the Lord.
There is power in God.
Chi-chi, Chii, Ik, Ike, Ikedi,
Ikendi. Sno

Ikedinachuku IgB also
Ikedinachi,
Ikedinachukwu, Ikendinachi,
Ikendinachuku, Ikendinachukwu.
There is power in the Lord.
There is power in God.
Chi-chi, Chii, Ik, Ike, Ikedi,
Ikendi. Sno

Ikedinachukwu Ig/B **Ikedinachi,**
Ikedinachuku, Ikendinachi,
Ikendinachuku, Ikendinachukwu.
There is power in the Lord.
There is power in God.
Chi-chi, Chii, Ik,
Ike, Ikedi,
Ikendi. Sno

Ikedinanwa Ig/BG also
Ikendinanwa.
Your children are your
strength and power.
Ik, Ike, Ikedi, Ikendi. Sno

Ikedinma Ig/B It's good to be
powerful.
Ik, Ike, Ikedi. Sno

Ikedinobi Ig/B also **Ikendinobi.**
Power is in the heart.
Ike, Ikedi, Ikendi, Nobi,

Obi. Sno

Ikegbula Ig/B Don't get killed
by power.
Don't be corrupt by power.
Egbu, Egbula,
Ik, Ike,
Ikegbu. Sno

Ikegbulam Ig/B May I not be
killed by power. Let me not be
corrupt by power.
Egbu, Egbula, Egbulam, Ik,
Ike, Ikegbu. Sno

Ikejiulo Ig/B The family pillar.
The person that is holding the
family together. The strength of
the family.
Ik, Ike, Ikeji, Ulo. Sno

Ikemefuna Ig/B **Ikemuefuna,**
Ikemefula, Ikemuefula.
May I not lose my power/
strength. This is an idiomatic
name impling that a male child
is needed in the family to retain
the family name. Male child
is the power and strength of a
family to continue the family
lineage.
Ike, Ikem. Sno

Ikemegbulam Ig/B also
Ikemuegbulam.
May I not be killed by my
power. Let me not be corrupt by

my power.
Egbu, Egbula, Egbulam, Ik, Ike, Ikem. Sno

Ikemuegbulam Ig/B also **Ikemegbulam**.
May I not be killed by my power. Let me not be corrupt by my power.
Egbu, Egbula, Egbulam, Ik, Ike, Ikem. Sno

Ikendinachi Ig/B Ikedinachi, Ikedinachuku, Ikedinachukwu, Ikendinachuku, Ikendinachukwu.
There is power in the Lord.
There is power in God.
Chi-chi, Chii, Ik, Ike, Ikedi, Ikendi. Sno

Ikendinachuku Ig/B Ikedinachi, Ikedinachuku, Ikedinachukwu, Ikendinachi, Ikendinachukwu.
There is power in the Lord.
There is power in God.
Chi-chi, Chii, Ik, Ike, Ikedi, Ikendi. Sno

Ikendinachukwu Ig/B Ikedinachi, Ikedinachuku, Ikedinachukwu, Ikendinachi, Ikendinachuku.
There is power in the Lord.
There is power in God.
Chi-chi, Chii, Ik, Ike, Ikedi, Ikendi. Sno

Ikendinanwa Ig/BG also **Ikedinanwa**.
Your children are your strength and power.
Ik, Ike, Ikedi, Ikendi. Sno

Ikendinobi Ig/B also **Ikedinobi**.
Power is in the heart.
Ik, Ike, Ikedi, Ikendi, Nobi, Obi. Sno

Ikenna Ig/B The fathers' power and Strength. (A male child is a fathers' power and strength, a continuation of a family lineage.)
Ik, Ike, Nnaa. Sno

Ikennaya Ig/B His fathers' power and strength.
Ik, Ike, Nnaa, Nnaya. Sno

Ikenyi Ig/B (This name has two meanings based on pronunciation)
(1.) The strength of an Elephant. One with the power of an Elephant.
(2.) Someone with the buttocks of an Elephant- big buttocks.
Enyi, Ik, Ike. Sno

Ikodiya Ig/ML This is a name

of Traditional honor given to a married lady by her husband during her traditional naming ceremony. This name means: Her own husband best lady friend. It also gives her a complete and full possession of her husband that no other person has nor will have.

Ikonna Ig/G   This is an idiomatic name, meaning: The fathers' love.

Ikonne Ig/B   This is an idiomatic Name, meaning: The mothers' love.

Ikpeabuenyi Ig/B also **Ikpeabughienyi.**
Justice is not a friend.
Abuenyi, Ikpe, Ikpeabu. Sno

Ikpeabughienyi Ig/B also **Ikpeabuenyi.**
Justice is not a friend.
Abuenyi, Ikpe, Ikpeabu. Sno

Ikpeamaenyi Ig/B also **Ikpeamaghienyi.**
Justice Knows no friend. Justice has no regard for a friend.
Amaenyi, Enyi, Ikpe, Ikpeama. Sno

Ikpeamaghienyi Ig/B also **Ikpeamaenyi.**
Justice Knows no friend. Justice has no regard for a friend.
Amaenyi, Enyi, Ikpe, Ikpeama. Sno

Ikpeamaghinna Ig/B also **Ikpeamanna.**
Justice does not know a father. Justice has no regard for a father.
Amanna, Amaghinna, Ikpe, Ikpeama. Sno

Ikpeamaghinne Ig/B also **Ikpeamanne.**
Justice does not know a mother. Justice has no regard for a mother.
Amaghinne, Amanne, Ikpe, Ikpeama. Sno

Ikpeamaghionye Ig/B also **Ikpeamaonye.**
Justice knows no one. Justice has no regard for any one. Justice is blind.
Amaonye, Ikpe, Ikpeama. Sno

Ikpeamanna Ig/B also **Ikpeamaghinna.**
Justice does not know a father. Justice has no regard for a father.
Amanna, Amaghinna, Ikpe, Ikpeama. Sno

Ikpeamanne Ig/B also **Ikpeamaghinne.**
Justice does not know a mother.

Justice has no regard for a mother.
Amaghinne, Amanne, Ikpe, Ikpeama. Sno

Ikpeamaonye Ig/B also **Ikpeamaghionye**.
Justice knows no one.
Justice has no regard for any one.
Justice is blind.
Amaonye, Ikpe, Ikpeama. Sno

Ikpenweghienyi Ig/B also **Ikpenwenyi**.
Justice has no friend.
Enwenyi, Ikpe, Ikpenwe. Sno

Ikpenweghinna Ig/B also **Ikpenwenna**.
Justice has no father.
Enwenna, Enweghinna, Ikpe. Sno

Ikpenwenna Ig/B also **Ikpenweghinna**.
Justice has no father.
Enwenna, Enweghinna, Ikpe. Sno

Ikpenwenyi Ig/B also **Ikpenweghienyi**.
Justice has no friend. *Enwenyi, Ikpe, Ikpenwe.* Sno

Ikponmwosa Yo/BG Thank God;
One who is thankful to God for everything.

Ileara Yo/G A healthy child

Iloabuchi Ig/B also **Iroabuchi, Iroabughichi, Iroawuchi**.
Your enemy is not your God.
Abuchi, Awuchi, Ilo, Iro. Sno

Iloerika Ig/BG also **Iroerika**.
There are too many enemies.
Ilo, Iro, Erika. Sno

Ilozumba Yo/B Our distant home is forgotten.
Iloz, Zumba. Sno

Iluoma Ig/BG Sweet and sour.
Ilu, Oma. Sno

Imaonye Ig/BG Who do you know? (The person/people you know will help to shape your success/failure.)
Ima, Onye. Sno

Ime Yo Patience

Inegbedion Yo/B My family supports me. *Inegbe, Edion.* Sno

Irekanmi Yo Good things are coming.

Iretiola Yo Anticipation of wealth.

Iretomiwa Yo/G Blessing has come to me. A baby girl that brought blessing to her family.
Ire, Ireto, Iretomi, Miwa. Sno

Irikefe Yo/B First to become wealthy in the family.
Irik, Efe, Kefe. Sno

Iroabuchi Ig/B also **Iloabuchi, Iroabughichi, Iroawuchi.**
Your enemy is not your God.
Abuchi, Awuchi, Ilo, Iro. Sno

Iroabughichi Ig/B also **Iloabuchi, Iroabuchi, Iroawuchi.**
Your enemy is not your God.
Abuchi, Awuchi, Ilo, Iro. Sno

Iroawuchi Ig/B also **Iloabuchi, Iroabuchi, Iroabughichi.**
Your enemy is not your God.
Abuchi, Awuchi, Ilo, Iro. Sno

Iroerika Ig/BG also **Iloerika.**
There are too many enemies.
Ilo, Iro, Erika, Sno

Ironsi Ig/B Enmity is poisonous.
Iro. Sno

Iruchi Ig/BG also **Iruchuku, Iruchukwu.**
Godly face. Gracious face.
Chi-chi, Chii, Iru. Sno

Iruchuku Ig/BG also **Iruchi, Iruchukwu.**
Godly face. Gracious face.
Chi-chi, Chii, Iru. Sno

Iruchukwu Ig/BG also **Iruchi, Iruchuku.**
Godly face. Gracious face.
Chi-chi, Chii, Iru. Sno

Iruoma Ig/BG also **Ihuoma.**
Has two meanings:
(1.) Goodluck.
(2.) Fineface.

Isaac Yo/B. He will laugh.

Isamotu Olalekan Yo/B
Without God I'm destitute

Isiagu Ig/B Head of a Tiger. Bravery. This name is giving to a child that is expected to be brave or one born to a family of brave men.
Agu, Isi. Sno

Isinachi Ig/B One who is sent from God.

Isiocha Ig/B White head.
Isi Sno

Isioma Ig/BG Intelligent person.
One who is intelligent.

Isiukwu Ig/B   Big head.
Isi Sno

Itoro Ibibio/BG
Praise and Glory
to God.

Iwedinaobi Ig/B also **Iwedinobi**.
Heart felt anger.
Preconceived anger.
Iwe, Iwedi, Obi. Sno

Iwedinobi Ig/B also **Iwedinaobi**.
Heart felt anger.
Preconceived anger.
Iwe, Iwedi,Obi. Sno

Iweobiegbulam Ig/B also
Iweobiegbunam. May I not be
harmed by my anger.
Iwe, Obi, Iweobi. Sno

Iweobiegbunam Ig/B also
Iweobiegbulam.
May I not be harmed by my
anger.
Iwe, Obi, Iweobi. Sno

Iwuala Ig/B The law of the land.
Ala, Iwu. Sno

Iwuanyanwu Ig/B The law of the
sun. [the sun here refers to
sun the god.]
Anyanwu, Iwu. Sno

Iwuchi Ig/BG Also **Iwuchuku,
Iwuchukwu.**
Gods' Law. The ten
commandments.
Chi-chi, Chii, Iwu. Sno

Iwuchuku Ig/BG Also **Iwuchi,
Iwuchukwu.**
Gods' Law. The ten
commandments.
Chi-chi, Chii, Iwu. Sno

Iwuchukwu Ig/BG Also
**Iwuchi,
Iwuchuku.**
Gods' Law. The ten
commandments.
Chi-chi, Chii, Iwu. Sno

Iyalawo Yo/G Mother of
mysteries or Mother of wisdom.
Iya, Iyala, Lawo. Sno

Iyawa Yo/G   Ability or skill;
A skillfull woman.

Izuchi Ig/B also **Izuchuku,
Izuchukwu.**
The wisdom of God.
God's Wisdom.
Chi-chi, Chii, Izu. Sno

Izuchuku Ig/B also **Izuchi,
Izuchukwu.**
The wisdom of God.
God's Wisdom.
Chi-chi, Chii, Izu. Sno

Izuchukwu Ig/B also **Izuchi, Izuchuku.**
The wisdom of God. God's wisdom.
Chi-chi, Chii, Izu. Sno

Izuogu Ig/B (This name has two meanings) **(1.)** The day of battle/war. This is normally being given to children born on the first day of a battle/war. **(2.)** The wisdom to be successful in war. The wisdom to win a battle.
Izu, Ogu. Sno

Izuoma Ig/B Good wisdom. Intelligent. Having sound judgement.
Izu, Oma. Sno

J

Jabola Yo A child born with wealth.

Jachi Ig/B also **Jachuku**, **Jachukwu**.
Praise God.
Chi-chi, Chii, Jachi. Sno

Jachike Ig/B also **Jachukuike**, **Jachukwuike**.
Praise God for His power.
Jachi, Jachike. Sno

Jachuku Ig/B also **Jachi**, **Jachukwu**.
Praise God.
Chi-chi, Chii, Jachi. Sno

Jachukuike Ig/B also **Jachike**, **Jachukwuike**.
Praise God for His power.
Jachi, Jachike. Sno

Jachukwu Ig/B also **Jachi**, **Jachuku**.
Praise God.
Chi-chi, Chii, Jachi. Sno

Jachukwuike Ig/B also **Jachike**,
Jachukuike.
Praise God for His power.
Jachi, Jachike. Sno

Jadesola Yo Come into wealth.
Jade, Sola. Sno

Jaiyesimi Yo/BG One who Believes in enjoying the life.
Simi Sno

Jamike Ig/B also **Jamuike**.
Encourage me. Inspire me.
Jam, Ik, Ike. Sno

Jamuike Ig/B also **Jamike**.
Encourage me. Inspire me.
Jam, Ik, Ike. Sno

Jasi Yo/BG The Lord is merciful. *Ja* Sno.

Jayamma Yo/B Praise to the Lord. *Jay, Amma.* Sno.

Jeleta Ig/BG also **Jelete**, **Jeneta**, **Jenete**.
Go and see – the baby.
Je, Leta, Lete, Neta, Nete. Sno

Jelete Ig/BG also **Jeleta**, **Jeneta**, **Jenete**.
Go and see – the baby.
Je, Leta, Lete, Neta, Nete. Sno

Jeneta Ig/BG also **Jeleta, Jelete, Jenete.**
Go and see – the baby.
Je, Leta, Lete, Neta, Nete. Sno

Jenete Ig/BG also **Jeleta, Jelete, Jeneta.**
Go and see – the baby.
Je, Leta, Lete, Neta, Nete. Sno

Jideaku Ig/BG   Be rich. Be prosperous. Be wealthy.
Aku, Jide. Sno

Jidechi Ig/BG also **Jidechuku, Jidechukwu.**
Behold thy God. Hold onto God/god.
Chi-chi, Chii, Jide. Sno

Jidechuku Ig/BG also **Jidechi, Jidechukwu.**
Behold thy God. Hold onto God/god.
Chi-chi, Chii, Jide. Sno

Jidechukwu Ig/BG also **Jidechi, Jidechuku.**
Behold thy God. Hold onto God/god.
Chi-chi, Chii, Jide. Sno

Jideofo Ig/B Hold the godly staff of honesty, which MUST NOT be lied to, due to the fierce anger of the gods on a dishonest person; You are justified. *Jide, Ofo.* Sno

Jidenna Ig/G God is the Father. *Jide, Nna.* Sno

Jobola Yo A child born with wealth. *Bola* Sno

Jol Yo/G Love of Art and Culture.

Juochi Ig/BG also **Juochuku, Juochukwu.**
Ask God.
Chi-chi, Chii, Juo. Sno

Juochim Ig/BG also **Juochukum, Juochukwum.**
Ask my God.
Chi-chi, Chii, Juo, Juochim. Sno

Juochuku Ig/BG also **Juochi, Juochukwu.**
Ask God.
Chi-chi, Chii, Juo. Sno

Juochukum Ig/BG also **Juochim, Juochukwum.**
Ask my God.
Chi-chi, Chii, Juo, Juochim. Sno

Juochukwu Ig/BG also **Juochi, Juochuku.**

Ask God.
Chi-chi, Chii, Juo. Sno

Juochukwum Ig/BG also
Juochim, Juochukum.
Ask my God.
Chi-chi, Chii, Juo,
Juochim. Sno

K

Kachisicho Ig/B God's desire.
Kachi, Kaosicho, Kaosi, Sno

Kachiside Ig/B As God has written;
The will of God. *Kachi, Kaoside Oside. Sno*

Kaego Ig/G More then money.
Ego. Sno

Kaekperechi Ig/BG also
Kaekperechuku, Kaekperechukwu, Kekperechi, Kekperechuku, Kekperechukwu.
Let's pray to God/god.
Chi-chi, Chii, Ekperechi, Ka, Kaekpere, Kekpere. Sno

Kaekperechuku Ig/BG also
Kaekperechi, Kaekperechukwu, Kekperechi, Kekperechuku, Kekperechukwu.
Let's pray to God/god.
Chi-chi, Chii, Ekperechi, Ka, Kaekpere, Kekpere. Sno

Kaekperechukwu Ig/BG also
Kaekperechi, Kaekperechuku, Kekperechi, Kekperechuku, Kekperechukwu.
Let's pray to God/god.
Chi-chi, Chii, Ekperechi, Ka, Kaekpere, Kekpere. Sno

Kaemeotu Ig/B also **Kemeotu**.
Let's be one. Let us agree on one thing. Let's unify.
Kaeme, Keme. Sno

Kaetochukwu Ig/B May God be praised. *Kaeto, Tochi. Sno*

Kagwachi Ig/BG also
Kagwachuku, Kagwachukwu.
Let's let God. Let's talk to God.
Let's pray to God.
Chi-chi, Chii, Ka, Kagwa. Sno

Kagwachuku Ig/BG also
Kagwachi, Kagwachukwu.
Let's let God. Let's talk to God.
Let's pray to God.
Chi-chi, Chii, Ka, Kagwa. Sno

Kagwachukwu Ig/BG also
Kagwachi, Kagwachuku.
Let's let God. Let's talk to God.
Let's pray to God.
Chi-chi, Chii, Ka, Kagwa. Sno

Kainyechukwuekene Ig/B
Praise the Lord.

Kainye, Inyechi, Sno

Kairaluchukwu Ig/G Live it to God.
Kaira, Kairalu, Chukwu. Sno

Kaisoluchukwu Ig/G Follow God.
Kaiso, Kaisolu, Chukwu Sno.

Kambili Ig/B Let me live or I shall live.

Kambinachi Ig/BG also **Kambinachuku, Kambinachukwu**.
I'm living in God.
Chi-chi, Chii, Kam, Mbi, Mbinachi, Nachi. Sno

Kambinachuku Ig/BG also **Kambinachi, Kambinachukwu**.
I'm living in God.
Chi-chi, Chii, Kam, Mbi, Mbinachi, Nachi. Sno

Kambinachukwu Ig/BG also **Kambinachi, Kambinachuku**.
I'm living in God.
Chi-chi, Chii, Kam, Mbi, Mbinachi, Nachi. Sno

Kamdibe Ig/BG Let me be. Leave me alone.
Dibe, Kamdi, Mdibe. Sno

Kamdilichukwu Ig/B Live for God. *Kamdili, Kamdi, Dilichukwu* Sno

Kamfechi Ig/B Let me worship God.
Kamfe. Sno

Kamma Ig/BG also **Kanma**. Better.
Kan, Manma. Sno

Kamharida Ig/G I shall not fall.
Kam, Kamha, Kamhari Sno.

Kamsorochi Ig/BG also **Kamsorochuku, Kamsorochukwu**.
Let me follow God. Let me follow the Lord.
Chi-chi, Chii, Kam, Kamsoro. Sno

Kamsorochuku Ig/BG also **Kamsorochi, Kamsorochukwu**.
Let me follow God. Let me follow the Lord.
Chi-chi, Chii, Kam, Kamsoro. Sno

Kamsorochukwu Ig/BG also **Kamsorochi, Kamsorochuku**.
Let me follow God. Let me follow the Lord.
Chi-chi, Chii, Kam, Kamsoro. Sno

Kanarochi Ig/BG also
**Kanarochuku, Kanarochukwu,
Kanayochi, Kanayochuku,
Kanayochukwu.**
 Let's continue praying to
God/god. Let's continue
asking/begging God.
*Anaro, Anayo, Chi-chi, Chii,
Kanaro, Kanayo.* Sno

Kanarochuku Ig/BG also
**Kanarochi, Kanarochukwu,
Kanayochi, Kanayochuku,
Kanayochukwu.**
 Let's continue praying to
God/god. Let's continue
asking/begging God.
*Anaro, Anayo, Chi-chi, Chii,
Kanaro, Kanayo.* Sno

Kanarochukwu Ig/BG also
**Kanarochi, Kanarochuku,
Kanayochi, Kanayochuku,
Kanayochukwu.**
 Let's continue praying to
God/god. Let's continue
asking/begging God.
*Anaro, Anayo, Chi-chi, Chii,
Kanaro, Kanayo.* Sno

Kanayochi Ig/BG also **Kanarochi,
Kanarochuku, Kanarochukwu,
Kanayochuku, Kanayochukwu.**
 Let's continue praying to
God/god. Let's continue
asking/begging God.
*Anaro, Anayo, Chi-chi, Chii,
Kanaro, Kanayo.* Sno

Kanayochuku Ig/BG also
**Kanarochi, Kanarochuku,
Kanarochukwu, Kanayochi,
Kanayochukwu.** Let's continue
praying to God/god. Let's
continue asking/begging God.
*Anaro, Anayo, Chi-chi, Chii,
Kanaro, Kanayo.* Sno

Kanayochukwu Ig/BG also
**Kanarochi, Kanarochuku,
Kanarochukwu, Kanayochi,
Kanayochuku.**
 Let's continue praying to
God/god. Let's continue
asking/begging God.
*Anaro, Anayo,
Chi-chi, Chii,
Kanaro, Kanayo.* Sno

Kanma Ig/BG also **Kamma.**
Better.
Kan, Manma. Sno

Kanu Ig/B (Has two
meanings)
(1.) Speak. (2.) Listen.
Ka. Sno

Kanuka Ig/B (Has two
meanings)
(1.) Speak out. (2.) Let's
listen to others. Let's hear
others speak.

Ka, Kanu, Uka. *Sno*

Kanunti Ig/B Let's listen.
Ka, Kanu, Nti. *Sno*

Kaodilinakachi Ig/G also
Kaodilinakachuku,
Kaodilinakachukwu,
Kaodirinakachi,
Kaodirinakachuku,
Kaodirinakachukwu.
Leave it to God. Leave it in God's hand.
Chi-chi, Chii, Kaodili, Kaodiri, Odili, Odiri, Odinaka, Odinakachi. *Sno*

Kaodilinakachuku Ig/G also
Kaodilinakachi,
Kaodilinakachukwu,
Kaodirinakachi,
Kaodirinakachuku,
Kaodirinakachukwu.
Leave it to God. Leave it in God's hand.
Chi-chi, Chii, Kaodili, Kaodiri, Odili, Odiri, Odinaka, Odinakachi. *Sno*

Kaodilinakachukwu Ig/G also
Kaodilinakachi,
Kaodilinakachuku,
Kaodirinakachi,
Kaodirinakachuku,
Kaodirinakachukwu.
Leave it to God. Leave it in God's hand.
Chi-chi, Chii, Kaodili, Kaodiri,
Odili, Odiri, Odinaka, Odinakachi. *Sno*

Kaodilinyechi Ig/B also
Kaodilinyechuku,
Kaodilinyechukwu,
Kaodirinyechi,
Kaodirinyechuku,
Kaosirinyechukwu.
Leave it to God.
Chi-chi, Chii, Kaosi, Kaosilidi, Kaosiridi. *Sno*

Kaodilinyechuku Ig/B also
Kaodilinyechi,
Kaodilinyechukwu,
Kaodirinyechi,
Kaodirinyechuku,
Kaosirinyechukwu.
Leave it to God.
Chi-chi, Chii, Kaosi, Kaosilidi, Kaosiridi. *Sno*

Kaodilinyechukwu Ig/B also
Kaodilinyechi,
Kaodilinyechuku,
Kaodirinyechi,
Kaodirinyechuku,
Kaosirinyechukwu.
Leave it to God.
Chi-chi, Chii, Kaosi, Kaosilidi, Kaosiridi. *Sno*

Kaodirinakachi Ig/G also
Kaodilinakachi,
Kaodilinakachuku,
Kaodilinakachukwu,
Kaodirinakachuku,

Kaodirinakachukwu.
Leave it to God. Leave it in God's hand.
Chi-chi, Chii, Kaodili, Kaodiri, Odili, Odiri, Odinaka, Odinakachi. Sno

Kaodirinakachuku Ig/G also
Kaodilinakachi,
Kaodilinakachuku,
Kaodilinakachukwu,
Kaodirinakachi,
Kaodirinakachukwu.
Leave it to God. Leave it in God's hand.
Chi-chi, Chii, Kaodili, Kaodiri, Odili, Odiri, Odinaka, Odinakachi. Sno

Kaodirinakachukwu Ig/G also
Kaodilinakachi,
Kaodilinakachuku,
Kaodilinakachukwu,
Kaodirinakachi,
Kaodirinakachuku.
Leave it to God. Leave it in God's hand.
Chi-chi, Chii, Kaodili, Kaodiri, Odili, Odiri, Odinaka, Odinakachi. Sno

Kaodirinyechi Ig/B also
Kaodilinyeche, Kaodilinyechuku,
Kaodilinyechukwu,
Kaodirinyechuku,
Kaosirinyechukwu.
Leave it to God.
Chi-chi, Chii, Kaosi,
Kaosilidi, Kaosiridi. Sno

Kaodirinyechuku Ig/B also
Kaodilinyechi,
Kaodilinyechuku,
Kaodilinyechukwu,
Kaodirinyechi,
Kaosirinyechukwu.
Leave it to God.
Chi-chi, Chii, Kaosi,
Kaosilidi, Kaosiridi. Sno

Kaodirinyechukwu Ig/B also
Kaodilinyechi,
Kaodilinyechuku,
Kaodilinyechukwu,
Kaodirinyechi,
Kaodirinyechuku.
Leave it to God.
Chi-chi, Chii, Kaosi,
Kaosilidi, Kaosiridi. Sno

Kaosidilichi Ig/BG also
Kaosidilichuku,
Kaosidilichukwu, Kaosidirichi,
Kaosidirichuku,
Kaosidirichukwu.
The way it is in God. The way God see things.
Chi-chi, Chii, Kosi, Kaosidi,
Kaosidili, Kaosidiri. Sno

Kaosidilichuku Ig/BG also
Kaosidilichi, Kaosidilichukwu,
Kaosidirichi, Kaosidirichuku,
Kaosidirichukwu.
The way it is in God.
The way God see things.

Chi-chi, Chii, Kosi, Kaosidi,
Kaosidili, Kaosidiri. Sno

Kaosidilichukwu Ig/BG also
Kaosidilichi, Kaosidilichuku,
Kaosidirichi, Kaosidirichuku,
Kaosidirichukwu.
The way it is in God. The way God see things.
Chi-chi, Chii, Kosi, Kaosidi,
Kaosidili, Kaosidiri. Sno

Kaosidirichi Ig/BG also
Kaosidilichi, Kaosidilichuku,
Kaosidilichukwu, Kaosidirichuku,
Kaosidirichukwu.
The way it is in God. The way God see things.
Chi-chi, Chii, Kosi, Kaosidi,
Kaosidili, Kaosidiri. Sno

Kaosidirichuku Ig/BG also
Kosidilichi, Kaosidilichuku,
Kaosidilichukwu, Kaosidirichi,
Kaosidirichukwu.
The way it is in God. The way God see things.
Chi-chi, Chii, Kosi, Kaosidi,
Kaosidili, Kaosidiri. Sno

Kaosidirichukwu Ig/BG also
Kaosidilichi, Kaosidilichuku,
Kaosidilichukwu, Kaosidirichi,
Kaosidirichuku.
The way it is in God. The way God see things.
Chi-chi, Chii, Kosi, Kaosidi,
Kaosidili, Kaosidiri. Sno

Kaosisochi Ig/BG also
Kaosisochuku,
Kaosisochukwu, Kaositochi,
Kaositochuku, Kaositochukwu.
Kosisochi, Kosisochuku,
Kosisochukwu, Kositochi,
Kositochuku, Kositochukwu.
As it pleases God/god.
According to Gods' wishes.
Chi-chi, Chii, Kaosi, Osi. Sno

Kaosisochuku Ig/BG also
Kaosisochi, Kaosisochukwu,
Kaositochi, Kaositochuku,
Kaositochukwu. Kosisochi,
Kosisochuku, Kosisochukwu,
Kositochi, Kositochuku,
Kositochukwu.
As it pleases God/god.
According to Gods' wishes.
Chi-chi, Chii, Kaosi, Osi. Sno

Kaosisochukwu Ig/BG also
Kaosisochi, Kaosisochuku,
Kaositochi, Kaositochuku,
Kaositochukwu. Kosisochi,
Kosisochuku, Kosisochukwu,
Kositochi, Kositochuku,
Kositochukwu.
As it pleases God/god.
According to Gods' wishes.
Chi-chi, Chii, Kaosi, Osi. Sno

Kaositochi Ig/BG also
Kaosisochi,

Kaosisochuku, Kaosisochukwu, Kaositochuku, Kaositochukwu. Kosisochi, Kosisochuku, Kosisochukwu, Kositochi, Kositochuku, Kositochukwu.
As it pleases God/god. According to Gods' wishes.
Chi-chi, Chii, Kaosi, Osi. Sno

Kaositochuku Ig/BG also
Kaosisochi, Kaosisochuku, Kaosisochukwu, Kaositochi, Kaositochukwu, Kosisochi, Kosisochuku, Kosisochukwu, Kositochi, Kositochuku, Kositochukwu.
As it pleases God/god. According to Gods' wishes.
Chi-chi, Chii, Kaosi, Osi. Sno

Kaositochukwu Ig/BG also
Kaosisochi, Kaosisochuku, Kaosisochukwu, Kaositochi, Kaositochuku, Kosisochi, Kosisochuku, Kosisochukwu, Kositochi, Kositochuku, Kositochukwu.
As it pleases God/god. According to Gods' wishes.
Chi-chi, Chii, Kaosi, Osi. Sno

Karachi Ig/BG also **Karachuku, Karachukwu.**
Talk to God/god. Pray to God.
Chi-chi, Chii, Kara. Sno

Karachuku Ig/BG also **Karachi, Karachukwu.**
Talk to God/god. Pray to God.
Chi-chi, Chii, Kara. Sno

Karachukwu Ig/BG also
Karachi, Karachuku.
Talk to God/god. Pray to God.
Chi-chi, Chii, Kara. Sno

Kasarachi Ig/BG also
Kasarachuku, Kasarachukwu.
Tell it to God/god. Talk to God/god. Pray to God.
Chi-chi, Chii, Kasa, Kasara. Sno

Kasarachuku Ig/BG also
Kasarachi, Kasarachukwu.
Tell it to God/god. Talk to God/god. Pray to God.
Chi-chi, Chii, Kasa, Kasara. Sno

Kasarachukwu Ig/BG also
Kasarachi, Kasarachuku.
Tell it to God/god. Talk to God/god. Pray to God.
Chi-chi, Chii, Kasa, Kasara. Sno

Kasawa Ig/BG Continue to speak.
Keep talking.
Kasa, Sawa. Sno

Kayin Yo Celebrated one. Long awaited child.

AFRICAN BABY NAME DICTIONARY "IGBO & YORUBA NIGERIA"
Sno = Short name of or Nickname. Gender: BG = both gender; B = boy; G = girl;
ML = Married lady, Ig = Igbo, Yo = Yoruba, Ha = Hausa.

Kayode Yo/B He who brings joy.

Kehinde Yo Second born of twins or one who falls behind.

Kekperechi Ig/BG also **Kaekperechi, Kaekperechuku, Kaekperechukwu, Kekperechuku, Kekperechukwu.**
Let's pray to God/god.
Chi-chi, Chii, Ekperechi, Ka, Kaekpere, Kekpere. Sno

Kekperechuku Ig/BG also **Kaekperechi, Kaekperechuku, Kaekperechukwu, Kekperechi, Kekperechukwu.**
Let's pray to God/god.
Chi-chi, Chii, Ekperechi, Ka, Kaekpere, Kekpere. Sno

Kekperechukwu Ig/BG also **Kaekperechi, Kaekperechuku, Kaekperechukwu, Kekperechi, Kekperechuku.**
Let's pray to God/god.
Chi-chi, Chii, Ekperechi, Ka, Kaekpere, Kekpere. Sno

Kelechi Ig/BG also **Kelechuku, Kelechukwu, Kenechi, Kenechuku, Kenechukwu.**
Thank God.
Chi-chi, Chii, Kele, Kene, Kenechi. Sno

Kelechuku Ig/BG also **Kelechi, Kelechukwu, Kenechi, Kenechuku, Kenechukwu.**
Thank God.
Chi-chi, Chii, Kele, Kelechi, Kene, Kenechi. Sno

Kelechukwu Ig/BG also **Kelechi, Kelechuku, Kenechi, Kenechuku, Kenechukwu.**
Thank God.
Chi-chi, Chii, Kele, Kelechi, Kene, Kenechi. Sno

Kelenna Ig/B also **Kenenna.**
Thank you Father/God.
Kele, Kene, Nana, Nnaa. Sno

Kemeotu Ig/B also **Kaemeotu.**
Let's be one. Let us agree on one thing. Let's unify.
Kaeme, Keme. Sno

Kenechi Ig/BG also **Kelechi, Kelechuku, Kelechukwu, Kenechuku, Kenechukwu.**
Thank God.
Chi-chi, Chii, Kele, Kelechi, Kene, Kenechi. Sno

Kenechuku Ig/BG also **Kelechi, Kelechuku, Kelechukwu, Kenechi, Kenechukwu.**
Thank God.
Chi-chi, Chii, Kele, Kenechi, Kene, Kenechi. Sno

Kenechukwu Ig/BG also **Kelechi, Kelechuku, Kelechukwu, Kenechi, Kenechuku.**
Thank God/god.
Chi-chi, Chii, Kele, Kelechi, Kene, Kenechi. Sno

Kenenna Ig/B also **Kelenna.**
Thank you Father/God.
Kele, Kene, Nana, Nnaa. Sno

Keyshia Yo A favorite of everyone.

Khadija Yo The one who came first.

Kikelomo Yo/G A child who is destined to be pampered.
Kike, Lomo. Sno

Kodilinyechi Ig/B also **Kodilinyechuku, Kodilinyechukwu, Kodirinyechi, Kodirinyechuku, Kodirinyechukwu.**
Leave it to God/god.
Chi-chi, Chii, Kodi, Kodili. Sno

Kodilinyechuku Ig/B also **Kodilinyechi, Kodilinyechukwu, Kodirinyechi, Kodirinyechuku, Kodirinyechukwu.**
Leave it to God/god.
Chi-chi, Chii, Kodi, Kodili. Sno

Kodilinyechukwu Ig/B also **Kodilinyechi, Kodilinyechuku, Kodirinyechi, Kodirinyechuku, Kodirinyechukwu.**
Leave it to God/god.
Chi-chi, Chii, Kodi, Kodili. Sno

Kodirinyechi Ig/B also **Kodilinyechi, Kodilinyechuku, Kodilinyechukwu, Kodirinyechuku, Kodirinyechukwu.**
Leave it to God/god.
Chi-chi, Chii, Kodi, Kodili. Sno

Kodirinyechuku Ig/B also **Kodilinyechi, Kodilinyechuku, Kodilinyechukwu, Kodirinyechi, Kodirinyechukwu.**
Leave it to God/god.
Chi-chi, Chii, Kodi, Kodili. Sno

Kodirinyechukwu Ig/B also **Kodilinyechi, Kodilinyechuku, Kodilinyechukwu, Kodirinyechi, Kodirinyechuku.**
Leave it to God/god.
Chi-chi, Chii, Kodi, Kodili. Sno

Kolapo Yo Wealth is adundant.
Kola, Lapo. Sno

Korede Yo/G A girl who brings Joy to her family.

Kosisochi Ig/BG also **Kaosisochi, Kaosisochuku, Kaosisochukwu, Kaositochi, Kaositochuku, Kaositochukwu, Kosisochuku, Kosisochukwu, Kositochi, Kositochuku, Kositochukwu.**
As it pleases God/god. According to Gods' wishes.
Chi-chi, Chii, Kaosi, Osi. Sno

Kosisochuku Ig/BG also **Kosisochi, Kaosisochuku, Kaosisochukwu, Kaositochi, Kaositochuku, Kaositochukwu, Kosisochi, Kosisochukwu, Kositochi, Kositochuku, Kositochukwu.**
As it pleases God/god. According to Gods' wishes.
Chi-chi, Chii, Kaosi, Osi. Sno

Kosisochukwu Ig/BG also **Kaosisochi, Kaosisochuku, Kaosisochukwu, Kaositochi, Kaositochuku, Kaositochukwu, Kosisochi, Kosisochuku, Kositochi, Kositochuku, Kositochukwu.**
As it pleases God/god. According to Gods' wishes.
Chi-chi, Chii, Kaosi, Osi. Sno

Kositochi Ig/BG also **Kaosisochi, Kaosisochuku, Kaosisochukwu, Kaositochi, Kaositochuku, Kaositochukwu, Kosisochi,** **Kosisochuku, Kosisochukwu, Kositochuku, Kositochukwu.**
As it pleases God/god. According to Gods' wishes.
Chi-chi, Chii, Kaosi, Osi. Sno

Kositochuku Ig/BG also **Kaosisochi, Kaosisochuku, Kaosisochukwu, Kaositochi, Kaositochuku, Kaositochukwu, Kosisochi, Kosisochuku, Kosisochukwu, Kositochi, Kositochukwu.**
As it pleases God/god. According to Gods' wishes.
Chi-chi, Chii, Kaosi, Osi. Sno

Kositochukwu Ig/BG also **Kaosisochi, Kaosisochuku, Kaosisochukwu, Kaositochi, Kaositochuku, Kaositochukwu, Kosisochi, Kosisochuku, Kosisochukwu, Kositochi, Kositochuku.**
As it pleases God/god. According to Gods' wishes.
Chi-chi, Chii, Kaosi, Osi. Sno

Kwali Yo/BG Strength; Powerful. *Sno*

Kwemto Ig/B Let's leave in peace.
Kwem. Sno

Kwemtochi Ig/B also

Kwemtochuku, Kwemtochukwu, Kwemutochi, Kwemutochuku, Kwemutochukwu.
Allow me to praise God/god. *Chi-chi, Chii, Kwem, Kwemto, Kwemu, Kwemuto, Tochi, Tochuku, Tochukwu.* Sno

Kwemtochuku Ig/B also **Kwemtochi, Kwemtochukwu, Kwemutochi, Kwemutochuku, Kwemutochukwu.**
Allow me to praise God/god. *Chi-chi, Chii, Kwem, Kwemto, Kwemu, Kwemuto, Tochi, Tochuku, Tochukwu.* Sno

Kwemtochukwu Ig/B also **Kwemtochi, Kwemtochuku, Kwemutochi, Kwemutochuku, Kwemutochukwu.**
Allow me to praise God/god. *Chi-chi, Chii, Kwem, Kwemto, Kwemu, Kwemuto, Tochi, Tochuku, Tochukwu.* Sno

Kwemutochi Ig/B also **Kwemtochi, Kwemtochuku, Kwemtochukwu, Kwemutochuku, Kwemutochukwu.**
Allow me to praise God/god. *Chi-chi, Chii, Kwem, Kwemto, Kwemu, Kwemuto, Tochi, Tochuku, Tochukwu.* Sno

Kwemutochuku Ig/B also **Kwemtochi, Kwemtochuku, Kwemtochukwu, Kwemutochi, Kwemutochukwu.**
Allow me to praise God/god. *Chi-chi, Chii, Kwem, Kwemto, Kwemu, Kwemuto, Tochi, Tochuku, Tochukwu.* Sno

Kwemutochukwu Ig/B also **Kwemtochi, Kwemtochuku, Kwemtochukwu, Kwemutochi, Kwemutochuku.**
Allow me to praise God/god. *Chi-chi, Chii, Kwem, Kwemto, Kwemu, Kwemuto, Tochi, Tochuku, Tochukwu.* Sno

Kwento Yo/BG One who protects the family name. *Kwen.* Sno

Kyauta Ha/BG Gift

L

Lebechi Ig/B also **Lebechuku,**
Lebechukwu,
Lebeolisa.
Look to God.
Chi-chi, Chii, Nebe. Sno

Lebechuku Ig/B also
Lebechi,
Lebechukwu,
Lebeolisa.
Look to God.
Chi-chi, Chii, Nebe. Sno

Lebechukwu Ig/B also Lebechi,
Lebechuku, Lebeolisa.
Look to God.
Chi-chi, Chii, Nebe. Sno

Lebeolisa Ig/B also Lebechi,
Lebechuku, Lebechukwu.
Look to God.
Chi-chi, Chii, Nebe. Sno

Lebeuwa Ig/B also **Lekwauwa.**
Look at the world.
Lebe, Uwa. Sno

Lechi Ig/BG also **Lechuku,**
Lechukwu.
Look at God.
Chi-chi, Chii, Lee, Lechi. Sno

Lechuku Ig/BG also Lechi,
Lechukwu.
Look at God.
Chi-chi, Chii, Lee, Lechi. Sno

Lechukwu Ig/BG also Lechi,
Lechuku.
Look at God.
Chi-chi, Chii, Lee, Lechi. Sno

Lekwauwa Ig/B also Lebeuwa.
Look at the world.
Lebe, Uwa. Sno

Lolade Yo/BG God is with you. *Lola* Sno

Lotachi Ig/BG also **Lotachuku,**
Lotachukwu.
Remember God/god.
Chi-chi, Chii, Lota, Lotachi. Sno

Lotachuku Ig/BG also
Lotachi, Lotachukwu.
Remember God/god.
Chi-chi, Chii, Lota, Lotachi. Sno

Lotachukwu Ig/BG also
Lotachi, Lotachuku.
Remember God/god.
Chi-chi, Chii, Lota, Lotachi. Sno

Lotam Ig/B Remember me.
Lota. Sno

Lotanna Ig/ Remember father/God.
Lota, Nana, Nnaa. Sno

M

Maduabuchi Ig/B also
Maduabuchuku,
Maduabuchukwu,
Maduabughichi,
Maduabughichuku,
Maduabughichukwu.
 Nobody is God.
 Abuchi, Chi-chi, Chii, Maduabu, Maduabughi, Madu. Sno

Maduabuchim Ig/B also
Maduabuchukum,
Maduabuchukwum,
Maduabughichim,
Maduabughichukum,
Maduabughichukwum.
 Nobody is my God.
 Abuchi, Abughichi, Chi-chi, Chii, Madu, Maduabu. Sno

Maduabuchuku Ig/B also
Maduabuchi, Maduabuchukwu,
Maduabughichi,
Maduabughichuku,
Maduabughichukwu.
 Nobody is God.
 Abuchi, Chi-chi, Chii, Maduabu, Maduabughi, Madu. Sno

Maduabuchukum Ig/B also
Maduabuchim,
Maduabuchukwum,
Maduabughichim,
Maduabughichukum,
Maduabughichukwum.
 Nobody is my God.
 Abuchi, Abughichi, Chi-chi, Chii, Madu, Maduabu. Sno

Maduabuchukwu Ig/B also
Maduabuchi, Maduabuchuku,
Maduabughichi,
Maduabughichuku,
Maduabughichukwu.
 Nobody is God.
 Abuchi, Chi-chi, Chii, Maduabu, Maduabughi, Madu. Sno

Maduabuchukwum Ig/B also
Maduabuchim,
Maduabuchukum,
Maduabughichim,
Maduabughichukum,
Maduabughichukwum.
 Nobody is my God.
 Abuchi, Abughichi, Chi-chi, Chii, Madu, Maduabu. Sno

Maduabughichi Ig/B also
Maduabuchi, Maduabuchuku,
Maduabuchukwu,
Maduabughichuku,
Maduabughichukwu.
 Nobody is God.
 Abuchi, Chi-chi, Chii, Maduabu, Maduabughi,

Madu. Sno

Maduabughichim Ig/B also
**Maduabuchim, Maduabuchukum,
Maduabuchukwum,
Maduabughichukum,
Maduabughichukwum.**
Nobody is my God.
*Abuchi, Abughichi, Chi-chi, Chii,
Madu, Maduabu.* Sno

Maduabughichuku Ig/B also
**Maduabuchi, Maduabuchuku,
Maduabuchukwu,
Maduabughichi,
Maduabughichukwu.**
Nobody is God.
*Abuchi, Chi-chi, Chii, Maduabu,
Maduabughi, Madu.* Sno

Maduabughichukum Ig/B also
**Maduabuchim, Maduabuchukum,
Maduabuchukwum,
Maduabughichim,
Maduabughichukwum**.
Nobody is my God.
*Abuchi, Abughichi, Chi-chi, Chii,
Madu, Maduabu.* Sno

Maduabughichukwu Ig/B also
**Maduabuchi, Maduabuchuku,
Maduabuchukwu, Maduabughichi,
Maduabughichuku.**
Nobody is God.
*Abuchi, Chi-chi, Chii, Maduabu,
Maduabughi, Madu.* Sno

Maduabughichukwum Ig/B
also **Maduabuchim,
Maduabuchukum,
Maduabuchukwum,
Maduabughichim,
Maduabughichukum.**
Nobody is my God.
*Abuchi, Abughichi, Chi-chi,
Chii, Madu, Maduabu.* Sno

Maduakachi Ig/B also
**Maduakachuku,
Maduakachukwu,
Maduakaghichi,
Maduakaghichuku,
Maduakaghichukwu.**
Nobody is greater than God.
Chi-chi, Chii, Madu. Sno

Maduakachuku Ig/B also
**Maduakachi,
Maduakachukwu,
Maduakaghichi,
Maduakaghichuku,
Maduakaghichukwu.**
Nobody is greater than God.
Chi-chi, Chii, Madu. Sno

Maduakachukwu Ig/B also
**Maduakachi, Maduakachuku,
Maduakaghichi,
Maduakaghichuku,
Maduakaghichukwu.**
Nobody is greater than God.
Chi-chi, Chii, Madu. Sno

Maduakaghichi Ig/B also
Maduakachi, Maduakachuku,

**Maduakachukwu,
Maduakaghichuku,
Maduakaghichukwu.**
Nobody is greater than God.
Chi-chi, Chii, Madu. Sno

Maduakaghichuku Ig/B also
**Maduakachi, Maduakachuku,
Maduakachukwu, Maduakaghichi,
Maduakaghichukwu.**
Nobody is greater than God.
Chi-chi, Chii, Madu. Sno

Maduakaghichukwu Ig/B also
**Maduakachi, Maduakachuku,
Maduakachukwu, Maduakaghichi,
Maduakaghichuku.**
Nobody is greater than God.
Chi-chi, Chii, Madu. Sno

Madukaego Ig/G Person is worth more than money.
Ego, Maduka, Mkaego. Sno

Madukaife Ig/BG A person is worth
more than anything.
Ife, Kaife, Madu, Maduka. Sno

Marachi Ig/BG also **Marachuku,
Marachukwu, Matachi,
Matachuku, Matachukwu.**
You have to know God. You have to be knowledgeable of God.
Chi-chi, Chii, Mara, Mata. Sno

Marachigi Ig/BG also Matachigi.
Know your God.
Mara, Marachi, Mata, Matachi. Sno

Marachuku Ig/BG also
**Marachi, Marachukwu,
Matachi, Matachuku,
Matachukwu.**
You have to know God. You have to be knowledgeable of God.
Chi-chi, Chii, Mara, Mata. Sno

Marachukwu Ig/BG also
**Marachi, Marachuku, Matachi,
Matachuku, Matachukwu.**
You have to know God. You have to be knowledgeable of God.
Chi-chi, Chii, Mara, Mata. Sno

Maraizu Ig/B also Marizu.
Have wisdom. Be wise.
Be knowledgeable.
Izu, Mara. Sno

Marizu Ig/B also **Maraizu.**
Have wisdom. Be wise.
Be knowledgeable.
Izu, Mara. Sno

Maryamu Ha/G also Maryam.
A sea of bitterness. *Mary* Sno

Matachi Ig/BG also **Marachi,**

AFRICAN BABY NAME DICTIONARY "IGBO & YORUBA NIGERIA"
Sno = Short name of or Nickname. Gender: BG = both gender; B = boy; G = girl;
ML = Married lady, Ig = Igbo, Yo = Yoruba, Ha = Hausa.

Marachuku, Marachukwu, Matachuku, Matachukwu.
You have to know God.
You have to be knowledgeable of God.
Chi-chi, Chii, Mara, Mata. Sno

Matachigi Ig/BG also **Marachigi.**
Know your God.
Mara, Marachi, Mata, Matachi. Sno

Matachuku Ig/BG also **Marachi, Marachuku, Marachukwu, Matachi, Matachukwu.**
You have to know God. You have to be knowledgeable of God.
Chi-chi, Chii, Mara, Mata. Sno

Matachukwu Ig/BG also **Marachi, Marachuku, Marachukwu, Matachi, Matachuku.**
You have to know God. You have to be knowledgeable of God.
Chi-chi, Chii, Mara, Mata. Sno

Mbadiwe Ig/B City of anger.
Iwe, Mba. Sno

Mbakwe Ig/B Let the people agree. A plea to the people for acceptance.
Mba. Sno

Metule Ig/B Try and see ... (what will happen.)
Don't under estimate me.
Metu. Sno

Mgbafo Ig/G also **Mgbeafo.**
One born on Afo Market day.
Afo, Nwafo. Sno

Mgbeafo Ig/G also Mgbafo
One born on Afo Market day.
Afo, Nwafo. Sno

Mgbechi Ig/BG Gods' time.
Chi-chi, Chii. Sno

Mgbechikwere Ig/BG also **Mgbechukukwere, Mgbechukwukwere.**
When God/god agrees.
Chi-chi, Chii, Mgbechi. Sno

Mgbechinyere Ig/BG also **Mgbechukunyere, Mgbechukwunyere.**
Gods' time of giving.
Chi-chi, Chii, Chinyere, Mgbechi. Sno

Mgbechukukwere Ig/BG also **Mgbechikwere, Mgbechukwukwere.**
When God/god agrees.
Chi-chi, Chii, Mgbechi. Sno

Mgbechukunyere Ig/BG also
Mgbechinyere,
Mgbechukwunyere.
Gods' time of giving.
Chi-chi, Chii, Chinyere,
Mgbechi. Sno

Mgbechukwukwere Ig/BG also
Mgbechikwere,
Mgbechukukwere.
When God/god agrees.
Chi-chi, Chii, Mgbechi. Sno

Mgbechukwunyere Ig/BG also
Mgbechinyere, Mgbechukunyere.
Gods' time of giving.
Chi-chi, Chii, Chinyere,
Mgbechi. Sno

Mgbeke Ig/G One born on Eke
Market day.
Eke Sno

Mgbenkwo Ig/B One born
on Nkwo
Market day.
Nkwo, Nwankwo. Sno

Mgbeorie Ig/G One born on Orie
Market day.
Nwaorie, Orie. Sno

Mofetoluwa Yo One who
graciously accepts.
Oluwa. Sno

Mojisola Yo/BG Wake-up to
wealth. *Mo, Moji, Sola.* Sno

Monifa Yo/BG I am lucky.
Moni, Nifa. Sno

Munachimso Ig/BG also
Munachukumso,
Munachukwumso.
My God is with me.
Chi-chi, Chii, Muna, Munachi,
Munachim. Sno

Munachiso Ig/BG also
Munachukuso,
Munachukwuso.
God is with me.
Chi-chi, Chii, Muna,
Munachi. Sno

Munachukumso Ig/BG also
Munachimso,
Munachukwumso.
My God is with me.
Chi-chi, Chii, Muna, Munachi,
Munachim. Sno

Munachukuso Ig/BG also
Munachiso, Munachukwuso.
God is with me.
Chi-chi, Chii, Muna,
Munachi. Sno

Munachukwumso Ig/BG also
Munachimso,
Munachukumso.
My God is with me.

Chi-chi, Chii, Muna, Munachi,
Munachim. Sno

Munachukwuso Ig/BG also
Munachiso, Munachukwuso.
God is with me.
Chi-chi, Chii, Muna,
Munachi. Sno

Musa Ha/B Means prophet

Naade Yo/B A boy who is born in Royalty. *Ade* Sno

Narachi Ig/BG also **Narachuku, Narachukwu.**
Accept God/god. Receive God/god.
Chi-chi, Chii, Nara. Sno

Narachuku Ig/BG also **Narachi, Narachukwu**.
Accept God/god. Receive God/god.
Chi-chi, Chii, Nara. Sno

Narachukwu Ig/BG also **Narachi, Narachuku**.
Accept God/god. Receive God/god.
Chi-chi, Chii, Nara. Sno

Nchebe Ig/BG Reserved, Saved *Chebe.* Sno

Ncheta Ig/BG Reminder. *Cheta.* Sno

Ndidiamaka Ig/G It is better to be patient/endurance. *Amaka, Ndidi.* Sno

Ndididike Ig/B Power of endurance /patience. *Dike, Ndi, Ndidi.* Sno

Ndidikanma Ig/BG It is good to endure/patience. *Ndi, Ndidi.* Sno

Ndu Ig/B Life. *Nd.* Sno

Ndubuagha Ig/B Life is a battle. Life is war Life is not easy. *Agha, Ndu, Ndubu.* Sno

Ndubuaku Ig/B Life is wealth. *Aku, Buaku, Ndu.* Sno

Ndubueze Ig/B Life is the king (head of all things.) Life is indispensable. Life is sacred. *Eze, Ndu.* Sno

Ndubuisi Ig/B Life is indispensable. Life is irreplaceable. *Buisi, Ndu.* Sno

Ndudirim Ig/B I plea for life. *Ndu.* Sno

AFRICAN BABY NAME DICTIONARY "IGBO & YORUBA NIGERIA"
Sno = Short name of or Nickname. Gender: BG = both gender; B = boy; G = girl;
ML = Married lady, Ig = Igbo, Yo = Yoruba, Ha = Hausa.

Ndukaku Ig/B Life is greater than wealth.
Aku, Kaku, Ndu, Nduka. Sno

Nduli Ig/B also **Nduri**. Dove. This child depites loyalty/gentleness/innocence.
Ndu. Sno

Nduri Ig/B also **Nduli**. Dove. This child depites loyalty / gentleness / innocence.
Ndu. Sno

Nebechi Ig/B also **Nebechuku, Nebechukwu, Nebeolisa**.
Look to God.
Chi-chi, Chii, Nebe. Sno

Nebechuku Ig/B also **Nebechi, Nebechukwu, Nebeolisa**.
Look to God.
Chi-chi, Chii, Nebe. Sno

Nebechukwu Ig/B also **Nebechi, Nebechuku, Nebeolisa**.
Look to God.
Chi-chi, Chii, Nebe. Sno

Nebeolisa Ig/B also **Nebechi, Nebechuku, Nebechukwu**.
Look to God.
Chi-chi, Chii, Nebe. Sno

Nebeuwa Ig/B Look at the world.
Nebe, Uwa. Sno

Ngadi Ig/BG I will be here. I will be alife.
Adi, Nga. Sno

Ngoli Ig/G Joy/Joyce. Happiness.
Ngo. Sno

Ngasi Ig/G Also **Ngasigini, Ngasinini,** What can I say.

Ngozi Ig/BG Blessing.
Ngo. Sno

Ngozichi Ig/BG also **Ngozichuku, Ngozichukwu**.
God's blessing.
Chi-chi, Chii, Ngo, Ngozi. Sno

Ngozichika Ig/BG also **Ngozichukuka, Ngozichukwuka**.
God's blessing is greater.
Chi-chi, Chii, Ngo, Ngozi. Sno

Ngozichuku Ig/BG also **Ngozichi, Ngozichukwu**.
God's blessing.
Chi-chi, Chii, Ngo, Ngozi. Sno

Ngozichukuka Ig/BG also **Ngozichika, Ngozichukwuka**.
God's blessing is greater.

Chi-chi, Chii, Ngo, Ngozi. Sno

Ngozichukwu Ig/BG also
Ngozichi, Ngozichuku.
God's blessing.
Chi-chi, Chii, Ngo, Ngozi. Sno

Ngozichukwuka Ig/BG also
Ngozichika, Ngozichukuka.
God's blessing is greater.
Chi-chi, Chii, Ngo, Ngozi. Sno

Nkadi Ig/B (This is a name of affirmation.) I'm still here. I am still alife.
Adi, Nka. Sno

Nkasiobi Ig/G Comfort.
Nkasi. Sno

Nkechi Ig/G also **Nkechuku, Nkechukwu.**
Own by God. Gods' own.
Chi-chi, Chii, Nkee. Sno

Nkechim Ig/G also **Nkechukum, Nkechukwum.**
For my God. Own by my God.
Chi-chi, Chii, Nkee, Nkem, Nkechi. Sno

Nkechimnyere Ig/G also
Nkechukumnyere,
Nkechukwumnyere.
Gift from my God.
Chi-chi, Chii, Chinyere, Nkechi, Nkechim, Nkem, Nkechim. Sno

Nkechinyere Ig/G also
Nkechukunyere,
Nkechukwunyere.
Gift from God.
Chi-chi, Chii, Chinyere, Nkechi. Sno

Nkechinyerem Ig/G also
Nkechukunyerem,
Nkechukwunyerem. What God has given to me.
Chi-chi, Chii, Chinyere, Nkechi, Nkem. Sno

Nkechuku Ig/G also **Nkechi, Nkechukwu.**
Own by God. Gods' own.
Chi-chi, Chii, Nkee. Sno

Nkechukum Ig/G also
Nkechim, Nkechukwum.
For my God. Own by my God.
Chi-chi, Chii, Nkee, Nkem, Nkechi. Sno

Nkechukumnyere Ig/G also
Nkechimnyere,
Nkechukwumnyere.
Gift from my God.
Chi-chi, Chii, Chinyere, Nkechi, Nkechim, Nkem. Sno

Nkechukunyere Ig/G also
Nkechinyere,
Nkechukwunyere.
Gift from God.

Chi-chi, Chii, Chinyere, Nkechi. Sno

Nkechukunyerem Ig/G also **Nkechinyerem, Nkechukwunyerem.**
What God has given to me.
Chi-chi, Chii, Chinyere, Nkechi, Nkem. Sno

Nkechukwu Ig/G also **Nkechi, Nkechuku.**
Own by God. Gods' own.
Chi-chi, Chii, Nkee. Sno

Nkechukwum Ig/G also **Nkechim, Nkechukum.**
For my God. Own by my God.
Chi-chi, Chii, Nkee, Nkem, Nkechi. Sno

Nkechukwumnyere Ig/G also **Nkechimnyere, Nkechukumnyere.**
Gift from my God.
Chi-chi, Chii, Chinyere, Nkechi, Nkechim, Nkem, Nkechim. Sno

Nkechukwunyere Ig/G also **Nkechinyere, Nkechukunyere.**
Gift from God.
Chi-chi, Chii, Chinyere, Nkechi. Sno

Nkechukwunyerem Ig/G also **Nkechinyerem, Nkechukunyerem.**
What God has given to me.
Chi-chi, Chii, Chinyere, Nkechi, Nkem. Sno

Nkediniruka Ig/B also **Nkeiruka.**
The future holds greater things. The best is yet to come. The future has brighter outlook.
Iruka, Nkedi, Nkeiru, Uka. Sno

Nkeiruka Ig/B also **Nkediniruka.** The future holds greater things. The best is yet to come. The future has brighter outlook.
Iruka, Nkedi, Nkeiru, Uka. Sno

Nkem Ig/BG Mine. My own.

Nkemakolam Ig/B also **Nkemakolamu, Nkemuakolam, Nkemuakolamu, Nkemakonam, Nkemakonamu, Nkemuakonam, Nkemuakonamu.**
Let me not be without a child/son. May I not be without mine (child/son.) May I not lack what is mine (child/son.) May I never lack what is mine (child/son.)
Ako, Akolam, Akolamu,

Akonam, Akonamu, Nkem, Nkemu. Sno

Nkemakolamu Ig/B also
**Nkemakolam,
Nkemuakolam,
Nkemuakolamu,
Nkemakonam,
Nkemakonamu,
Nkemuakonam,
Nkemuakonamu.**
Let me not be without a child/son May I not be without mine (child/son.) May I not lack what is mine (child/son.) May I never lack what is mine (child/son.)
Ako, Akolam, Akolamu, Akonam, Akonamu, Nkem, Nkemu. Sno

Nkemakonam Ig/B also
**Nkemakolam,
Nkemakolamu,
Nkemuakolam,
Nkemuakolamu,
Nkemakonamu,
Nkemuakonam,
Nkemuakonamu.**
Let me not be without a child/son May I not be without mine (child/son.) May I not lack what is mine (child/son.) May I never lack what is mine (child/son.)
Ako, Akolam, Akolamu, Akonam, Akonamu, Nkem, Nkemu. Sno

Nkemakonamu Ig/B also
**Nkemakolam,
Nkemakolamu,
Nkemuakolam,
Nkemuakolamu,
Nkemakonam,
Nkemuakonam,
Nkemuakonamu.**
Let me not be without a child/son May I not be without mine (child/son.) May I not lack what is mine (child/son.) May I never lack what is mine (child/son.)
Ako, Akolam, Akolamu, Akonam, Akonamu, Nkem, Nkemu. Sno

Nkemchimnyerem Ig/G also
**Nkemchukumnyerem,
Nkemchukwumnyerem.**
My gife from my God.
Chi-chi, Chii, Chinyere, Nkechi, Nkechim, Nkem. Sno

Nkemchukumnyerem Ig/G also
**Nkemchimnyerem,
Nkemchukwumnyerem.**
My gife from my God.
Chi-chi, Chii, Chinyere, Nkechi, Nkechim, Nkem. Sno

Nkemchukwumnyerem Ig/G also

Nkemchimnyerem,
Nkemchukumnyerem.
My gife from my God.
Chi-chi, Chii, Chinyere, Nkechi,
Nkechim, Nkem. *Sno*

Nkemdilim Ig/B also
Nkemdirim.
Let my own be mine. Let mine remain mine.
Mdilim, Mdirim, Ndilim,
Ndirim, Nkem. *Sno*

Nkemdiniruka Ig/B also
Nkemdinirumka.
My future holds greater things. My best is yet to come. My future has brighter outlook.
Iruka, Nkedi, Nkeiru, Uka. *Sno*

Nkemdinirumka Ig/B also
Nkemdiniruka.
My future holds greater things. My best is yet to come. My future has brighter outlook.
Iruka, Nkedi, Nkeiru, Uka. *Sno*

Nkemdirim Ig/B also **Nkemdilim**.
Let my own be mine. Let mine remain mine.
Mdilim, Mdirim, Ndilim,
Ndirim, Nkem. *Sno*

Nkemjika Ig/B What I have is greater.
Mjika, Nkem, Njika. *Sno*

Nkemka Ig/B Mine is greater.
Nkem. *Sno*

Nkemuakolam Ig/B also
Nkemakolam,
Nkemakolamu,
Nkemuakolamu,
Nkemakonam,
Nkemakonamu,
Nkemuakonam,
Nkemuakonamu.
Let me not be without a child/son
May I not be without mine (child/son.) May I not lack what is mine (child/son.) May I never lack what is mine (child/son.)
Ako, Akolam, Akolamu,
Akonam, Akonamu, Nkem,
Nkemu. *Sno*

Nkemuakolamu Ig/B also
Nkemakolam,
Nkemakolamu,
Nkemuakolam,
Nkemakonam,
Nkemakonamu,
Nkemuakonam,
Nkemuakonamu.
Let me not be without a child/son May I not be without mine (child/son.) May I not lack what is mine (child/son.) May I never lack what is mine (child/son.) *Ako, Akolam,*
Akolamu, Akonam,
Akonamu, Nkem, Nkemu.
Sno

Nkemuakonam Ig/B also
Nkemakolam,
Nkemakolamu,
Nkemuakolam,
Nkemuakolamu,
Nkemakonam,
Nkemakonamu,
Nkemuakonamu.
Let me not be without a child/son
May I not be without mine
(child/son.) May I not lack what is
mine (child/son.) May I never lack
what is mine (child/son.)
*Ako, Akolam, Akolamu, Akonam,
Akonamu, Nkem, Nkemu.* Sno

Nkemuakonamu Ig/B also
Nkemakolam,
Nkemakolamu,
Nkemuakolam,
Nkemuakolamu,
Nkemakonam,
Nkemakonamu,
Nkemuakonam.
Let me not be without a
child/son May I not be without
mine (child/son.) May I not lack
what is mine (child/son.) May I
never lack what is mine
(child/son.)
*Ako, Akolam, Akolamu,
Akonam, Akonamu, Nkem,
Nkemu.* Sno

Nkwachi Ig/BG also
Nkwachuku,
Nkwachukwu.
Gods' promise.
Chi-chi, Chii, Nkwa. Sno

Nkwachuku Ig/BG also
Nkwachi,
Nkwachukwu.
Gods' promise.
*Chi-chi, Chii, Nkwa,
Nkwachi.* Sno

Nkwachukwu Ig/BG also
Nkwachi,
Nkwachuku.
Gods' promise.
*Chi-chi, Chii, Nkwa,
Nkwachi.* Sno

Nmeri Ig/BG Victor. Victoria.
Winner.

Nnabugwu Ig/B A father is a
childs' honor / respect / dignity.
Nnabu, Nnanna, Ugwu. Sno

Nnabuife Ig/B also **Nnabuihe**.
Father is worth a lot.
*Buife, Buihe, Ife, Ihe, Nnabu,
Nnaife.* Sno

Nnabuihe Ig/B also **Nnabuife**.
Father is worth a lot.
*Buife, Buihe, Ife, Ihe, Nnabu,
Nnaife.* Sno

Nnachebem Ig/B
Father/Ancestors/
God/god protect me.

AFRICAN BABY NAME DICTIONARY "IGBO & YORUBA NIGERIA"
Sno = Short name of or Nickname. Gender: BG = both gender; B = boy; G = girl;
ML = Married lady, Ig = Igbo, Yo = Yoruba, Ha = Hausa.

Chebem. Sno

Nnachetam Ig/BG
Father/Ancestors
/God/god remember me.
Cheta, Chetam. Sno

Nnaemeka Ig/B Father/Ancestors/
God/god has done great,
Thanks to my father. Thanks to
My God / god.
Emeka, Nnaeme. Sno

Nnaji Ig/B Born by same Father.
Sibling only by Father.
Nnaa. Sno

Nnamdi Ig/B also **Nnamudi.**
I have a father – I have an honor.
Mdi, Mudi, Ndi, Nnam. Sno

Nnamudi Ig/B also **Nnamdi.**
I have a father – I have an honor.
Mdi, Mudi, Ndi, Nnam. Sno

Nnanna Ig/B Grandfather. The
father of a childs' father/mother.
(This name is given to a child
who is presumed to be a
reincarnated grandfather.)
Nana. Sno

Nneamaka Ig/G also Nneka.
Mother is great.
Nne. Sno

Nneji Ig/B Siblings born by the same mother.

Nneka Ig/G also Nneamaka.
Mother is great.
Nne. Sno

Nnekanwa Ig/G A mother is
more
than a child.
Nne, Nneka, Nwa. Sno

Nnenna Ig/G Grandmother.
The mother of a childs' father.
(This name is given to a child
who is presumed to be a
reincarnated grandmother.)
Nene. Sno

Nnenne Ig/G Grandmother.
The mother of a Childs' mother/
father. (This name is given to
a child who is presumed to be a
reincarnated grandmother.)
Nene. Sno

Nneoma Ig/G Great mother. (A
name given to a child who is
expected to be a great mother.)
Nne. Sno

Nneze Ig/G The mother of a
king. *Nne* Sno

Ntasiobi Ig/B Endurance.
Ntasi, Obi. Sno

Ntukwasiobi Ig/BG Trust.

Ntu, Ntukwasi, Obi. [Sno]

Nuruchi [Ig/BG] also **Nuruchuku, Nuruchukwu.**
Listen to God/god.
Adhere to God/god.
Chi-chi, Chii, Nuru. [Sno]

Nuruchuku [Ig/BG] also **Nuruchi, Nuruchukwu.**
Listen to God/god.
Adhere to God/god.
Chi-chi, Chii, Nuru. [Sno]

Nuruchukwu [Ig/BG] also **Nuruchi, Nuruchuku.**
Listen to God/god.
Adhere to God/god.
Chi-chi, Chii, Nuru. [Sno]

Nuruoluchi [Ig/BG] also **Nuruoluchuku, Nuruoluchukwu.**
Listen to the voice of God/god.
Chi-chi, Chii, Nuru, Nuruolu, Oluchi. [Sno]

Nuruoluchuku [Ig/BG] also **Nuruoluchi, Nuruoluchukwu.**
Listen to the voice of God/god.
Chi-chi, Chii, Nuru, Nuruolu, Oluchi. [Sno]

Nuruoluchukwu [Ig/BG] also **Nuruoluchi,**

Nuruoluchuku.
Listen to the voice of God/god.
Chi-chi, Chii, Nuru, Nuruolu, Oluchi. [Sno]

Nwabekee [Ig/B] (It has two meanings) (1.) A light skin baby. (2.) A white baby.
Bekee. [Sno]

Nwabuenyi [Ig/B] A child is a friend.
Buenyi, Enyi, Nwa, Nwabu. [Sno]

Nwabueze [Ig/B] A child is a king.
Bueze, Eze, Nwabu. [Sno]

Nwabugwu [Ig/B] also **Nwanbugwu.**
A child is an honor/respect/dignity (…to the parents.)
Nbugwu, Nwabu, Nwanbu, Ugwu. [Sno]

Nwabuhara [Ig/BG] A child is joy.
Nwabu, Uhara. [Sno]

Nwabulo [Ig/BG] also **Nwabuno.**
A child is a piece of mind. A child is castle.
Nwabu. [Sno]

Nwabundu Ig/B A child is life.
(This means that a child is a continuation of life in this world.)
Ndu, Nwabu. Sno

Nwabuno Ig/BG also
Nwabulo.
A child is a piece of mind.
A child is castle.
Nwabu. Sno

Nwachimere Ig/BG also
Nwachukumere,
Nwachukwumere.
A child made by God/god.
Chimere, Nmere. Sno

Nwachinaemelu Ig/BG also
Nwachukunaemelu,
Nwachukwunaemelu,
Nwachinaemere,
Nwachukunaemere,
Nwachukwunaemere,
Nwachinemelu,
Nwachukunemelu,
Nwachukwunemelu,
Nwachinemere,
Nwachukunemere,
Nwachukwunemere.
A child who must always receive favour/favor from God/god.
Emelu, Emere, Neme, Nemelu, Nemere. Sno

Nwachinaemere Ig/BG also
Nwachinaemelu,
Nwachukunaemelu,
Nwachukwunaemelu,
Nwachukunaemere,
Nwachukwunaemere,
Nwachinemelu,
Nwachukunemelu,
Nwachukwunemelu,
Nwachinemere,
Nwachukunemere,
Nwachukwunemere.
A child who must always receive favour/favor from God/god.
Emelu, Emere, Neme, Nemelu, Nemere. Sno

Nwachinemelu Ig/BG also
Nwachinaemelu,
Nwachukunaemelu,
Nwachukwunaemelu,
Nwachinaemere,
Nwachukunaemere,
Nwachukwunaemere,
Nwachukunemelu,
Nwachukwunemelu,
Nwachinemere,
Nwachukunemere,
Nwachukwunemere.
A child who must always receive favour/favor from God/god.
Emelu, Emere, Neme, Nemelu, Nemere. Sno

Nwachinemere Ig/BG also
Nwachinaemelu,
Nwachukunaemelu,
Nwachukwunaemelu,
Nwachinaemere,
Nwachukunemere,

**Nwachukwunaemere,
Nwachinemelu,
Nwachukunemelu,
Nwachukwunemelu,
Nwachukunemere,
Nwachukwunemere.**
A child who must always receive favour/favor from God/god.
Emelu, Emere, Neme, Nemelu, Nemere. Sno

Nwachuku Ig/B also **Nwachukwu**.
Child of God/god. God's/god's child.
Chuku, Chukwu. Sno

Nwachukumere Ig/BG also **Nwachimere, Nwachukwumere**.
A child made by God/god.
Chimere, Nmere. Sno

Nwachukunaemelu Ig/BG also
**Nwachinaemelu,
Nwachukwunaemelu,
Nwachinaemere,
Nwachukunaemere,
Nwachukwunaemere,
Nwachinemelu,
Nwachukunemelu,
Nwachukwunemelu,
Nwachinemere,
Nwachukunemere,
Nwachukwunemere.**
A child who must always receive favour/favor from God/god.
Emelu, Emere, Neme, Nemelu, Nemere. Sno

Nwachukunaemere Ig/BG also
**Nwachinaemelu,
Nwachukunaemelu,
Nwachukwunaemelu,
Nwachinaemere,
Nwachukwunaemere,
Nwachinemelu,
Nwachukunemelu,
Nwachukwunemelu,
Nwachinemere,
Nwachukunemere,
Nwachukwunemere.**
A child who must always receive favour/favor from God/god.
Emelu, Emere, Neme, Nemelu, Nemere. Sno

Nwachukunemelu Ig/BG also
**Nwachinaemelu,
Nwachukunaemelu,
Nwachukwunaemelu,
Nwachinaemere,
Nwachukunaemere,
Nwachukwunaemere,
Nwachinemelu,
Nwachukwunemelu,
Nwachinemere,
Nwachukunemere,
Nwachukwunemere.**
A child who must always receive favour/favor from God/god.
Emelu, Emere, Neme, Nemelu, Nemere. Sno

Nwachukunemere Ig/BG also
Nwachinaemelu,
Nwachukunaemelu,
Nwachukwunaemelu,
Nwachinaemere,
Nwachukunaemere,
Nwachukwunaemere,
Nwachinemelu,
Nwachukunemelu,
Nwachukwunemelu,
Nwachinemere,
Nwachukwunemere.
A child who must always receive favour/favor from God/god.
Emelu, Emere, Neme, Nemelu, Nemere. Sno

Nwachukwu Ig/B also **Nwachuku.**
Child of God/god.
God's/god's child.
Chuku, Chukwu. Sno

Nwachukwumere Ig/BG also
A child made by God/god.
Chimere, Nmere. Sno

Nwachukwunaemelu Ig/BG also
Nwachinaemelu,
Nwachukunaemelu,
Nwachinaemere,
Nwachukunaemere,
Nwachukwunaemere,
Nwachinemelu,
Nwachukunemelu,
Nwachukwunemelu,
Nwachinemere,
Nwachukunemere,
Nwachukwunemere.

A child who must always receive favour/favor from God/god.
Emelu, Emere, Neme, Nemelu, Nemere. Sno

Nwachukwunaemere Ig/BG also
Nwachinaemelu,
Nwachukunaemelu,
Nwachukwunaemelu,
Nwachinaemere,
Nwachukunaemere,
Nwachinemelu,
Nwachukunemelu,
Nwachukwunemelu,
Nwachinemere,
Nwachukunemere,
Nwachukwunemere.
A child who must always receive favour/favor from God/god.
Emelu, Emere, Neme, Nemelu, Nemere. Sno

Nwachukwunemelu Ig/BG also
Nwachinaemelu,
Nwachukunaemelu,
Nwachukwunaemelu,
Nwachinaemere,
Nwachukunaemere,
Nwachukwunaemere,
Nwachinemelu,
Nwachukunemelu,
Nwachinemere,
Nwachukunemere,
Nwachukwunemere.
A child who must always

receive favour/favor from God/god.
Emelu, Emere, Neme, Nemelu, Nemere. Sno

Nwachukwunemere Ig/BG also **Nwachinaemelu, Nwachukunaemelu, Nwachukwunaemelu, Nwachinaemere, Nwachukunaemere, Nwachukwunaemere, Nwachinemelu, Nwachukunemelu, Nwachukwunemelu, Nwachinemere, Nwachukunemere**.
A child who must always receive favour/favor from God/god.
Emelu, Emere, Neme, Nemelu, Nemere. Sno

Nwadighiuhara Ig/BG also **Nwadigiuhara**. A child without joy. (This name is given to a child after parents have lost several children at or after birth.)
Nwadi, Nwadighi, Uhara. Sno

Nwadigiuhara Ig/BG also **Nwadighiuhara**.
A child without joy. (This name is given to a child after parents have lost several children at or after birth.)
Nwadi, Nwadighi, Uhara. Sno

Nwadike Ig/B   Child/Son of a powerful man/warrior.
Dike. Sno

Nwadinkpa Ig/G   A child is important.
Nwadi. Sno

Nwadiubara Ig/B also **Nwaubara**.
Happy and playful child.
Nwadi, Ubara. Sno

Nwadiuhara Ig/BG also **Nwauhara**.
Happy child. A joyful child.
Nwadi, Uhara. Sno

Nwaebube Ig/BG also **Nwebube**.
Miracle child.
Ebube. Sno

Nwaego Ig/G also **Nwego**.
A child of money. A child born into wealth.
Ego. Sno

Nwaeke Ig/B also **Nweke**.
A child born on Eke market day.
Eke. Sno

Nwaeke Ig/BG   A child born on Eke market day.

Nwaeze Ig/B   The child of a King.
Eze. Sno

Nwafo Ig/B (Has two meanings based on pronunciation.)
(1.) A person born on Afo Market day. (2.) A child of native land. A child of the Father land.
Afo. Sno

Nwafo Ig/G A child born on Afo Market day.

Nwagbara Ig/B A child of god called Agbara.
Agbara. Sno

Nwagugheuzo Ig/B also **Nwaguheuzo.**
Let this child open the doors. Let this child bring blessings – more children and wealth.
Nwagu, Nwagughe, Uzo. Sno

Nwaguheuzo Ig/B also **Nwagugheuzo.**
Let this child open the doors. Let this child bring blessings – more children and wealth.
Nwagu, Nwagughe, Uzo. Sno

Nwajioji Ig/B The chid that holds the light of the family. The child that is the future of the family. A child that is the family hope for a better future.
Ojioma, Nwaji. Sno

Nwakaego Ig/G also **Nwakego, Nwankaego, Nwankego.**
A child is worth more than money.
Ego, Nkaego, Nkego, Nwanka. Sno

Nwakaenyi Ig/B also **Nwankaenyi.**
A child is more than a friend.
Enyi, Nkenyi, Nwaka, Nwanka. Sno

Nwakaeze Ig/B also **Nwankaeze.**
A child is more than a Kingship.
Eze, Nkaeze, Nwaka, Nwanka. Sno

Nwakaku Ig/BG also **Nwankaku.**
A child is worth more than wealth.
Aku, Kaku, Nkaku, Nwaka, Nwanka. Sno

Nwakamma Ig/B also **Nwakanma.**
A child is better than anything.
Kamma, Kanma. Sno

Nwakanma Ig/B also **Nwakamma.**
A child is better than anything.
Kamma, Kanma, Nma, Nwaka. Sno

Nwakanna Ig/B A child whose father expect to be more accomplishing and prosperous than himself.
Kanna, Nwaka. Sno

Nwakasi Ig/G A child is priceless. A child is worth more than money.
Akasi. Sno

Nwakauba Ig/B A child is worth more than riches.
Kauba, Nwaka, Uba. Sno

Nwakego Ig/G also **Nwakaego, Nwankaego, Nwankego.**
A child is worth more than money.
Ego, Nkaego, Nkego, Nwanka. Sno

Nwalibeaku Ig/G also **Nwariaku, Nwariwaku.**
Let the child enjoy wealth.
Aku, Akunwa, Nwalibe. Sno

Nwamaghinna Ig/B also **Nwamaginna.**
A child who does not know the father. (The father died before his birth.) *Amanna, Amaghinna, Amaginna, Nwama.* Sno

Nwamaginna Ig/B also **Nwamaghinna**.
A child who does not know the father. (The father died before his birth.)
Amanna, Amaghinna Amaginna, Nwama. Sno

Nwamaka Ig/G Beautiful child.
Amaka, Nwama. Sno

Nwamara Ig/BG Child of grace.
Amara. Sno

Nwamaraizu Ig/B (This name has two meanings based on pronunciation:) (1.) May this child be intelligent. (2.) A chid of wisdom/intelligent.
Amara, Izu, Nwamara. Sno

Nwambuenyim Ig/B also **Nwamubuenyim.**
My child is my friend.
Buenyi, Buenyim, Enyim, Mbuenyi, Mbuenyim, Nwam, Nwambu, Nwamubu. Sno

Nwamubuenyim Ig/B also **Nwambuenyim.**
My child is my friend.
Buenyi, Buenyim, Enyim, Mbuenyi, Mbuenyim, Nwam, Nwambu, Nwamubu. Sno

Nwanaemere Ig/B also **Nwanemere.**
One who is taken care of by

AFRICAN BABY NAME DICTIONARY "IGBO & YORUBA NIGERIA"
Sno = Short name of or Nickname. Gender: BG = both gender; B = boy; G = girl;
ML = Married lady, Ig = Igbo, Yo = Yoruba, Ha = Hausa.

his/her child/children.
Emere, Nemere, Nwaneme. Sno

Nwanbarauru Ig/BG It is rewarding to have a child. A child is profiting. It is good to have a child. *Nbarauru, Nwan, Urunwa.* Sno

Nwanbugwu Ig/B also **Nwabugwu.**
A child is an honor/respect/dignity (…to the parents.)
Nbugwu, Nwabu, Nwanbu, Ugwu. Sno

Nwanemere Ig/B also **Nwanaemere.**
One who is taken care of by his/her child/children.
Emere, Nemere, Nwaneme. Sno

Nwangwa Ig/B A child of Ngwa land.
Ngwa. Sno

Nwankaego Ig/G also **Nwakaego, Nwakego, Nwankego.**
A child is worth more than money.
Ego, Nkaego, Nkego, Nwanka. Sno

Nwankaenyi Ig/B also **Nwakaenyi.**
A child is more than a friend.
Enyi, Nkenyi, Nwaka,

Nwanka. Sno

Nwankaeze Ig/B also **Nwakaeze.**
A child is more than a Kingship.
Eze, Nkaeze, Nwaka, Nwanka. Sno

Nwankaku Ig/BG also **Nwakaku.**
A child is worth more than wealth.
Nkaku, Nwanka. Sno

Nwankego Ig/G also **Nwakaego, Nwakego, Nwankaego.**
A child is worth more than money.
Ego, Nkaego, Nkego, Nwanka. Sno

Nwankwo Ig/B A child born on Nkwo Market day.
Nkwo. Sno

Nwanma Ig/G Fine child.
Nma, Nwan. Sno

Nwannedinkpa Ig/B A sibling/brother/sister is important.
Nwanne. Sno

Nwannedinma Ig/BG Is great to have a siblings/

brother/sister.
Dinma, Nma, Nwanne. ⬚Sno⬚

Nwanneka ⬚Ig/G⬚ A sibling/brother/sister is worth more.
Nwanne, Nneka. ⬚Sno⬚

Nwannekaenyi ⬚Ig/BG⬚ also **Nwannekenyi**.
My sibling is more than a friend.
Enyi, Nkenyi, Nwanne, Nwanneka. ⬚Sno⬚

Nwannekenyi ⬚Ig/BG⬚ also **Nwannekaenyi**.
My sibling is more than a friend.
Enyi, Nkenyi, Nwanne, Nwanneka. ⬚Sno⬚

Nwannenaemere ⬚Ig/B⬚ also **Nwannenemere**.
A child who receives favor from the mother.
Emere, Nemere, Nwanne. ⬚Sno⬚

Nwannenemere ⬚Ig/B⬚ also **Nwannenaemere**.
A child who receives favor from the mother.
Emere, Nemere, Nwanne. ⬚Sno⬚

Nwanyeremoche ⬚Ig/B⬚ also **Nwanyeremuoche, Nwanyerennaoche**.
(An idiomatic name) A child that gave his father his honor.
Nwanyere, Nwanyerenna, Oche,

Ochenna, Ugwunna. ⬚Sno⬚

Nwanyeremuoche ⬚Ig/B⬚ also **Nwanyeremoche, Nwanyerennaoche**.
(An idiomatic name) A child that gave his father his honor.
Nwanyere, Nwanyerenna, Oche, Ochenna, Ugwunna. ⬚Sno⬚

Nwanyerennaoche ⬚Ig/B⬚ also *Nwanyeremoche, Nwanyeremuoche*.
(An idiomatic name) A child that gave his father his honor.
Nwanyere, Nwanyerenna, Oche, Ochenna, Ugwunna. ⬚Sno⬚

Nwanyibuife ⬚Ig/G⬚ A female is worth a lot.
Ife, Ifii, Nwan. ⬚Sno⬚

Nwanyieze ⬚Ig/G⬚ Queen.
Ezenwa, Ezenwanyi, Nwan, Nwanyi. ⬚Sno⬚

Nwanyioma ⬚Ig/G⬚
A good/beautiful female child.
Nwaoma, Oma. ⬚Sno⬚

Nwaobasi ⬚Ig/B⬚ Child of God.
Obasi. ⬚Sno⬚

Nwaocha ⬚Ig/B⬚ A child born with light complexion.

Nwaoha Ig/B also
Nwaora.
  Everybody's child.
  A child of all.
  Oha, Ora. Sno

Nwaokeocha Ig/B also
Nwokeocha.
  A fair/light complexioned man.
  Okeocha. Sno

Nwaoma Ig/BG Good child.
  Oma. Sno

Nwaora Ig/B also
Nwaoha.
  Everybody's child.
  A child of all.
  Oha, Ora. Sno

Nwaorie Ig/G also
Nwaoye.
  A chid born on
  Orie/Oye Market day.

Nwaosu Ig/B also
Nwosu.
  A child of god called Osu.
  Osu. Sno

Nwaoye Ig/G also
Nwaorie.
  A chid born on
  Orie/Oye Market day.

Nwariaku Ig/G also
Nwalibeaku,
Nwariwaku.
  Let the child enjoy wealth.
  Aku, Akunwa, Nwalibe. Sno

Nwariwaku Ig/G also
Nwalibeaku,
Nwariaku.
  Let the child enjoy wealth.
  Aku, Akunwa, Nwalibe. Sno

Nwaubara Ig/B also
Nwadiubara.
  Happy and playful child.
  Nwadi, Ubara. Sno

Nwaubochi Ig/BG Child of
  the day.
  Nwaubo, Ubochi. Sno

Nwauhara Ig/BG also
Nwadiuhara.
  Happy child. A joyful child.
  Nwadi, Uhara. Sno

Nwebube Ig/BG also
Nwaebube.
  Miracle child.
  Ebube. Sno

Nwego Ig/G also
Nwaego.
  A child of money. A child born
  Into wealth.
  Ego. Sno

Nweke Ig/B also **Nwaeke**.
A child born on Eke market day.
Eke. Sno

Nwokeocha Ig/B also
Nwaokeocha. A fair/light
complexioned man.
Okeocha. Sno

Nwokezuike Ig/B also
Nwokoezuike.
A man never rest.
Ezuike, Nwoke, Nwoko. Sno

Nwokike Ig/B Child of
Creator/God.
Okeke. Sno

Nwokoezuike Ig/B also
Nwokezuike.
A man never rest.
Ezuike, Nwoke, Nwoko. Sno

Nwosu Ig/B also **Nwaosu.**
A child of god called Osu.
Osu. Sno

O

Obasi Ig/B Lord /God..

Obi Ig/B Heart.

Obiagaeli Ig/G also
Obiageli,
Obiagaeri,
Obiageri.
 Come and enjoy the wealth.
 Welcome to the wealth.
 Obie, Obii. Sno

Obiagaeri Ig/G also
Obiageli,
Obiageli,
Obiageri.
 Come and enjoy the wealth.
 Welcome to the wealth.
 Obie, Obii. Sno

Obiageli Ig/G also
Obiagaeli,
Obiagaeri,
Obiageri.
 Come and enjoy the wealth.
 Welcome to the wealth.
 Obie, Obii. Sno

Obiageri Ig/G also **Obiagaeli,**
Obiageli, Obiagaeri.
 Come and enjoy the wealth.
 Welcome to the wealth.
 Obie, Obii. Sno

Obiajulu Ig/B also **Obiajuru**.
 A peaceful heart/mind. This name is given when God grants ones wishes ... child or other important wishes of a parent.
 Ajulu, Ajuru, Obi. Sno

Obiajuru Ig/B also **Obiajulu**.
 A peaceful heart/mind. This name is given when God grants ones wishes ... child or other important wishes of a parent.
 Ajulu, Ajuru, Obi. Sno

Obialauju Ig/G also
Obianauju,
Obianuju.
 Coming into wealth. One born into wealth.
 Lauju, Nuju, Uju, Ujunwa. Sno

Obialo Ig/B also **Obilo.**
 Rest of mind.
 Obi. Sno

Obianauju Ig/G also
Obianuju,
Obialauju.
 Coming into wealth. One born into wealth.

Lauju, Nuju, Uju, Ujunwa. |Sno|

Obianuju |Ig/G| also
Obianauju,
Obialauju.
Coming into wealth. One born into wealth.
Lauju, Nuju, Uju, Ujunwa. |Sno|

Obidike |Ig/B| also
Obidinkpa.
One with a strong heart. One with a strong mind to make tough decisions. Brave and courageous individual.
Obi. |Sno|

Obidinkpa |Ig/B| also
Obidike.
One with a strong heart. One with a strong mind to make tough decisions. Brave and courageous individual.
Obi. |Sno|

Obiechela |Ig/B| also **Obiechena**.
Don't think/worry/bother yourself, it shall be well.
Eche, Echela, Echena, Obi, Obieche. |Sno|

Obiechena |Ig/B| also **Obiechela**.
Don't think/worry/bother yourself, it shall be well.
Eche, Echela, Echena, Obi, Obieche. |Sno|

Obielumani |Ig/G| A heart at peace.
Obi. |Sno|

Obijiaku |Ig /B| Heart has the wealth.
The ability to take risk and make good dicisions determines your wealth.
Aku, Obi. |Sno|

Obilo |Ig/B| also **Obialo**.
Rest of mind.
Obi. |Sno|

Obinna |Ig/B| Heart of the father. The fathers' heart.
Obi. |Sno|

Obinnaya |Ig/B| Heart of the father. The fathers' heart.
Obi. |Sno|

Obinne |Ig/B| Heart of the mother. The mothers' heart.
Obi. |Sno|

Obinneya |Ig/B| The mothers' heart. Soft/gentle minded person.
Obi, Obinne. |Sno|

Obioha |Ig/B| also Obiora.
Public minded and caring. One that thinks about the public welfare. One that cares for the good of others.

Obi. Sno

Obioma Ig/BG
Kindness/Mercy/Good heart.
Obi. Sno

Obiora Ig/B also **Obioha**.
Public minded and caring.
One that thinks about the public
welfare. One that cares for the
good of others.
Obi. Sno

Obiudo Ig/B Heart of peace. Peace
minded.
Obi, Udo. Sno

Obiuto Ig/BG Happy.
Obi, Uto. Sno

Obuchi Ig/BG also **Obuchuku,
Obuchukwu.** (Has two meanings
based on pronunciation.) (1). He is
God. (Acknowledging Gods'
wonderful gift) (2). Is he/she God?
(Refering to those that said the
couple can't have a child.)
Chi-chi, Chii, Obu. Sno

Obuchuku Ig/BG also **Obuchi,
Obuchukwu.**
(Has two meanings based on
pronunciation.) (1). He is God.
(Acknowledging Gods' wonderful
gift) (2). Is he/she God? (Refering
to those that said the couple can't
have a child.)
Chi-chi, Chii, Obu. Sno

Obuchukwu Ig/BG also
Obuchi, Obuchuku
(Has two meanings
based on pronunciation.)
(1). He is God
(Acknowledging Gods'
wonderful gift)
(2). Is he/she God?
(Refering to those that said the
couple can't have a child.)
Chi-chi, Chii, Obu. Sno

Ocheoma Ig/BG Good
seat/chair.
A good position to occupy.

Ocheze Ig/G Kings' seat. The
heart of her father.
Oche. Sno

Ochogu Ig/B One that seeks for
war. A war monger.
Ocho. Sno

Odigonma Ig/BG also
**Odinanma,
Odiwonma.**
It has been well.
*Manma, Nma, Odi,
Odiwo.* Sno

Odimnaka IgBG also
Odinakam.
Is in my hand … my future.

Nakam, Odi, Odim. Sno

Odinachi Ig/BG also **Odinachuku, Odinachukwu.**
Is in God.
Chi-chi, Chii, Odii, Odina. Sno

Odinachuku Ig/BG also **Odinachi, Odinachukwu.**
Is in God.
Chi-chi, Chii, Odii, Odina. Sno

Odinachukwu Ig/BG also **Odinachi, Odinachuku.**
Is in God.
Chi-chi, Chii, Odii, Odina. Sno

Odinaka Ig/BG Is in the hand …your future.
Naka, Odi. Sno

Odinakachi Ig/BG also **Odinakachuku, Odinakachukwu.**
It's in Gods' hand.
Chi-chi, chii, Naka, Nakachi, Odi,Odina, Odinaka. Sno

Odinakachuku Ig/BG also **Odinakachi, Odinakachukwu.**
It's in Gods' hand.
Chi-chi, chii, Naka, Nakachi, Odi, Odina, Odinaka. Sno

Odinakachukwu Ig/BG also **Odinakachi, Odinakachuku.**
It's in Gods' hand.
Chi-chi, chii, Naka, Nakachi, Odi, Odina, Odinaka. Sno

Odinakam Ig/BG also **Odimnaka.**
Is in my hand … my future.
Nakam, Odi, Odim. Sno

Odinanma Ig/BG also **Odigonma, Odiwonma.**
It has been well.
Manma, Nma, Odi, Odiwo. Sno

Odinma Ig/BG It is well.
Nma, Odi. Sno

Odionyenma Ig/BG Is anybody happy?
Nma, Odi, Odionye. Sno

Odiwonma Ig/BG also **Odigonma, Odinanma.**
It has been well.
Manma, Nma, Odi, Odiwo. Sno

Odunwa Ig/BG Last born.
Od, Odu. Sno

Ofodili Ig/B also **Ofodiri.**
Clear conscience fears no accusation. Nothing is more

effective than a just cause.
Odili, Odiri, Ofo. Sno

Ofodiri Ig/B also **Ofodili**.
Clear conscience fears no accusation. Nothing is more effective than a just cause.
Odili, Odiri, Ofo. Sno

Ogadinma Ig/B It shall be well. It will be better.
Oga, Ogadi. Sno

Ogadiya Ig/ML also **Ogbodiya**.
The friend and equal of her husband. This name is given to a Lady traditionally by her husband as an honor to her and the family.
Ogbo. Sno

Ogbenna Ig/B also **Ogbonna**.
The fathers' replica. The fathers' look alike.
Ogbee, Ogboo. Sno

Ogbennaya Ig/B also **Ogbonnaya**.
His fathers' replica. His fathers' look alike.
Ogbee, Ogboo. Sno

Ogbenyealu Ig/G also **Ogbenyeanu**.
Not to be married by the poor.
Alu, Anu, Enyealu, Enyeanu. Sno

Ogbenyeanu Ig/G also **Ogbenyealu**.
Not to be married by the poor.
Alu, Anu, Enyealu, Enyeanu. Sno

Ogbodiya Ig/ML also **Ogadiya**.
The friend and equal of her husband. This name is given to a Lady traditionally by her husband as an honor to her and the family.
Ogbo. Sno

Ogbonna Ig/B also **Ogbenna**.
The fathers' replica. The fathers' look alike.
Ogbee, Ogboo. Sno

Ogbonnaya Ig/B also **Ogbennaya**.
His fathers' replica. His fathers' look alike.
Ogbee, Ogboo. Sno

Ogechi Ig/BG also **Ogechuku, Ogechukwu**.
Gods' time.
Chi-chi, Chii, Oge, Ogechi. Sno

Ogechikanma Ig/BG also **Ogechukukanma,**

Ogechukwukanma.
Gods' time is the best.
Kanma, Manma, Nma, Oge, Ogechi. `Sno`

Ogechuku `Ig/BG` also **Ogechi, Ogechukwu.**
Gods' time.
Chi-chi, Chii, Oge, Ogechi. `Sno`

Ogechukukanma `IgBG` also **Ogechikanma, Ogechukwukanma.**
Gods' time is the best.
Kanma, Manma, Nma, Oge, Ogechi. `Sno`

Ogechukwu `Ig/BG` also **Ogechi, Ogechuku.**
Gods' time.
Chi-chi, Chii, Oge, Ogechi. `Sno`

Ogechukwukanma `Ig/BG` also **Ogechikanma, Ogechukukanma.**
Gods' time is the best.
Kanma, Manma, Nma, Oge, Ogechi. `Sno`

Oghenekevwe `Yo/B` God has provided. *Oghe, Oghene.* `Sno`

Ogochi `Ig/BG` also **Ogochuku, Ogochukwu.**
God's gift.
Chi-chi, Chii, Ogo-o. `Sno`

Ogochuku `Ig/BG` also **Ogochi, Ogochukwu.**
God's gift.
Chi-chi, Chii, Ogo-o. `Sno`

Ogochukwu `Ig/BG` also **Ogochi, Ogochuku.**
God's gift.
Chi-chi, Chii, Ogo-o. `Sno`

Ogooluwa `Yo` The glory of God.
Ogo, Oluwa. `Sno`

Oguejiofo `Ig/B` also **Oguejiofo.**
Fighing with a free and clear conscience.
Ejiofo, Ejiofo, Ogu, Ofo, Ofor. `Sno`

Oguejiofor `Ig/B` also **Oguejiofo.**
Fighing with a free and clear conscience.
Ejiofo, Ejiofor, Ogu, Ofo, Ofor. `Sno`

Ohaogu `Ig/B` Everybodys' war.
Ogu, Oha. `Sno`

Ohelakachi `Ig/BG` also **Ohelakachuku, Ohelakachukwu, Osilakachi, Osilakachuku, Osilakachukwu, Osinakachi,**

Osinakachuku, Osinakachukwu.
The child is from God.
The child is from
Gods' hand.
*Chi-chi, Chii, Ohelaka, Osi,
Osila, Osilaka, Osina,
Osinaka.* |Sno|

Ohelakachuku |Ig/BG| also
**Ohelakachi, Ohelakachukwu,
Osilakachi, Osilakachuku,
Osilakachukwu, Osinakachi,
Osinakachuku,
Osinakachukwu.**
The child is from God. The
child is from Gods' hand.
*Chi-chi, Chii, Ohelaka, Osi,
Osila, Osilaka, Osina,
Osinaka.* |Sno|

Ohelakachukwu |Ig/BG| also
**Ohelakachi, Ohelakachuku,
Osilakachi, Osilakachuku,
Osilakachukwu, Osinakachi,
Osinakachuku, Osinakachukwu.**
The child is from God. The
child is from Gods' hand.
*Chi-chi, Chii, Ohelaka, Osi,
Osila, Osilaka, Osina,
Osinaka.* |Sno|

Ohiaogu |Ig/B| War-field.
Ogu, Ohia. |Sno|

Ohiaogwu |Ig/B| Medical garden.
Medical bush. (This name is
normally given to the children
of Native Doctors/Herbalist.)

Ogwu. |Sno|

Ohuocha |Ig/B| White slave.

Oji |Ig/B| An idiomatic name
meaning: One that is not a
push-over. A strong man.

Ojinta |Ig/B| An idiomatic name
meaning:
A younger Oji – one
that is not a push-over.
A strong man.
Nta, Oji. |Sno|

Ojiofo |Ig/B| also **Ojiofor.**
Individual with clear
conscience.
Ofo, Ofor. |Sno|

Ojiofor |Ig/B| also **Ojiofo.**
Individual with clear
conscience.
Ofo, Ofor. |Sno|

Okagbue |Ig/B| also Okogbue.
Power of speech in a conflict
resolution.
Oka, Oko. |Sno|

Okebugwu |Ig/B| A male child
is an honor.
*Oke, Okebu,
Ugwu.* |Sno|

Okechi |Ig/B| also **Okechuku,
Okechukwu.**

A share from God.
Gods' portion.
Chi-chi, Chii, Ok, Okee,
Okey. Sno

Okechinyere Ig/B also
Okechukunyere,
Okechukwunyere.
A gifted share from God.
Chi-chi, Chii, Chinyere,
Ok, Okechi, Okee. Sno

Okechinyerem Ig/B also
Okechukunyerem,
Okechukwunyerem.
My gifted share from God.
Chi-chi, Chii, Chinyerem,
Ok, Okechi, Okee. Sno

Okechuku Ig/B also **Okechi,**
Okechukwu.
A share from God.
Gods' portion.
Chi-chi, Chii, Ok, Okee,
Okey. Sno

Okechukunyere Ig/B also
Okechinyere,
Okechukwunyere.
A gifted share from God.
Chi-chi, Chii, Chinyere,
Ok, Okechi, Okee. Sno

Okechukunyerem Ig/B also
Okechinyerem,
Okechukwunyerem.
My gifted share from God.
Chi-chi, Chii, Chinyerem,
Ok, Okechi, Okee. Sno

Okechukwu Ig/B also **Okechi,**
Okechukwu.
A share from God.
Gods' portion.
Chi-chi, Chii, Ok, Okee,
Okey. Sno

Okechukwunyere Ig/B also
Okechinyere, Okechukunyere.
A gifted share from God.
Chi-chi, Chii, Chinyere,
Ok, Okechi, Okee. Sno

Okechukwunyerem Ig/B also
Okechinyerem,
Okechukunyerem.
My gifted share from God.
Chi-chi, Chii, Chinyerem,
Ok, Okechi, Okee. Sno

Okeke Ig/B Born on and given
as a portion to the gods of Eke
market day. *Oke.* Sno

Okereke Ig/B One that believes
that everthing is alright or will
be alright.
Ekee, Ok, Okere. Sno

Okogbue Ig/B also
Okagbue.
Power of speech in a conflict
resolution.
Oka, Oko. Sno

AFRICAN BABY NAME DICTIONARY "IGBO & YORUBA NIGERIA"
Sno = Short name of or Nickname. Gender: BG = both gender; B = boy; G = girl;
ML = Married lady, Ig = Igbo, Yo = Yoruba, Ha = Hausa.

Okoko Ig/BG Flower.
Oko. Sno

Okolie Ig/B also **Okorie**.
Born on and dedicated to the gods of Orie Market day.
Oko. Sno

Okonkwo Ig/B Born on and dedicated to the gods of Nkwo Market day.
Oko. Sno

Okorie Ig/B also **Okolie**.
Born on and dedicated to the gods of Orie Market day.
Oko. Sno

Okoro Ig/B also **Okoye**.
Play-boy. Always playful with females.
Oko. Sno

Okoye Ig/B also **Okoro**.
Play-boy. Always playful with females.
Oko. Sno

Okpara Ig/B also **Opara**.
First male child of a man/woman.

Okpueze Ig/G The kings' hat. The pride of the king.
Eze, Okpu. Sno

Okwuadigbo Ig/B also **Okwuadighigbo**.
The Igbos are conflict free among themselves.
Adigbo, Adighigbo, Okwu, Okwuadi, Okwuadighi. Sno

Okwuadighigbo Ig/B also **Okwuadigbo**.
The Igbos are conflict free among themselves.
Adigbo, Adighigbo, Okwu, Okwuadi, Okwuadighi. Sno

Okwubunka Ig/B Diplomatic speaker. Talking with diplomacy. Think before you talk.
Bunka, Nka, Okwu, Okwubu. Sno

Okwuchi Ig/BG also **Okwuchuku, Okwuchukwu**.
Word of God. Gods' word.
Chi-chi, Chii, Okwu. Sno

Okwuchuku Ig/BG also **Okwuchi, Okwuchukwu**.
Word of God. Gods' word.
Chi-chi, Chii, Okwu. Sno

Okwuchukwu Ig/BG also **Okwuchi, Okwuchuku**.
Word of God. Gods' word.

Chi-chi, Chii, Okwu. Sno

Okwudilichi Ig/B also
**Okwudilichuku,
Okwudilichukwu, Okwudirichi,
Okwudirichuku,
Okwudirichukwu.**
Leave the problem to God.
*Chi-chi, Chii, Okwu, Okwudili,
Okwudiri.* Sno

Okwudilichuku Ig/B also
**Okwudilichi, Okwudilichukwu,
Okwudirichi, Okwudirichuku,
Okwudirichukwu.**
Leave the problem to God.
*Chi-chi, Chii, Okwu, Okwudili,
Okwudiri.* Sno

Okwudilichukwu Ig/B also
**Okwudilichi, Okwudilichuku,
Okwudilichukwu, Okwudirichi,
Okwudirichuku.**
Leave the problem to God.
*Chi-chi, Chii, Okwu, Okwudili,
Okwudiri.* Sno

Okwudilichukwu Ig/B also
**Okwudilichi, Okwudilichuku,
Okwudirichi, Okwudirichuku,
Okwudirichukwu.**
Leave the problem to God.
*Chi-chi, Chii, Okwu, Okwudili,
Okwudiri.* Sno

Okwudiliolisa Ig/B also
Okwudiriolisa.
Leave the problem to God.
*Okwu, Okwudili,
Okwudiri.* Sno

Okwudiri Ig/B Reserved
judgment. Reserved thought.
Okwu, Okwudi. Sno

Okwudirichi Ig/B also
**Okwudilichi, Okwudilichuku,
Okwudilichukwu,
Okwudirichuku,
Okwudirichukwu.**
Leave the problem to God.
*Chi-chi, Chii, Okwu, Okwudili,
Okwudiri.* Sno

Okwudirichuku Ig/B also
**Okwudilichi, Okwudilichuku,
Okwudilichukwu,
Okwudirichi,
Okwudirichukwu.**
Leave the problem to God.
*Chi-chi, Chii, Okwu, Okwudili,
Okwudiri.* Sno

Okwudirim Ig/B My reserved
judgment. My reserved thought.
Okwu, Okwudi. Sno

Okwudiriolisa Ig/B also
Okwudiliolisa.
Leave the problem to God.
Okwu, Okwudili, Okwudiri.
Sno

Okwukwalauzo Ig/BG also

Okwukwaluzo.
Limit the anger. End the conflict. This name is an invitation to peace.
It is used to request or ask an enemy to stop the anger against one another and make peace.
Okwu, Okwukwa, Uzo. *Sno*

Okwukwaluzo Ig/BG also **Okwukwalauzo.**
Limit the anger. End the conflict. This name is an invitation to peace. It is used to request or ask an enemy to stop the anger against one another and make peace.
Okwu, Okwukwa, Uzo. *Sno*

Okwukwe Ig/B Faith.
Okwi. *Sno*

Okwuoma Ig/BG Good words. Good speech.
Okwu, Oma. *Sno*

Ola Yo/BG Wealth.

Ole Yo/BG A thief.

Olachi Ig/G also **Olachuku, Olachukwu.**
The Lords' ring. Gods' ring.
Chi-chi, Chii, Ola, Olachi. *Sno*

Olachuku Ig/G also **Olachi, Olachukwu.**
The Lords' ring. Gods' ring.
Chi-chi, Chii, Ola, Olachi. *Sno*

Olachukwu Ig/G also **Olachi, Olachuku.**
The Lords' ring. Gods' ring.
Chi-chi, Chii, Ola, Olachi. *Sno*

Olaedo Ig/G also **Onaedo.**
Gold – (Priceless).
Ola, Ona. *Sno*

Olajumoke Yo Wealth is my destiny. *Ola, Jumo, Oke.* *Sno*

Olamide Yo/BG My wealth has arrived. *Ola* *Sno*

Olamilekan Yo/B My wealth has increased by one. *Ola* *Sno*

Olaocha Ig/G White ring. Silver ring.
Ola. *Sno*

Olaodo Ig/G Gold ring.
Ola. *Sno*

Olileanya Ig/BG Hope.
Anya, Oli, Olile. *Sno*

Olileanyachi Ig/BG also **Olileanyachuku, Olileanyachukwu.**

Trust in God. Expecting God.
A name given with hope of
Gods' intervention.
Anya, Anyachi, Chi-chi, Chii,
Oli, Olile, Olileanya. Sno

Olileanyachuku Ig/BG also
Olileanyachi,
Olileanyachukwu.
Trust in God. Expecting God.
A name given with hope of
Gods' intervention.
Anya, Anyachi, Chi-chi, Chii,
Oli, Olile, Olileanya. Sno

Olileanyachukwu Ig/BG also
Olileanyachi, Olileanyachuku.
Trust in God. Expecting God.
A name given with hope of
Gods' intervention.
Anya, Anyachi, Chi-chi, Chii,
Oli, Olile, Olileanya. Sno

Olisaemeka Ig/B God has
done a gracious thing. This is a
name of thankfulness for what
God has done.
Emeka, Olii, Olisaeme. Sno

Olisanugo Ig/BG also **Olisanula, Olisanuwo**.
God has heard ... my prayer,
supplication, cry, plea.
Olii, Olisanu. Sno

Olisanula Ig/BG also **Olisanugo, Olisanuwo**.
God has heard ... my prayer,
supplication, cry, plea.
Olii, Olisanu. Sno

Olisanuwo Ig/BG also
Olisanugo, Olisanula.
God has heard ... my prayer,
supplication, cry, plea.
Olii, Olisanu. Sno

Olu means God

Olubunmi Yo/B Gift from
God.
Olu Sno

Oluchi Ig/G also **Oluchuku, Oluchukwu**.
The work of God. Gods' work.
Chi-chi, Chii, Olu. Sno

Oluchuku Ig/G also **Oluchi, Oluchukwu**.
The work of God. Gods' work.
Chi-chi, Chii, Olu. Sno

Oluchukwu Ig/G also **Oluchi, Oluchuku**.
The work of God. Gods' work.
Chi-chi, Chii, Olu. Sno

O luebube Ig/G Miracle.
Ebube, Olu. Sno

Olufela Yo/BG God increases
wealth. *Olu, Fela.* Sno

Olufemi Yo/B God loves me.
Olu, Femi. Sno

Olufunmilayo Yo/G God has given me joy. *Olu, Funmi, Ayo, Funmilayo Sno*

Olumide Yo/B God has come. *Olu Sno*

Oluoma Ig/G Good job. Good work. *Olu. Sno*

Oluoma Ig/G Good voice. *Olu. Sno*

Oluwa Yo This is a Yoruba word for God.

Omalachi Ig/BG also
Omalachuku,
Omalachukwu,
Omanachi,
Omanachuku,
Omanachukwu.
 Precious in God.
Chi-chi, chii, Oma, Omala, Omana. Sno

Omalachuku Ig/BG also
Omalachi,
Omalachukwu,
Omanachi,
Omanachuku,
Omanachukwu.
 Precious in God.
Chi-chi, chii, Oma, Omala, Omana. Sno

Omalachukwu Ig/BG also
Omalachi,
Omalachuku,
Omanachi,
Omanachuku,
Omanachukwu.
 Precious in God.
Chi-chi, chii, Oma, Omala, Omana. Sno

Omanachi Ig/BG also
Omalachi,
Omalachuku,
Omalachukwu,
Omanachuku,
Omanachukwu.
 Precious in God.
Chi-chi, chii, Oma, Omala, Omana. Sno

Omanachuku Ig/BG also
Omalachi,
Omalachuku,
Omalachukwu,
Omanachi,
Omanachukwu.
 Precious in God.
Chi-chi, chii, Oma, Omala, Omana. Sno

Omanachukwu Ig/BG also
Omalachi,
Omalachuku,
Omalachukwu,
Omanachi,

Omanachuku.
Precious in God.
Chi-chi, chii, Oma, Omala, Omana. Sno

Omeokachie Ig/B The Judge. The final decision maker.
Okachie, Ome, Omeoka. Sno

Omolade Yo A child of the crown.

Omolara Yo/B A child is family.
Omo Sno

Omodunni Yo/BG A child is good to have. *Omo* Sno

Onaedo Ig/G also **Olaedo**.
Gold – (Priceless).
Ola, Ona. Sno

Onochie Ig/B Replacement. One that is born after the death of a family member, and seen as a replacement of that lost member of the family.
Ono-o. Sno

Onuchi Ig/BG also **Onuchuku, Onuchukwu.**
Words of God. Gods' Word.
Chi-chi, Chii, Onu. Sno

Onuchuku Ig/BG also **Onuchi, Onuchukwu.**
Words of God. Gods' Word.
Chi-chi, Chii, Onu. Sno

Onuchukwu Ig/BG also **Onuchi, Onuchuku.**
Words of God. Gods' Word.
Chi-chi, Chii, Onu. Sno

Onukwube Ig/B also **Onukwue, Onukwuwa.**
Let them talk. Let the people say … good or bad.
Onu. Sno

Onukwue Ig/B also **Onukwube, Onukwuwa.**
Let them talk. Let the people say … good or bad.
Onu. Sno

Onukwufo Ig/B Be less judgemental.
Kwufo, Onu, Onukwu. Sno

Onukwuwa Ig/B also **Onukwube, Onukwue.**
Let them talk. Let the people say … good or bad.
Onu. Sno

Onuma Ig/B Endiorance.
Onu Sno

AFRICAN BABY NAME DICTIONARY "IGBO & YORUBA NIGERIA"
Sno = Short name of or Nickname. Gender: BG = both gender; B = boy; G = girl;
ML = Married lady, Ig = Igbo, Yo = Yoruba, Ha = Hausa.

Onunka Ig/B Diplomacy. One that is expected to be diplomatic in his ways, reflecting the parents past experience in life.
Nka, Onu. Sno

Onunkasi Ig/G Gossip. Some that talks of everything undiplomatically.
Nkasi, Onu. Sno

Onuoha Ig/B also **Onuora**. General sentiment/feelings. What people will say.
Onu. Sno

Onuoma Ig/BG Good words. Good intentions.
Onu. Sno

Onuora Ig/B also **Onuoha**. Public sentiment. Peoples' word. What people will say.
Onu. Sno

Onuwa Ig/B Public sentiment. What people will feel and say about …
Onu. Sno

Onwuabughije Ig/B also **Onwuabugije, Onwuabuije**. Death is not a journey of roses. Death is not a glamourous journey.
Abu, Abughije, Abugije, Abugi, Ije, Onwuabu. Sno

Onwuabugije Ig/B also **Onwuabughije, Onwuabuije.** Death is not a journey of roses. Death is not a glamourous journey.
Abu, Abughije, Abugije, Abugi, Ije, Onwuabu. Sno

Onwuabuije Ig/B also **Onwuabughije, Onwuabugije**. Death is not a journey of roses. Death is not a glamourous journey.
Abu, Abughije, Abugije, Abugi, Ije, Onwuabu. Sno

Onwuamaegbu Ig/B Death is an indiscriminate killer.
Amaegbu, Egbu. Sno

Onwuamaeze Ig/B also **Onwuamaghieze, Onwuamagieze.** Death has no respect for a king. Death does not discriminate between rich and poor.
Amaeze, Onwuama. Sno

Onwuamaghieze Ig/B also **Onwuamaeze, Onwuamagieze**. Death has no respect for a king. Death does not discriminate between rich and poor.

Amaeze, Onwuama. *Sno*

Onwuamagieze Ig/B also
Onwuamaeze,
Onwuamaghieze.
Death has no respect for a king.
Death does not discriminate
between rich and poor.
Amaeze, Onwuama. *Sno*

Onwuatuegwu Ig/B also
Onwuatughiegwu.
Death has no fear. Death is fearless.
Atuegwu, Atughiegwu, Egwu,
Onwuatu. *Sno*

Onwuatughiegwu Ig/B also
Onwuatuegwu.
Death has no fear. Death is
fearless.
Atuegwu, Atughiegwu, Egwu,
Onwuatu. *Sno*

Onwubele Ig/B A plea to death, to
stop killing the new born baby.
Bele, Onwubee. *Sno*

Onwubiko Ig/B also
Onwuhalu,
Onwuhara.
A plea to death, not to kill.
Ahara, Biko, Halu. *Sno*

Onwudiwe Ig/B Death hurts.
Death is annoying.
Diwe, Iwe, Iwea. *Sno*

Onwuegbula Ig/B also
Onwuegbuna.
A plea to be spared by death.
Egbula, Egbulam, Egbuna,
Egbunam, Onwu,
Onwuegbu. *Sno*

Onwuegbulam Ig/B also
Onwuegbunam.
A plea for death to spare me.
Egbula, Egbulam, Egbuna,
Egbunam, Onwu,
Onwuegbu. *Sno*

Onwuegbuna Ig/B also
Onwuegbula.
A plea to be spared by death.
Egbula, Egbulam, Egbuna,
Egbunam, Onwu,
Onwuegbu. *Sno*

Onwuegbunam Ig/B also
Onwuegbulam.
A plea for death to spare me.
Egbula, Egbulam, Egbuna,
Egbunam, Onwu,
Onwuegbu. *Sno*

Onwuemelie Ig/B also
Onwuemerie.
Death has won.
Emelie, Emerie, Onwueme.
Sno

Onwuemerie Ig/B also
Onwuemelie.
Death has won.

Emelie, Emerie, Onwueme. `Sno`

Onwuha `Ig/B` also
Onwuhara,
Onwura.
A plea to death, not to kill the new born baby.
Onwu. `Sno`

Onwuhalu `Ig/B` also
Onwubiko,
Onwuhara.
A plea to death, not to kill.
Ahara, Biko, Halu. `Sno`

Onwuhara `Ig/B` also
Onwubiko,
Onwuhalu.
A plea to death, not to kill.
Ahara, Biko, Halu. `Sno`

Onwuhara `Ig/B` also
Onwuha,
Onwura.
A plea to death, not to kill the new born baby.
Onwu. `Sno`

Onwuka `Ig/B` Death is inevitable.
Death is unavoidable.
Onwu. `Sno`

Onwukwe `Ig/B` also
Onwunkwe.
This name is based on circumstance, from which a family has being besieged by death too many times. In this case, this child is a plea for death to let the child live or stay alife.
Kwekwe. `Sno`

Onwumaegbulam `Ig/B` also
Onwunmaegbulam,
Onwumaegbunam,
Onwunmaegbunam.
A known death should not kill me. A plea not to be killed by a known death.
Egbulam, Onwuma, Onwunma, Onwumaegbu, Onwunmaegbu. `Sno`

Onwumaegbunam `Ig/B` also
Onwumaegbulam,
Onwunmaegbulam,
Onwunmaegbunam.
A known death should not kill me. A plea not to be killed by a known death.
Egbulam, Onwuma, Onwunma, Onwumaegbu, Onwunmaegbu. `Sno`

Onwumelu `Ig/B` also
Onwumere,
Onwunmelu,
Onwunmere.
Death caused it. Death created this situation.
Melu, Mere, Nmelu, Nmere. `Sno`

Onwumere Ig/B also
Onwumelu,
Onwunmelu,
Onwunmere.
Death caused it. Death created this situation.
Melu, Mere, Nmelu, Nmere. Sno

Onwunkwe Ig/B also
Onwukwe.
This name is based on circumstance, from which a family has being besieged by death too many times. In this case, this child is a plea for death to let the child live or stay alife.
Kwekwe. Sno

Onwunmaegbulam Ig/B also
Onwumaegbulam,
Onwumaegbunam,
Onwunmaegbunam.
A known death should not kill me. A plea not to be killed by a known death.
Egbulam, Onwuma, Onwunma, Onwumaegbu, Onwunmaegbu. Sno

Onwunmaegbunam Ig/B also
Onwumaegbulam,
Onwunmaegbulam,
Onwumaegbunam.
A known death should not kill me. A plea not to be killed by a known death.
Egbulam, Onwuma, Onwunma, Onwumaegbu,

Onwunmaegbu. Sno

Onwunmelu Ig/B also
Onwumelu,
Onwumere, Onwunmere.
Death caused it. Death created this situation.
Melu, Mere, Nmelu, Nmere. Sno

Onwunmere Ig/B also
Onwumelu,
Onwumere, Onwunmelu.
Death caused it. Death created this situation.
Melu, Mere, Nmelu, Nmere. Sno

Onwura Ig/B also **Onwuha, Onwuhara.**
A plea to death, not to kill the new born baby.
Onwu. Sno

Onyeagoziriagozi. Ig/BG
A blessed one.
Agoziri, Gozie, Onye, Onyeagoziri. Sno

Onyebuchi Ig/BG also
Onyebuchuku,
Onyebuchukwu,
Onyenbuchi, Onyenbuchuku,
Onyenbuchukwu.
Who claims to be God? Who is God?
Onye, Onyebu, Onyenbu. Sno

Onyebuchuku Ig/BG also
Onyebuchi,
Onyebuchukwu,
Onyenbuchi,
Onyenbuchuku,
Onyenbuchukwu.
 Who claims to be God?
 Who is God?
 Onye, Onyebu, Onyenbu. Sno

Onyebuchukwu Ig/BG also
Onyebuchi,
Onyebuchuku,
Onyenbuchi,
Onyenbuchuku,
Onyenbuchukwu.
 Who claims to be God?
 Who is God?
 Onye, Onyebu, Onyenbu. Sno

Onyebuenyi Ig/B Who is a friend?
 Enyi, Onye, Onyebu. Sno

Onyebundu Ig/B Who is life?
 Ndu, Onye, Onyii, Onyebu. Sno

Onyedikachi Ig/BG also
Onyedikachuku,
Onyedikachukwu.
 Who is like God. Who is as perfect as God.
 Chi-chi, Chii, Dikachi, Kachi, Onyedi. Sno

Onyedikachuku Ig/BG also
Onyedikachi,
Onyedikachukwu.
 Who is like God. Who is as perfect as God.
 Chi-chi, Chii, Dikachi, Kachi, Onyedi. Sno

Onyedikachukwu Ig/BG also
Onyedikachi,
Onyedikachuku.
 Who is like God. Who is as perfect as God.
 Chi-chi, Chii, Dikachi, Kachi, Onyedi. Sno

Onyegbulam Ig/B also
Onyegbunam.
 A plea not to be killed by anybody.
 Egbulam, Egbunam, Onyegbu. Sno

Onyegbunam Ig/B also
Onyegbulam.
 A plea not to be killed by anybody.
 Egbulam, Egbunam, Onyegbu. Sno

Onyejindu Ig/B Who has life?
 Ndu, Onyeji. Sno

Onyejurunwa Ig/BG Who has refused a child?
 Onye, Onyejuru. Sno

Onyekachi Ig/BG also
Onyekachuku, Onyekachukwu,

AFRICAN BABY NAME DICTIONARY "IGBO & YORUBA NIGERIA"
Sno = Short name of or Nickname. Gender: BG = both gender; B = boy; G = girl;
ML = Married lady, Ig = Igbo, Yo = Yoruba, Ha = Hausa.

Onyenkachi, Onyenkachuku, Onyenkachukwu.
Who is greater than God.
Kachi, Onye, Onyeka, Onyenka. Sno

Onyekachuku Ig/BG also **Onyekachi, Onyekachukwu, Onyenkachi, Onyenkachuku, Onyenkachukwu**.
Who is greater than God.
Kachi, Onye, Onyeka, Onyenka. Sno

Onyekachukwu Ig/BG also **Onyekachi, Onyekachuku, Onyenkachi, Onyenkachuku, Onyenkachukwu**.
Who is greater than God.
Kachi, Onye, Onyeka, Onyenka. Sno

Onyekaenyi Ig/B Who is more than a friend?
Onyeka, Onyie. Sno

Onyekaku Ig/B Who is greater than wealth.
Aku, Onye, Onyeka. Sno

Onyekandu Ig/B Who is greater than life?
Onyeka, Onyii. Sno

Onyekanma Ig/B Who is better. Who is better than the other. Who is perfect.
Kanma, Nma, Onyeka. Sno

Onyekanna Ig/B Who is greater than a Father.
Kanna, Onyeka, Onyii. Sno

Onyekanne Ig/G Who is greater than a mother.
Kanne, Onyeka, Onyii. Sno

Onyekanwa Ig/BG Who is greater than a child.
Kanwa, Onyeka, Onyii. Sno

Onyekaozulu Ig/B also **Onyekaozuru, Ozuluonye, Ozuruonye**.
Who has it all. Who is self sufficient.
Onye, Ozulu, Ozuru. Sno

Onyekaozuru Ig/B also **Onyekaozulu, Ozuluonye, Ozuruonye**.
Who has it all. Who is self sufficient.
Onye, Ozulu, Ozuru. Sno

Onyekelu Ig/B also **Onyekere**.
Who created ...
Ekee, Onyeke. Sno

Onyekere Ig/B also **Onyekelu**.
Who created ...
Ekee, Onyeke. Sno

Onyekwere Ig/B also

257

Onyenkwere.
Who would have believed ...
a son will be born.
Nkwere, Onye. Sno

Onyema Ig/B also
Onyenma.
Who knew ... ? Who would
have known ...?
Nma, Onye. Sno

Onyemachi Ig/B also
Onyemachuku,
Onyemachukwu,
Onyenmachi,
Onyenmachuku,
Onyenmachukwu.
Who knows God.
Machi, Onye, Onyema,
Onyenma. Sno

Onyemachuku Ig/B also
Onyemachi,
Onyemachukwu,
Onyenmachi,
Onyenmachuku,
Onyenmachukwu.
Who knows God.
Machi, Onye, Onyema,
Onyenma. Sno

Onyemachukwu Ig/B also
Onyemachi,
Onyemachuku,
Onyenmachi,
Onyenmachuku,
Onyenmachukwu.
Who knows God.
Machi, Onye, Onyema,
Onyenma. Sno

Onyemaechi Ig/B also
Onyenmaechi.
Who knows tomorrow?
Echi, Onye, Onyema,
Onyenma. Sno

Onyemaenyi Ig/B Who knows
a friend?
Enyi, Onyii, Onyema. Sno

Onyemauchechi Ig/BG also
Onyemauchechuku,
Onyemauchechukwu.
Who knows Gods will. Who
knows what God is thinking.
Chi-chi, Chii, Onyema,
Onyemauche, Uche,
Uchechi. Sno

Onyemauchechuku Ig/BG also
Onyemauchechi,
Onyemauchechukwu.
Who knows Gods will. Who
knows what God is thinking.
Chi-chi, Chii, Onyema,
Onyemauche, Uche,
Uchechi. Sno

Onyemauchechukwu Ig/BG
also
Onyemauchechi,
Onyemauchechuku.
Who knows Gods will. Who
knows what God is thinking.

*Chi-chi, Chii, Onyema,
Onyemauche, Uche,
Uchechi.* Sno

Onyemelu Ig/B also
**Onyemere,
Onyenmere.**
Who made it. Who caused it.
Who created it.
Emelu, Nmere, Onyeme. Sno

Onyemere Ig/B also
**Onyemelu,
Onyenmere.**
Who made it. Who caused it.
Who created it.
Emelu, Nmere, Onyeme. Sno

Onyenachiya Ig/BG Destiny.
Predetermined. What God has
proposed, no one can depose.
*Emere, Emelu, Nmere,
Onyeme.* Sno

Onyenbuchi Ig/BG also
**Onyebuchi,
Onyebuchuku, Onyebuchukwu,
Onyenbuchuku, Onyenbuchukwu.**
Who claims to be God? Who is God?
Onye, Onyebu, Onyenbu. Sno

Onyenbuchuku Ig/BG also
**Onyebuchi, Onyebuchuku,
Onyebuchukwu, Onyenbuchi,
Onyenbuchukwu.**
Who claims to be God? Who is God?
Onye, Onyebu, Onyenbu. Sno

Onyenbuchukwu Ig/BG also
**Onyebuchi, Onyebuchuku,
Onyebuchukwu,
Onyenbuchi,
Onyenbuchuku.**
Who claims to be God? Who is God?
Onye, Onyebu, Onyenbu. Sno

Onyenkachi Ig/BG also
**Onyekachi,
Onyekachuku,
Onyekachukwu,
Onyenkachuku,
Onyenkachukwu.**
Who is greater than God.
*Kachi, Onye, Onyeka,
Onyenka.* Sno

Onyenkachuku Ig/BG also
**Onyekachi, Onyekachuku,
Onyekachukwu, Onyenkachi,
Onyenkachukwu.**
Who is greater than God.
*Kachi, Onye, Onyeka,
Onyenka.* Sno

Onyenkachukwu Ig/BG also
**Onyekachi, Onyekachuku,
Onyekachukwu, Onyenkachi,
Onyenkachuku.**
Who is greater than God.
*Kachi, Onye, Onyeka,
Onyenka.* Sno

Onyenkwere Ig/B also
Onyekwere.
Who would have believed …
a son will be born.
Nkwere, Onye. Sno

Onyenma Ig/B also
Onyema.
Who knew … ? Who would
have known …?
Nma, Onye. Sno

Onyenmachi Ig/B also
Onyemachi, Onyemachuku,
Onyemachukwu,
Onyenmachuku,
Onyenmachukwu.
Who knows God.
Machi, Onye, Onyema,
Onyenma. Sno

Onyenmachuku Ig/B also
Onyemachi, Onyemachuku,
Onyemachukwu, Onyenmachi,
Onyenmachukwu.
Who knows God.
Machi, Onye, Onyema,
Onyenma. Sno

Onyenmachukwu Ig/B also
Onyemachi Onyemachuku,
Onyemachukwu, Onyenmachi,
Onyenmachuku.
Who knows God.
Machi, Onye, Onyema,
Onyenma. Sno

Onyenmaechi Ig/B also
Onyemaechi.
Who knows tomorrow?
Echi, Onye, Onyema,
Onyenma. Sno

Onyenmere Ig/B also
Onyemelu,
Onyemere.
Who made it. Who caused it.
Who created it.
Emelu, Nmere, Onyeme. Sno

Onyennweaku Ig/B also
Onyenweaku.
One who owns wealth.
Aku, Onye, Onyenwe. Sno

Onyenweaku Ig/B also
Onyennweaku.
One who owns wealth.
Aku, Onye, Onyenwe. Sno

Onyeorulu Ig/BG also
Onyeoruru.
Ones turn.
Orulu, Oruru. Sno

Onyeoruru Ig/BG also
Onyeorulu.
Ones turn.
Orulu, Oruru. Sno

Onyinye Ig/BG Gift.
Onyii. Sno

Onyinyechi Ig/BG also

Onyinyechuku,
Onyinyechukwu.
  God's gift. Gift from God.
  Onyie, Onyinye. [Sno]

Onyinyechika [Ig/BG] also
Onyinyechukuka,
Onyinyechukwuka.
  God's gift is greater.
  Chika, Chukuka, Chukwuka,
  Onyi, Onyinye,
  Onyinyechi. [Sno]

Onyinyechuku [Ig/BG] also
Onyinyechi, Onyinyechukwu.
  God's gift. Gift from God.
  Onyie, Onyinye. [Sno]

Onyinyechukuka [Ig/BG] also
Onyinyechika,
Onyinyechukwuka.
  God's gift is greater.
  Chika, Chukuka, Chukwuka,
  Onyi, Onyinye,
  Onyinyechi. [Sno]

Onyinyechukwu [Ig/BG] also
Onyinyechi,
Onyinyechuku.
  God's gift. Gift from God.
  Onyie, Onyinye. [Sno]

Onyinyechukwuka [Ig/BG] also
Onyinyechika,
Onyinyechukuka.
  God's gift is greater.
  Chika, Chukuka, Chukwuka,
  Onyi, Onyinye, Onyinyechi.
  [Sno]

Opara [Ig/B] also **Okpara.**
  First male child of a
  man/woman.

Ori [Ig/B] also **Orih.**
  One that enjoys eating.
  Rich in fat.

Orih [Ig/B] also
Ori.
  One that enjoys eating.
  Rich in fat.

Orisa [Ig/B] This means God the
  creator of heaven and earth.

Osachala [Ig/B] also
Osadebe,
Osachana.
  This is a circumstancial name
  meaning: He has answerered.
  Osa. [Sno]

Osachana [Ig/B] also
Osadebe,
Osachala.
  This is a circumstancial name
  meaning: He/she (parent) has
  stopped answering ... if he/she
  would ever have a child... now
  they have one.
  Osa. [Sno]

Osadebe [Ig/B] also

**Osachala,
Osachana.**
This is a circumstancial name meaning: He/she (parent) has stopped answering ... if he/she would ever have a child... now they have one.
Osa. Sno

Osidinma Ig/B also
Ositadinma.
For whose sake things are better.
Dinma, Osii, Osidi, Osita. Sno

Osilachi Ig/BG also
**Osilachuku,
Osilachukwu,
Osinachi,
Osinachuku,
Osinachukwu.**
Is from God.
Chi-chi, Chii, Osi, Osina. Sno

Osilachim Ig/BG also
**Osilachukum,
Osilachukwum,
Osinachim,
Osinachukum,
Osinachukwum.**
Is from my God.
*Chi-chi, Chii, Osi, Osila,
Osina.* Sno

Osilachuku Ig/BG also
**Osilachi,
Osilachukwu,
Osinachi,
Osinachuku,**

Osinachukwu.
Is from God. \
Chi-chi, Chii, Osi, Osina. Sno

Osilachukum Ig/BG also
**Osilachim, Osilachukwum,
Osinachim, Osinachukum,
Osinachukwum.**
Is from my God.
*Chi-chi, Chii, Osi, Osila,
Osina.* Sno

Osilachukwu Ig/BG also
**Osilachi,
Osilachuku,
Osinachi,
Osinachuku,
Osinachukwu.**
Is from God.
Chi-chi, Chii, Osi, Osina. Sno

Osilachukwum Ig/BG also
**Osilachim,
Osilachukum,
Osinachim,
Osinachukum,
Osinachukwum.**
Is from my God.
*Chi-chi, Chii, Osi, Osila,
Osina.* Sno

Osilakachi Ig/BG also
**Ohelakachi,
Ohelakachuku,
Ohelakachukwu,
Osilakachuku,
Osilakachukwu,
Osinakachi,**

**Osinakachuku,
Osinakachukwu.**
The child is from God. The Child is from Gods' hand.
Chi-chi, Chii, Ohelaka, Osi, Osila, Osilaka, Osina, Osinaka. Sno

Osilakachuku Ig/BG also
**Ohelakachi,
Ohelakachuku,
Ohelakachukwu,
Osilakachi,
Osilakachukwu,
Osinakachi,
Osinakachuku,
Osinakachukwu.**
The child is from God. The child is from Gods' hand.
Chi-chi, Chii, Ohelaka, Osi, Osila, Osilaka, Osina, Osinaka. Sno

Osilakachukwu Ig/BG also
Ohelakachi, Ohelakachuku, Ohelakachukwu, Osilakachi, Osilakachuku, Osinakachi, Osinakachuku, Osinakachukwu.
The child is from God. The child is from Gods' hand.
Chi-chi, Chii, Ohelaka, Osi, Osila, Osilaka, Osina, Osinaka. Sno

Osinachi Ig/BG also
**Osilachi,
Osilachuku,
Osilachukwu,**
**Osinachuku,
Osinachukwu.**
Is from God.
Chi-chi, Chii, Osi, Osina. Sno

Osinachim Ig/BG also
**Osilachim,
Osilachukum,
Osilachukwum,
Osinachukum,
Osinachukwum.**
Is from my God.
Chi-chi, Chii, Osi, Osila, Osina. Sno

Osinachuku Ig/BG also
**Osilachi,
Osilachuku, Osilachukwu,
Osinachi, Osinachukwu.**
Is from God.
Chi-chi, Chii, Osi, Osina. Sno

Osinachukum Ig/BG also
**Osilachim,
Osilachukum,
Osilachukwum,
Osinachim,
Osinachukwum.**
Is from my God.
Chi-chi, Chii, Osi, Osila, Osina. Sno

Osinachukwm Ig/BG also
Osilachim, Osilachukum, Osilachukwum, Osinachim, Osinachukum.
Is from my God.
Chi-chi, Chii, Osi, Osila,

Osina. Sno

Osinachukwu Ig/BG also
Osilachi,
Osilachuku,
Osilachukwu,
Osinachi,
Osinachuku.
 Is from God.
Chi-chi, Chii, Osi, Osina. Sno

Osinakachi Ig/BG also
Ohelakachi,
Ohelakachuku,
Ohelakachukwu,
Osilakachi,
Osilakachuku,
Osilakachukwu,
Osinakachuku,
Osinakachukwu.
 The child is from God. The child is from Gods' hand.
Chi-chi, Chii, Ohelaka, Osi, Osila, Osilaka, Osina, Osinaka. Sno

Osinakachuku Ig/BG also
Ohelakachi,
Ohelakachuku,
Ohelakachukwu,
Osilakachi,
Osilakachuku,
Osilakachukwu,
Osinakachi,
Osinakachukwu.
 The child is from God. The child is from Gods' hand.
Chi-chi, Chii, Ohelaka, Osi, Osila, Osilaka, Osina, Osinaka. Sno

Osinakachukwu Ig/BG also
Ohelakachi,
Ohelakachuku,
Ohelakachukwu,
Osilakachi,
Osilakachuku,
Osilakachukwu,
Osinakachi,
Osinakachuku.
 The child is from God. The child is from Gods' hand.
Chi-chi, Chii, Ohelaka, Osi, Osila, Osilaka, Osina, Osinaka. Sno

Ositadinma Ig/B also
Osidinma. For whose sake things are better.
Dinma, Osii, Osidi, Osita. Sno

Oso Ig/B Run

Osondu Ig/B (It has two meanings) (1). In pursuit of life essentials and pleasures. (2). Running for life to escape from danger.
Ndu, Oso. Sno

Osonduagwuike Ig/B (It has two meanings.) (1). Never tired of running for life to escape from danger. (2). Always in pursuit of life. Never tired of pursuiting ones pleasure and essentials in life.
Ndu, Oso. Sno

AFRICAN BABY NAME DICTIONARY "IGBO & YORUBA NIGERIA"
Sno = Short name of or Nickname. Gender: BG = both gender; B = boy; G = girl;
ML = Married lady, Ig = Igbo, Yo = Yoruba, Ha = Hausa.

Ososo Ig/B   Fast
Oso. Sno

Otitochi Ig/B   also
Otitochuku,
Otitochukwu.
  Praise God.

Otitochuku Ig/B   also
Otitochi,
Otitochukwu.
  Praise God.
  Chi-chi, Chii, Oti, Otito,
  Tochi. Sno

Otitochukwu Ig/B   also
Otitochi,
Otitochuku.
  Praise God.
  Chi-chi, Chii, Oti, Otito,
  Tochi. Sno

Otitodilichi Ig/B   also
Otitodilichuku,
Otitodilichukwu,
Otitodirichi,
Otitodirichuku,
Otitodirichukwu.
  Glory be to the God.
  Chi-chi, Chii, Odili, Odiri,
  Otito. Sno

Otitodilichuku Ig/B   also
Otitodilichi,
Otitodilichukwu,
Otitodirichi, Otitodirichuku,
Otitodirichukwu.
  Glory be to the God.
  Chi-chi, Chii, Odili, Odiri,
  Otito. Sno

Otitodilichukwu Ig/B   also
Otitodilichi,
Otitodilichuku,
Otitodirichi,
Otitodirichuku,
Otitodirichukwu.
  Glory be to the God.
  Chi-chi, Chii, Odili, Odiri,
  Otito. Sno

Otitodilinna Ig/B   also
Otitodirinna.
  Glory be to the Father / God.
  Odili, Odiri, Otito. Sno

Otitodirichi Ig/B   also
Otitodilichi, Otitodilichuku,
Otitodilichukwu,
Otitodirichuku,
Otitodirichukwu.
  Glory be to the God.
  Chi-chi, Chii, Odili, Odiri,
  Otito. Sno

Otitodirichuku Ig/B   also
Ototodilichi, Otitodilichuku,
Otitodilichukwu, Otitodirichi,
Otitodirichukwu.
  Glory be to the God.
  Chi- chi, Chii, Odili, Odiri,
  Otito. Sno

265

Otitodirichukwu Ig/B also
Otitodilichi,
Otitodilichuku,
Otitodilichukwu,
Otitodirichi,
Otitodirichuku.
Glory be to the God.
Chi-chi, Chii, Odili, Odiri,
Otito. Sno

Otitodirinna Ig/B also
Otitodilinna.
Glory be to the Father / God.
Odili, Odiri, Otito. Sno

Otuobi Ig/B Unity/United. One mind/ One heart.
Obi, Otu. Sno

Otuomasirichi Ig/BG also
Otuomasirichuku,
Otuomasirichukwu.
At Gods' will. According to Gods' wish. By Gods' wish.
Chi-chi, Chii, Otu, Otuoma,
Otuomasiri. Sno

Otuomasirichuku Ig/BG also
Otuomasirichi,
Otuomasirichukwu.
At Gods' will. According to Gods' wish. By Gods' wish.
Chi-chi, Chii, Otu, Otuoma,
Otuomasiri. Sno

Otuomasirichukwu Ig/BG also
Otuomasirichi, Otuomasirichuku.
At Gods' will. According to Gods' wish. By Gods' wish.
Chi-chi, Chii, Otu, Otuoma,
Otuomasiri. Sno

Otuosorochi Ig/BG also
Otuosorochuku,
Otuosorochukwu.
At Gods' will. According to Gods' wish. By Gods' wish.
Chi-chi, Chii, Otu,
Otuosoro. Sno

Otuosorochuku Ig/BG also
Otuosorochi,
Otuosorochukwu.
At Gods' will. According to Gods' wish. By Gods' wish.
Chi-chi, Chii, Otu,
Otuosoro. Sno

Otuosorochukwu Ig/BG also
Otuosorochi,
Otuosorochuku.
At Gods' will. According to Gods' wish. By Gods' wish.
Chi-chi, Chii, Otu,
Otuosoro. Sno

Oyidiya Ig/ML also **Oyiridiya.**
The replica of her husband. A wife that think and behave as the husband in many ways. A through representative of her husband. This name is given to a Lady traditionally by her husband as an honor to her and

the family.

Oyiridiya Ig/ML also **Oyidiya**.
The replica of her husband. A wife that think and behave as the husband in many ways. A through representative of her husband. This name is given to a Lady traditionally by her husband as an honor to her and the family.

Ozichi Ig/G also **Ozichuku, Ozichukwu**.
Gods' good news.
Gods message.
Chi-chi, Chii, Ozi. Sno

Ozichuku Ig/G also **Ozichi, Ozichukwu**.
Gods' good news. Gods' message.
Chi-chi, Chii, Ozi. Sno

Ozichukwu Ig/G also **Ozichi, Ozichuku**.
Gods' good news. Gods' message.
Chi-chi, Chii, Ozi. Sno

Ozioma Ig/BG Gospel. Good news.
Oma, Ozi. Sno

Ozoemela Ig/B also **Ozoemena**.
May it not happen again… death. This is a situational name given after the death of a sibling born before the present birth.
Eme, Emela, Emena, Ozo, Ozoeme. Sno

Ozoemena Ig/B also **Ozoemela**.
May it not happen again… death. This is a situational name given after the death of a sibling born before the present birth.
Eme, Emela, Emena, Ozo, Ozoeme. Sno

Ozuluoxc vnye Ig/B also **Onyekaozulu, Onyekaozuru, Ozuruonye**.
Who has it all. Who is self sufficient.
Onye, Ozulu, Ozuru. Sno

Ozuluonye Ig/B also **Ozuruonye**.
Who has it all. Who is self sufficient.
Onye, Ozulu, Ozuru. Sno

Ozuruigbo Ig/B This name is a circumstancial, reflecting an event or incident that occurred or affected the entire/masses in Ibo-land/Ibo- tribe.
Ozu, Ozuru. Sno

Ozurumba Ig/B also **Ozurunba**.
This name is based on a circumstance, reflecting to an event or incident that happened in the area / community which affected everybody.
Mba, Nba, Ozuru. Sno

Ozurunba Ig/B also **Ozurumba**.
This name is based on a circumstance, reflecting to an event or incident that happened in the area/community which affected everybody.
Mba, Nba, Ozuru. Sno

Ozuruonye Ig/B also **Onyekaozulu, Onyekaozuru, Ozuluonye**.
Who has it all. Who is self sufficient.
Onye, Ozulu, Ozuru. Sno

Ozuruonye Ig/B also **Ozuluonye**.
Who has it all. Who is self sufficient.
Onye, Ozulu, Ozuru. Sno

R

Rapuka Ig/BG Leave the problem. Do not chastise. Do not speak-out.
Uka, Rapu. Sno

Rapuluchi Ig/BG also
Rapuluchuku, Rapuluchukwu, Rapuruchi, Rapuruchuku, Rapuruchukwu.
Leave it to God.
Chi-chi, Chii, Rapu, Rapulu, Rapuru. Sno

Rapuluchuku Ig/BG also
Rapuluchi, Rapuluchukwu, Rapuruchi, Rapuruchuku, Rapuruchukwu.
Leave it to God.
Chi-chi, Chii, Rapu, Rapulu, Rapuru. Sno

Rapuluchukwu Ig/BG also
Rapuluchi, Rapuluchuku, Rapuruchi, Rapuruchuku, Rapuruchukwu.
Leave it to God.
Chi-chi, Chii, Rapu, Rapulu, Rapuru. Sno

Rapuluolisa Ig/BG also
Rapuruolisa.
Leave it to God.
Rapu, Rapulu, Rapuru. Sno

Rapuokwu Ig/B Do not chastise.
Do not speak-out.
Okwu, Rapu. Sno

Rapuruchi Ig/BG also
Rapuluchi, Rapuluchuku, Rapuluchukwu, Rapuruchuku, Rapuruchukwu.
Leave it to God.
Chi-chi, Chii, Rapu, Rapulu, Rapuru. Sno

Rapuruchuku Ig/BG also
Rapuluchi, Rapuluchuku, Rapuluchukwu, Rapuruchi, Rapuruchukwu.
Leave it to God.
Chi-chi, Chii, Rapu, Rapulu, Rapuru. Sno

Rapuruchukwu Ig/BG also
Rapuluchi, Rapuluchuku, Rapuluchukwu, Rapuruchi, Rapuruchuku.
Leave it to God.
Chi-chi, Chii, Rapu, Rapulu, Rapuru. Sno

Rapuruolisa Ig/BG also
Rapuluolisa.
Leave it to God.
Rapu, Rapulu, Rapuru. Sno

Rochukwu Ig/GB also **Riochukwu, Rochuku.** Beg God; Request from God. *Rio, Rochi, Chi-Chi.* Sno

Rotachi Ig/BG also **Rotachuku, Rotachukwu.**
Remember God.
Chi-chi, Chii, Rota, Rotachi. Sno

Rotachuku Ig/BG also **Rotachi, Rotachukwu.**
Remember God.
Chi-chi, Chii, Rota, Rotachi. Sno

Rotachukwu Ig/BG also **Rotachi, Rotachuku.**
Remember God.
Chi-chi, Chii, Rota, Rotachi. Sno

Rotanna Ig/B Remember your father/God.
Nnanna, Rota. Sno

S

Sade Yo/G Honor grants a crown

Sadiq Ha/B To tell the truth

Sani Yo/B Radiance, light of the family.

Sarauniya Yo/G Queen

Shola Yo The blessed one.

Sochima Ig/BG also
Sochukuma,
Sochukwuma.
 Only God knows. Only God is aware of the ... truth, fact, reality.
 Chima, Sochi. Sno

Sochukuma Ig/BG also
Sochima,
Sochukwuma.
 Only God knows. Only God is aware of the ... truth, fact, reality.
 Chima, Sochi. Sno

Sochukwuma Ig/BG also
Sochima,
Sochukuma.
 Only God knows. Only God is aware of the ... truth, fact, reality.
 Chima, Sochi. Sno

Solobasi Ig/B also
Sorobasi.
 Follow God.
 Solo, Soro. Sno

Solochi Ig/BG also
Solochuku,
Sorochukwu,
Sorochi,
Sorochuku,
Sorochukwu.
 Follow God.
 Chi-chi, Chii, Solo, Soro. Sno

Solochim Ig/BG also
Solochukum,
Solochukwum,
Sorochim,
Sorochukum,
Sorochukwum.
 Follow my God.
 Chi-chi, Chii, Solom, Sorom. Sno

Solochuku Ig/BG also
Solochi,
Sorochukwu,
Sorochi,
Sorochuku,
Sorochukwu.
 Follow God.
 Chi-chi, Chii, Solo, Soro. Sno

Solochukum Ig/BG also
Solochim, Solochukwum,
Sorochim, Sorochukum,
Sorochukwum.
 Follow my God.
 Chi-chi, Chii, Solom,
 Sorom. Sno

Solochukwu Ig/BG also Solochi,
Sorochukwu, Sorochi,
Sorochuku, Sorochukwu.
 Follow God.
 Chi-chi, Chii, Solo, Soro. Sno

Solochukwum Ig/BG also
Solochim, Solochukum,
Sorochim, Sorochukum,
Sorochukwum.
 Follow my God.
 Chi-chi, Chii, Solom,
 Sorom. Sno

Sololisa Ig/B also **Sorolisa**.
 Follow God.
 Solo, Soro. Sno

Solomtochi Ig/BG also
Solomtochuku,
Solomtochukwu,
Soromtochi,
Soromtochuku,
Soromtochukwu,
Solomutochi,
Solomutochuku,
Solomutochukwu,
Soromutochi,
Soromutochuku,
Soromutochukwu.
 Join with me to praise God.
 Solo, Solom, Solomu,
 Soro, Solom,
 Soromu, Tochi. Sno

Solomtochuku Ig/BG also
Solomtochi,
Solomtochukwu,
Soromtochi,
Soromtochuku,
Soromtochukwu,
Solomutochi,
Solomutochuku,
Solomutochukwu,
Soromutochi,
Soromutochuku,
Soromutochukwu.
 Join with me to praise God.
 Solo, Solom, Solomu, Soro,
 Solom, Soromu, Tochi. Sno

Solomtochukwu Ig/BG also
Solomtochi,
Solomtochuku,
Soromtochi,
Soromtochuku,
Soromtochukwu,
Solomutochi,
Solomutochuku,
Solomutochukwu,
Soromutochi,
Soromutochuku,
Soromutochukwu.
 Join with me to praise God.
 Solo, Solom, Solomu, Soro,
 Solom, Soromu, Tochi. Sno

Solomutochi Ig/BG also
Solomtochi,
Solomtochuku, Solomtochukwu,
Soromtochi, Soromtochuku,
Soromtochukwu,
Solomutochuku,
Solomutochukwu, Soromutochi,
Soromutochuku,
Soromutochukwu.
Join with me to praise God.
*Solo, Solom, Solomu, Soro,
Solom, Soromu, Tochi.* Sno

Solomutochuku Ig/BG also
Solomtochi, Solomtochuku,
Solomtochukwu, Soromtochi,
Soromtochuku,
Soromtochukwu, Solomutochi,
Solomutochukwu,
Soromutochi, Soromutochuku,
Soromutochukwu.
Join with me to praise God.
*Solo, Solom, Solomu, Soro,
Solom, Soromu, Tochi.* Sno

Solomutochukwu Ig/BG also
Solomtochi, Solomtochuku,
Solomtochukwu, Soromtochi,
Soromtochuku, Soromtochukwu,
Solomutochi, Solomutochuku,
Soromutochi, Soromutochuku,
Soromutochukwu.
Join with me to praise God.
*Solo, Solom, Solomu, Soro,
Solom, Soromu, Tochi.* Sno

Sopulu Ig/BG also **Sopuru**.
Respect.
Sopu, Ulu, Uru. Sno

Sopuluchi IgBG also
Sopuluchuku, Sopuluchukwu,
Sopuruchi, Sopuruchuku,
Sopuruchukwu.
Respect God.
*Chi-chi, Chii, Sopu, Sopulu,
Sopuru, Ulu, Uru.* Sno

Sopuluchuku Ig/BG also
Sopuluchi,
Sopuluchukwu, Sopuruchi,
Sopuruchuku, Sopuruchukwu.
Respect God.
*Chi-chi, Chii, Sopu, Sopulu,
Sopuru, Ulu, Uru.* Sno

Sopuluchukwu Ig/BG also
Sopuluchi, Sopuluchuku,
Sopuruchi, Sopuruchuku,
Sopuruchukwu.
Respect God.
*Chi-chi, Chii, Sopu, Sopulu,
Sopuru, Ulu, Uru.* Sno

Sopuluobasi Ig/BG also
Sopuruobasi.
Respect God.
*Sopu, Sopulu, Sopuru,
Ulu, Uru.* Sno

Sopuluolisa Ig/BG also
Sopuruolisa.
Respect God.
*Sopu, Sopulu, Sopuru,
Ulu, Uru.* Sno

Sopuru Ig/BG also **Sopulu**.
Respect.
Sopu, Ulu, Uru. Sno

Sopuruchi IgBG also **Sopuluchi, Sopuluchuku, Sopuluchukwu, Sopuruchuku, Sopuruchukwu**.
Respect God.
Chi-chi, Chii, Sopu, Sopulu, Sopuru, Ulu, Uru. Sno

Sopuruchuku IgBG also **Sopuluchi, Sopuluchuku, Sopuluchukwu, Sopuruchi, Sopuruchukwu**.
Respect God.
Chi-chi, Chii, Sopu, Sopulu, Sopuru, Ulu, Uru. Sno

Sopuruchukwu Ig/BG also **Sopuluchi, Sopuluchuku, Sopuluchukwu, Sopuruchi, Sopuruchuku**.
Respect God.
Chi-chi, Chii, Sopu, Sopulu, Sopuru, Ulu, Uru. Sno

Sopuruobasi Ig/BG also **Sopuluobasi**.
Respect God.
Sopu, Sopulu, Sopuru, Ulu, Uru. Sno

Sopuruolisa Ig/BG also **Sopuluolisa**.
Respect God.
Sopu, Sopulu, Sopuru, Ulu, Uru. Sno

Sorobasi Ig/B also **Solobasi**.
Follow God.
Solo, Soro. Sno

Sorochi Ig/BG also **Solochi, Solochuku, Sorochukwu, Sorochuku, Sorochukwu**.
Follow God.
Chi-chi, Chii, Solo, Soro. Sno

Sorochim Ig/BG also **Solochim, Solochukum, Solochukwum, Sorochukum, Sorochukwum**.
Follow my God.
Chi-chi, Chii, Solom, Sorom. Sno

Sorochuku Ig/BG also **Solochi, Solochuku, Sorochukwu, Sorochi, Sorochukwu**.
Follow God.
Chi-chi, Chii, Solo, Soro. Sno

Sorochukum Ig/BG also **Solochim, Solochukum, Solochukwum, Sorochim, Sorochukwum**.
Follow my God.
Chi-chi, Chii, Solom, Sorom. Sno

Sorochukwu Ig/BG also **Solochi, Solochuku, Sorochukwu, Sorochi, Sorochuku.**
Follow God.
Chi-chi, Chii, Solo, Soro. Sno

Sorochukwum Ig/BG also **Solochim, Solochukum, Solochukwum, Sorochim, Sorochukum.**
Follow my God.
Chi-chi, Chii, Solom, Sorom. Sno

Sorolisa Ig/B also **Sololisa.**
Follow God.
Solo, Soro. Sno

Soromtochi Ig/BG also **Solomtochi, Solomtochuku, Solomtochukwu, Soromtochuku, Soromtochukwu, Solomutochi, Solomutochuku, Solomutochukwu, Soromutochi, Soromutochuku, Soromutochukwu.**
Join with me to praise God.
Solo, Solom, Solomu, Soro, Solom, Soromu, Tochi. Sno

Soromtochuku Ig/BG also **Solomtochi, Solomtochuku, Solomtochukwu, Soromtochi, Soromtochukwu, Solomutochi, Solomutochuku, Solomutochukwu, Soromutochi, Soromutochuku,**

Soromutochukwu.
Join with me to praise God.
Solo, Solom, Solomu, Soro, Solom, Soromu, Tochi. Sno

Soromtochukwu Ig/BG also **Solomtochi, Solomtochuku, Solomtochukwu, Soromtochi, Soromtochuku, Solomutochi, Solomutochuku, Solomutochukwu, Soromutochi, Soromutochuku, Soromutochukwu.**
Join with me to praise God.
Solo, Solom, Solomu, Soro, Solom, Soromu, Tochi. Sno

Soromutochi Ig/BG also **Solomtochi, Solomtochuku, Solomtochukwu, Soromtochi, Soromtochuku, Soromtochukwu, Solomutochi, Solomutochuku, Solomutochukwu, Soromutochuku, Soromutochukwu.**
Join with me to praise God.
Solo, Solom, Solomu, Soro, Solom, Soromu, Tochi. Sno

Soromutochuku Ig/BG also **Solomtochi, Solomtochuku, Solomtochukwu, Soromtochi, Soromtochuku, Soromtochukwu,**

**Solomutochi, Solomutochuku,
Solomutochukwu, Soromutochi,
Soromutochukwu.**
  Join with me to praise God.
  *Solo, Solom, Solomu, Soro,
  Solom, Soromu, Tochi.* Sno

Soromutochukwu Ig/BG also
**Solomtochi, Solomtochuku,
Solomtochukwu, Soromtochi,
Soromtochuku, Soromtochukwu,
Solomutochi, Solomutochuku,
Solomutochukwu, Soromutochi,
Soromutochuku.**
  Join with me to praise God.
  *Solo, Solom, Solomu, Soro,
  Solom, Soromu, Tochi.* Sno

AFRICAN BABY NAME DICTIONARY "IGBO & YORUBA NIGERIA"
Sno = Short name of or Nickname. Gender: BG = both gender; B = boy; G = girl;
ML = Married lady, Ig = Igbo, Yo = Yoruba, Ha = Hausa.

T

Taiwo Yo/B The first twin to be Born. *Tai, Iwo*. Sno

Temidayo Yo/G My life has become joyful. *Tim, Timi, Dayo.* Sno

Timilehin Yo God is with you. *Tim, Timi*. Sno

Titilayo Yo/G Everlasting joy; Eternal happiness. *Titi, Layo, Ayo.* Sno

Tiwa Yo/G One who owns the crown.

Tobechi Ig/BG also **Tobechuku, Tobechukwu.** Glorify God. Praise God. *Chi-chi, Chii, Tobe, Tobechi, Tochi, Toto.* Sno

Tobechuku Ig/BG also **Tobechi, Tobechukwu.** Glorify God. Praise God. *Chi-chi, Chii, Tobe, Tobechi, Tochi, Toto.* Sno

Tobechukwu Ig/BG also **Tobechi, Tobechuku.** Glorify God. Praise God. *Chi-chi, Chii, Tobe, Tobechi, Tochi, Toto.* Sno

Tobelisa Ig/B also **Tolisa**. Glosify God. Praise God. *Tobe, Toto, Tolisa.* Sno

Tobenna Ig/B also **Tonna.** Glorify Father/God. Praise Father/God. *Nnanna, Tobechi, Tochi, Tonna, Toto.* Sno

Tochi Ig/BG also **Tochuku, Tochukwu.** Glorify God. Praise God. *Chi-chi, Chii, Tochi, Toto.* Sno

Tochuku Ig/BG also **Tochi, Tochukwu.** Glorify God. Praise God. *Chi-chi, Chii, Tochi, Toto.* Sno

Tochukwu Ig/BG also **Tochi, Tochuku.** Glorify God. Praise God. *Chi-chi, Chii, Tochi, Toto.* Sno

Tolisa Ig/B also **Tobeolisa**. Glosify God. Praise God. *Tobe, Toto, Tolisa.* Sno

Tomori Yo We have seen a Baby. *Tom, Tomo*. *Sno*

Tonna Ig/B also Tobenna. Glorify Father/God. Praise Father/God. *Nnanna, Tobechi, Tochi, Tonna, Toto*. *Sno*

Tujuka Yo Cheerful.

U

Ubachi Ig/B also **Ubachuku, Ubachukwu.**
God's wealth. Wealth from God. Destenyed wealth.
Chi-chi, Chii, Uba. Sno

Ubachuku Ig/B also **Ubachi, Ubachukwu.**
God's wealth. Wealth from God. Destinied wealth.
Chi-chi, Chii, Uba. Sno

Ubachukwu Ig/B also **Ubachi, Ubachuku.**
God's wealth. Wealth from God. Destenyed wealth.
Chi-chi, Chii, Uba. Sno

Ubadire Ig/B also **Ubandire**.
Guaranteed wealth. One guaranteed to be rich/wealthy.
Uba. Sno

Ubandire Ig/B also **Ubadire**.
Guaranteed wealth. One guaranteed to be rich/wealthy.

Uba. Sno

Ubani Ig/B Wealthy but stingy.
Ani, Uba. Sno

Ubanwa Ig/B Wealth with children.
Uba. Sno

Ubochi Ig/BG Day.
Ubo-o. Sno

Ucheakolam Ig/B May I not lack wisdom.
Ako, Akolam, Uche, Ucheako. Sno

Uchechi Ig/BG also **Uchechuku, Uchechukwu.**
God's will. God's intention. God's mindfulness.
Uche, Uche-e, Uchechi. Sno

Uchechuku Ig/BG also **Uchechi, Uchechukwu.**
God's will. God's intention. God's mindfulness.
Uche, Uche-e, Uchechi. Sno

Uchechukwu Ig/BG also **Uchechi, Uchechuku.**
God's will. God's intention. God's mindfulness.
Uche, Uche-e, Uchechi. Sno

Uchedimma Ig/B also
Ucheoma,
Uchedinma.
 Wisdom. Good thought. Good intention.
 Uche. Sno

Uchedinma Ig/B also **Ucheoma,**
Uchedimma.
 Wisdom. Good thought. Good intention.
 Uche. Sno

Uchemadu Ig/B Human intention.
 Madu, Uche. Sno

Uchenna Ig/B Father's intention. God's intention.
 Nana, Uche. Sno

Uchenne Ig/G Mother's intention.
 Nene, Uche. Sno

Ucheoma Ig/B also **Uchedinma,**
Uchedimma.
 Wisdom. Good thought. Good intention.
 Uche. Sno

Udo Ig/B Peace.

Udobata Ig/BG Welcome peace. Accept peace.
 Udo, Bata. Sno

Udobi Ig/B Peace minded. Peace of mind.
 Obi, Udo. Sno

Udochi Ig/BG also
Udochuku,
Udochukwu.
 Peace in God.
 Chi-chi, Chii, Chuku, Chukwu, Udo. Sno

Udochuku Ig/BG also **Udochi,**
Udochukwu.
 Peace in God.
 Chi-chi, Chii, Chuku, Chukwu, Udo. Sno

Udochukwu Ig/BG also
Udochi,
Udochuku.
 Peace in God.
 Chi-chi, Chii, Chuku, Chukwu, Udo. Sno

Udodili Ig/B Let there be peace.
 Odili, Udo. Sno

Udodinma Ig/BG Peace is good.
 It's good to have peace.
 Udo, Nma. Sno

Udodiri Ig/B Let there be peace.
 Odiri, Udo. Sno

Udodirianyi Ig/B Peace be unto us.

Anyi, Udo, Udodiri. Sno

Udodirim Ig/B Peace be unto me. Let me have peace. *Odirim, Udo.* Sno

Udoegbulam Ig/B also **Udoegbunam**. May I not be killed for peace. *Egbula, Egbulam, Egbuna, Egbunam, Udo, Udoegbu.* Sno

Udoegbunam Ig/B also **Udoegbulam**. May I not be killed for peace. *Egbula, Egbulam, Egbuna, Egbunam, Udo, Udoegbu.* Sno

Udoka Ig/BG also **Udonka**. Peace is better. It is better to be in peace. *Udo.* Sno

Udokanma Ig/B also **Udokamma**. Peace is better. It is better to be at peace. *Kanma, Udo, Udoka.* Sno

Udonka Ig/BG also **Udoka**. Peace is better. It is better to be in peace. *Udo.* Sno

Uduak Ibibio/BG Will, Desire.

Ufoaku Ig/G Remaining wealth. *Aku, Ufo.* Sno

Ufuma Yo/BG Peace of mind

Ugadiya Ig/ML also **Ukadiya**. The husband's sake. A name given to a married lady by her husband based on tradition. This name signify oneness/unity in decision making with the husband. *Ugadi, Ukadi.* Sno

Ugbo Ig/B Ship or Train. Major means of transportation.

Ugboagha Ig/B Ship for War. War-ship. *Ugbo, Agha.* Sno

Ugboaja Ig/B Ship of sacrifice. Ship used by sacrificial Priest to perform sacrifice. *Ugbo, Aja.* Sno

Ugboaku Ig/G Ship of wealth. The ship that is used to convey wealth. Which means, the child is expected to bring wealth into the family. *Aku, Ugbo.* Sno

Ugbochi Ig/BG also **Ugbochuku, Ugbochukwu**. God's ship. *Chi-chi, chii, Ugbo.* Sno

Ugbochuku IgBG also **Ugbochi, Ugbochukwu**. God's ship.

Chi-chi, chii, Ugbo. Sno

Ugbochukwu Ig/BG also **Ugbochi, Ugbochuku**.
God's ship.
Chi-chi, chii, Ugbo. Sno

Ugbogu Ig/B Ship for war. War ship.
Ugbo, Ogu. Sno

Ugbondioma Ig/B (This name has two meanings.) (1). Ship of good people. A ship that refused to condone evel. A ship that refused to convey Slave Merchants and their Slaves. (2). Family of Good people. Good family that never condone evel.
Ugbo, Ugbondi, Ndioma, Ugbonma, Ugboma. Sno

Ugbougo Ig/BG Ship of Dove. A divine/sacred ship.
Ugbo, Ugo. Sno

Ugochi Ig/BG also **Ugochuku, Ugochukwu**.
God's Dove. God's special blessing. *Chi-chi, Chii, Chuku, Ugo.* Sno

Ugochitubelum Ig/BG also **Ugochukutubelum, Ugochukwutubelum, Ugonnatubelum**.
God's Eagle (special blessing) bestowed on me.
Ugo, Ugochi, Ugonna. Sno

Ugochuku Ig/BG also **Ugochi, Ugochukwu**.
God's Dove. God's special blessing.
Chi-chi, Chii, Chuku, Ugo. Sno

Ugochukutubelum Ig/BG also **Ugochitubelum, Ugochukwutubelum, Ugonnatubelum**.
God's Eagle (special blessing) bestowed on me.
Ugo, Ugochi, Ugonna. Sno

Ugochukwu IgBG also **Ugochi, Ugochuku**.
God's Dove. God's special blessing.
Chi-chi, Chii, Chuku, Ugo. Sno

Ugochukwutubelum Ig/BG also **Ugochitubelum, Ugochukutubelum, Ugonnatubelum**.
God's Eagle (special blessing) bestowed on me.
Ugo, Ugochi, Ugonna. Sno

Ugoji Ig/B also **Ugorji**.
Pride of the family.

Orji, Ugo. Sno

Ugonna Ig/BG Father's Dove.
The father's pride.
Nana, Ugo. Sno

Ugonnatubelum Ig/BG also
Ugochitubelum,
Ugochukutubelum,
Ugochukwutubelum.
God's Eagle (special blessing) bestowed on me.
Ugo, Ugochi, Ugonna. Sno

Ugorji Ig/B also **Ugoji**.
Pride of the family.
Orji, Ugo. Sno

Ugwuala Ig/B Community honor.
Ala, Ugwu. Sno

Ugwueze Ig/B King's honor.
Eze, Ugwu. Sno

Ugwuezi Ig/B Family Honor.
Ezi, Ugwu. Sno

Ugwuzo Ig/B also **Ugwuzor**.
Road honor.
Ugwu, Uzo. Sno

Ugwuzor Ig/B also **Ugwuzo**.
Road honor.
Ugwu, Uzo. Sno

Ujoatu Ig/B Fearless.
Atu, Ujo. Sno

Ujunwa Ig/BG Childbearing Cap. Last born. This name is only supposed to be given to the last born/last child of a lady.
Uju. Sno

Ukadiya Ig/ML also **Ugadiya**.
The husband's sake. A name given to a married lady by her husband based on tradition. This name signify oneness/ unity in decision making with the husband.
Ugadi, Ukadi. Sno

Ukaegbu Ig/B also
Ukaegbughi.
Words/Speech does not kill.
Egbu, Uka. Sno

Ukaegbughi Ig/B also
Ukaegbu.
Words/Speech does not kill.
Egbu, Uka. Sno

Ukaegbughim Ig/B also
Ukaegbum.
Words/Speech will not kill me.
Egbu, Uka. Sno

Ukaegbulam Ig/B May I not be killed by words/Speeches/ discords.
Egbu, Egbulam, Uka. Sno

Ukaegbum Ig/B also **Ukaegbughim**.
Words/Speech will not kill me.
Egbu, Uka. Sno

Uloaku Ig/G Bank. House of wealth.
Aku, Ulo. Sno

Uloego Ig/G Bank. House of money.
Ego, Ulo. Sno

Uloma Ig/BG Good home. Good Family. This name signify peace in a household /family.
Ulo. Sno

Umar Yo/GB means Flourishing

Umunnakwe Ig/B In agreement with kinfolks /kindreds. Family Unity. United Family.
Umuna. Sno

Uruchi Ig/B also **Uruchuku, Uruchukwu**.
The importance of God. The usefulness of God.
Chi-chi, Chii, Uru. Sno

Uruchuku Ig/B also **Uruchi, Uruchukwu**.
The importance of God. The usefulness of God.
Chi-chi, Chii, Uru. Sno

Uruchukwu B also **Uruchi, Uruchuku**.
The importance of God. The usefulness of God.
Chi-chi, Chii, Uru. Sno

Urunna IG/BG The importance/ benefits of a father.
Nana, Uru. Sno

Urunne Ig/G The importance/ benefits of a mother.
Nene, Uru. Sno

Urunwa BG The importance/ benefits of a child.
Uru. Sno

Uwadiegwu Ig/B The world is fearful.
The world is scary/frightening.
Diegwu, Egwu, Uwa-a, Uwadi. Sno

Uwaezuoke Ig/B Nobody is self sufficient. Nobody has it all.
Ezuoke, Uwa. Sno

Uwakwe Ig/B Let every one be in agreement.
Uwa. Sno

Uwaoma Ig/B also **Uwoma**.
Good world. Perfect world. Perfect Situation. Named to a child born into a perfect

situation in the family.
Uwa-a, Uwo-o. Sno

Uwoma Ig/B also **Uwaoma**.
Good world. Perfect world.
Perfect Situation. Named to a
child born into a perfect
situation in the family.
Uwa-a, Uwo-o. Sno

Uzoamaka Ig/G The road is good.
The journey is good.
Amaka, Uzo. Sno

Uzochi Ig/BG also **Uzochuku, Uzochukwu**.
God's way.
Chi-chi, Chii, Uzo. Sno

Uzochuku Ig/BG also **Uzochi, Uzochukwu**.
God's way.
Chi-chi, Chii, Uzo. Sno

Uzochukwu Ig/BG also **Uzochi, Uzochuku**.
God's way.
Chi-chi, Chii, Uzo. Sno

Uzodimma Ig/BG also **Uzodinma**.
(Two meanings based on
pronunciation.) (1). The road is
good. (2). If the road is good.
The second meaning is an
adventurous proverb, meaning:
A good aventure is worth
repeating. *Dinma, Dimma, Uzo, Uzodi.* Sno

Uzodinma Ig/BG also **Uzodimma**.
(Two meanings based on
pronunciation.) (1). The road is
good. (2). If the road is good.
The second meaning is an
adventurous proverb, meaning:
A good aventure is worth
repeating. *Dinma, Dimma, Uzo, Uzodi.* Sno

Uzoma Ig/BG Highway to success.
Good Road. Somebody with a
bright and successful future.
Uzo, Uzo-o. Sno

Yagalihu Ig/B also **Yajeliru**.
Let it go ahead. Let it go forward.
Lihu, Liru, Yaga, Yaje. Sno

Yagawa Ig/BG also **Yajebe**.
Let go. Leave it alone.
Awa, Ebe, Yaga, Yaje. Sno

Yagazie Ig/B also **Yajezie**.
May it go well. May the future be bright. *Yaje, Yaga, Jezie.* Sno

Yagozie Ig/BG May it be blessed. *Gozie, Yago.* Sno

Yajebe Ig/BG also **Yagawa**.
Let go. Leave it alone.
Awa, Ebe, Yaga, Yaje. Sno

Yajeliru Ig/B also **Yagalihu**.
Let it go ahead. Let it go forward.
Lihu, Liru, Yaga, Yaje. Sno

Yajezie Ig/B also **Yagazie**.
May it go well. May the future be bright. *Yaje, Yaga.* Sno

Yejide Yo/G She looks like her mother. Mother has returned. Reincarnation. *Ye, Jide* Sno

Yamezie Ig/B May it be well. *Mezie, Yame.* Sno

Yobachi Ig/BG also
Yobachuku,
Yobachukwu,
Yobechi,
Yobechuku,
Yobechukwu,
Yochi,
Yochuku,
Yochukwu.
Beg God. Request from God.
Chi-chi, Chii, Yo, Yoba, Yobe, Yochi. Sno

Yobachuku Ig/BG also
Yobachi,
Yobachukwu,
Yobechi,
Yobechuku,
Yobechukwu,
Yochi,
Yochuku,
Yochukwu.
Beg God. Request from God.
Chi-chi, Chii, Yo, Yoba, Yobe, Yochi. Sno

Yobachukwu Ig/BG also
Yobachi, Yobachuku, Yobechi, Yobechuku, Yobechukwu, Yochi, Yochuku, Yochukwu.

Beg God. Request from God.
Chi-chi, Chii, Yo, Yoba,
Yobe, Yochi. |Sno|

Yobanna |Ig/B| also **Yonna,**
Yobenna.
Beg thy father/God.
Nana, Yo, Yoba, Yobe. |Sno|

Yobaolisa |Ig/B| also **Yobeolisa,**
Yoolisa.
Beg the Lord/God.
Yo, Yoba, Yobe. |Sno|

Yobechi |Ig/BG| also
Yobachi,
Yobachuku,
Yobachukwu,
Yobechuku,
Yobechukwu,
Yochi,
Yochuku,
Yochukwu.
Beg God. Request from God.
Chi-chi, Chii, Yo, Yoba,
Yobe, Yochi. |Sno|

Yobechuku |Ig/BG| also
Yobachi,
Yobachuku,
Yobachukw,
Yobechi,
Yobechukwu,
Yochi,
Yochuku,
Yochukwu.
Beg God. Request from God.
Chi-chi, Chii, Yo, Yoba,
Yobe, Yochi. |Sno|

Yobechukwu |Ig/BG| also
Yobachi, Yobachuku,
Yobachukwu, Yobechi,
Yobechuku, Yochi,
Yochuku, Yochukwu.
Beg God. Request from God.
Chi-chi, Chii, Yo, Yoba,
Yobe, Yochi. |Sno|

Yobenna |Ig/B| also **Yonna,**
Yobanna.
Beg thy father/God.
Nana, Yo, Yoba, Yobe. |Sno|

Yobeolisa |Ig/B| also
Yobaolisa,
Yoolisa.
Beg the Lord/God.
Yo, Yoba, Yobe. |Sno|

Yochi |Ig/BG| also
Yobachi,
Yobachuku,
Yobachukwu,
Yobechi,
Yobechuku,
Yobechukwu,
Yochuku,
Yochukwu.
Beg God. Request from God.
Chi-chi, Chii, Yo, Yoba,
Yobe, Yochi. |Sno|

Yochuku |Ig/BG| also
Yobachi,

Yobachuku,
Yobachukwu,
Yobechi,
Yobechuku,
Yobechukwu,
Yochi,
Yochukwu.
 Beg God. Request from God.
 Chi-chi, Chii, Yo, Yoba,
 Yobe, Yochi. Sno

Yochukwu Ig/BG also **Yobachi,**
Yobachuku,
Yobachukwu,
Yobechi,
Yobechuku,
Yobechukwu,
Yochi,
Yochuku.
 Beg God. Request from God.
 Chi-chi, Chii, Yo, Yoba,
 Yobe, Yochi. Sno

Yonna Ig/B also **Yobanna,**
Yobenna.
 Beg thy father/God.
 Nana, Yo, Yoba, Yobe. Sno

Yoolisa Ig/B also **Yobaolisa,**
Yobeolisa.
 Beg the Lord/God.
 Yo, Yoba, Yobe. Sno

Z

Zachi Ig/BG also
Zachuku,
Zachukwu,
Zaolisa.
 Answer God. Respond to God.
 Za, Zachi. *Sno*

Zachuku Ig/BG also
Zachi,
Zachukwu,
Zaolisa.
 Answer God. Respond to God.
 Za, Zachi. *Ig/Sno*

Zachukwu Ig/BG also
Zachi,
Zachuku,
Zaolisa.
 Answer God. Respond to God.
 Za, Zachi. *Sno*

Zaeze Ig/B Answer to King.
 Eze, Zaa. *Sno*

Zanna Ig/B Answer to Father/God.
 Nana, Zan. *Sno*

Zaolisa IgBG also
Zachi,
Zachuku,
Zachukwu.
 Answer God. Respond to God.
 Za, Zachi. *Sno*

Zeiro Ig/BG Avoid ha tred/enemy.
 Iro, Zee. *Sno*

Zerenjo Ig/BG Avoid bad things.
 Avoid danger.
 Njo, Zere. *Sno*

Zereoku Ig/B also
Zereokwu.
 Avoid trouble.
 Oku, Okwu, Zere. *Sno*

Zereokwu IgB also **Zereoku.**
 Avoid trouble.
 Oku, Okwu, Zere. *Sno*

Zereuka Ig/B Avoid trouble.
 Uka, Zere. *Sno*

Ziechi Ig/BG also
Ziechuku,
Ziechukwu,
Zieolisa.
 Tell God. Pray to God.
 Chi-chi, Chii, Zie, Ziechi. *Sno*

Ziechuku Ig/BG also
Ziechi,
Ziechukwu,
Zieolisa.

Tell God. Pray to God.
Chi-chi, Chii, Zie, Ziechi. [Sno]

Ziechukwu [Ig/BG] also **Ziechi, Ziechuku, Zieolisa.**
Tell God. Pray to God.
Chi-chi, Chii, Zie, Ziechi. [Sno]

Zienuchi [Ig/BG] also **Zienuchuku, Zienuchukwu, Zienuolisa.**
Let every one send message to God.
Chi-chi, Chii, Zie, Zienu. [Sno]

Zienuchuku [Ig/BG] also **Zienuchi, Zienuchukwu, Zienuolisa.**
Let every one send message to God.
Chi-chi, Chii, Zie, Zienu. [Sno]

Zienuchukwu [Ig/BG] also **Zienuchi, Zienuchuku, Zienuolisa.**
Let every one send message to God.
Chi-chi, Chii, Zie, Zienu. [Sno]

Zienuolisa [Ig/BG] also **Zienuchi, Zienuchuku, Zienuchukwu.**
Let every one send message to God.
Chi-chi, Chii, Zie, Zienu. [Sno]

Zieohanaudoamaka [Ig/BG] also **Zieoranaudoamaka.**
Send a message to everybody that, Peace is better.
Amaka, Udo, Udoamaka, Zieoha, Zieora. [Sno]

Zieohanaudodimma [Ig/B] also **Zieohanaudodinma, Zieoranaudodimma, Zieoranaudodinma.**
Send a message to everybody that, peace is good.
Udo, Udodi, Udodimma, Udodinma, Zieoha, Zieora. [Sno]

Zieohanaudodinma [Ig/B] also **Zieohanaudodimma, Zieoranaudodimma, Zieoranaudodinma.**
Send a message to everybody that, peace is good.
Udo, Udodi, Udodimma, Udodinma, Zieoha, Zieora. [Sno]

Zieohanaudokamma [Ig/B] also **Zieohanaudokanma, Zieoranaudokamma, Zieoranaudokanma.**
Send a message to everybody that, peace is better.
Udo, Udodi, Udodimma,

Udodinma, Zieoha,
Zieora. Sno

Zieohanaudokanma Ig/B also
Zieohanaudokamma,
Zieoranaudokamma,
Zieoranaudokanma.
Send a message to everybody
that, peace is better.
Udo, Udodi, Udodimma,
Udodinma, Zieoha,
Zieora. Sno

Zieolisa Ig/BG also **Ziechi,**
Ziechuku, Ziechukwu.
Tell God. Pray to God.
Chi-chi, Chii, Zie, Ziechi. Sno

Zieoranachidi Ig/B also
Zieoranachukudi,
Zieoranachukwudi.
Send a message to everybody
that, there is God.
Chidi, Chukudi, Chukwudi,
Zieora. Sno

Zieoranachidimma B also
Zieoranachukudimma,
Zieoranachukwudimma,
Zieoranachidinma,
Zieoranachukudinma,
Zieoranachukwudinma.
Send a message to everybody
that, God is good.
Chidi, Chidimma, Chidinma,
Zieora. Sno

Zieoranachidinma Ig/B also
Zieoranachidimma,
Zieoranachukudimma,
Zieoranachukwudimma,
Zieoranachukudinma,
Zieoranachukwudinma.
Send a message to everybody
that, God is good.
Chidi, Chidimma, Chidinma,
Zieora. Sno

Zieoranachukudi Ig/B also
Zieoranachidi,
Zieoranachukwudi.
Send a message to
everybody that,
there is God.
Chidi, Chukudi, Chukwudi,
Zieora. Sno

Zieoranachukudimma Ig/B
also
Zieoranachidimma,
Zieoranachukwudimma,
Zieoranachidinma,
Zieoranachukudinma,
Zieoranachukwudinma.
Send a message to everybody
that, God is good.
Chidi, Chidimma, Chidinma,
Zieora. Sno

Zieoranachukudinma Ig/B
also
Zieoranachidimma
Zieoranachukudimma,
Zieoranachukwudimma,
Zieoranachidinma,

Zieoranachukwudinma.
Send a message to everybody
that, God is good.
*Chidi, Chidimma, Chidinma,
Zieora.* Sno

Zieoranachukwudi Ig/B also
Zieoranachidi, Zieoranachukudi.
Send a message to everybody
that, there is God.
*Chidi, Chukudi, Chukwudi,
Zieora.* Sno

Zieoranachukwudimma Ig/B also
**Zieoranachidimma,
Zieoranachukudimma,
Zieoranachidinma,
Zieoranachukudinma,
Zieoranachukwudinma.**
Send a message to everybody
that, God is good.
*Chidi, Chidimma, Chidinma,
Zieora.* Sno

Zieoranachukwudinma B also
**Zieoranachidimma,
Zieoranachukudimma,
Zieoranachukwudimma,
Zieoranachidinma,
Zieoranachukudinma.**
Send a message to everybody
that, God is good.
*Chidi, Chidimma, Chidinma,
Zieora.* Sno

Zieoranaudoamaka Ig/BG also
Zieohanaudoamaka.
Send a message to everybody
that, Peace is better.
*Amaka, Udo, Udoamaka,
Zieoha, Zieora.* Sno

Zieoranaudodimma Ig/B also
**Zieohanaudodimma,
Zieohanaudodinma,
Zieoranaudodinma.**
Send a message to everybody
that, peace is good.
*Udo, Udodi, Udodimma,
Udodinma, Zieoha, Zieora.*
Sno

Zieoranaudodinma Ig/B also
**Zieohanaudodimma,
Zieohanaudodinma,
Zieoranaudodimma.**
Send a message to everybody
that, peace is good.
*Udo, Udodi, Udodimma,
Udodinma, Zieoha, Zieora.*
Sno

Zieoranaudokamma Ig/B also
**Zieohanaudokamma,
Zieohanaudokanma,
Zieoranaudokanma.**
Send a message to everybody
that, peace is better.
*Udo, Udodi, Udodimma,
Udodinma, Zieoha,
Zieora.* Sno

Zieoranaudokanma Ig/B also
**Zieohanaudokamma,
Zieohanaudokanma,
Zieoranaudokamma.**

Send a message to everybody that, peace is better.
Udo, Udodi, Udodimma, Udodinma, Zieoha, Zieora. Sno

Zinachidi Ig/BG also
Zinachukudi,
Zinachukwudi.
Show there is God.
Chidi, Zina, Zinachi. Sno

Zinachukudi Ig/BG also
Zinachidi,
Zinachukwudi.
Show there is God.
Chidi, Zina, Zinachi. Sno

Zinachukwudi Ig/BG also
Zinachidi,
Zinachukudi.
Show there is God.
Chidi, Zina, Zinachi. Sno

Zoptan Yo The Protector.

ZZZ
ZZZZ
ZZZZZ

www.ingramcontent.com/pod-product-compliance
Lightning Source LLC
Chambersburg PA
CBHW052028030426
42337CB00027B/4903